股权投资学

（总论）

谭祖卫　著

中国财政经济出版社

图书在版编目（CIP）数据

股权投资学．总论/谭祖卫著．—北京：中国财政经济出版社，2015.9
ISBN 978－7－5095－6338－0

Ⅰ.①股…　Ⅱ.①谭…　Ⅲ.①股权－投资基金－研究　Ⅳ.①F830.59

中国版本图书馆CIP数据核字（2015）第184406号

责任编辑：梁　飞　　　　责任校对：徐艳丽
封面设计：耕　者　　　　版式设计：康普宝蓝

中国财政经济出版社 出版
URL：http：//ckfz.cfeph.cn
E－mail：ckfz@cfeph.cn

社址：北京市海淀区阜成路甲28号　邮政编码：100142
营销中心电话：010－88190406　北京财经书店电话：010－64033436、84041336
北京联兴盛业印刷股份有限公司印刷　各地新华书店经销
710×1000毫米　16开　19.5印张　300 000字
2015年10月第1版　2015年10月北京第1次印刷
印数：1—4 060　定价：90.00元
ISBN 978－7－5095－6338－0/F·5107
（图书出现印装问题，本社负责调换）
质量投诉电话：010－88190744
打击盗版举报热线：010－88190492，QQ：634579818

本书献给我的父亲与母亲！

本套书出版受到以下公司和机构资助：

1. 中关村创新研修学院
2. 北京市知识管理研究基地
3. 北京中海投资管理有限公司
4. 燕园创新北京投资管理有限公司
5. 大川（赣州）投资管理有限公司

序 / PREFACE

股权和创业投资基金作为私募基金的主要类型，从 20 世纪中叶开始到现在已经有 70 余年的发展历史，美国是其发源地，也是目前股权和创业投资最发达的国家。在我们熟知的硅谷，依托于斯坦福、加州大学伯克利分校等世界知名大学，以思科、英特尔、惠普和苹果等世界顶级企业为代表的 1 万家以上的科技型企业引领着全球众多高科技领域特别是电子计算与现代通信领域的飞速发展，而这些高科技企业的成长与壮大也离不开股权和创业投资的支持。早在第二次世界大战结束后，斯坦福大学就采纳 Frederick Terman 的建议设立工业园，Terman 同时为初创企业提供创业资本。惠普公司是硅谷早期获得创业投资最成功的例子之一，随后有思科公司以及苹果公司等。当 1972 年第一家创业投资基金在硅谷的 Sand Hill 落户，创业投资基金就与大量高科技、高成长企业结为了密不可分的伙伴，共同见证了硅谷的成长，而 Sand Hill 在硅谷也成为了创业投资资本的代名词。时至今日，放眼世界，凯雷、黑石、KKR、TPG、IDG、红杉资本、贝恩资本和华平投资等私募基金巨头的存在，极大地推动着创业与创新。

我国作为新兴市场经济国家，在发展股权和创业投资基金方面拥有欧美发达国家所不具有的诸多后发优势。比如，即便是放眼全球也可谓一马当先的经济增速；逐步走向成熟与开放的巨大新兴市场；政府无论从政策上还是资金上都能给予大力支持；以及中华民族坚韧无畏的奋斗精神等。但是，我国股权和创业投资基金的起步毕竟较晚，无论是政策法规层面，还是实务运作层面，都还处于摸索过程中。

1985年3月中共中央发布的《关于科学技术体制改革的决定》首次提出“对变化迅速、风险较大的高技术开发工作，可以设立创业投资支持”。此后，科技部等有关部委即开始探索发展创业投资。同年，国家出资设立了中国新技术创业投资公司，其目的是为高技术开发企业提供贷款支持。虽然后来的实践表明：贷款方式与创业投资方式相去甚远，并不适合创业期科技型企业，但这种探索的意义在于使国人了解了创业投资与贷款资金投入的本质区别。

本人1993年即参与了我国第一家创业投资基金——淄博乡镇企业投资基金的管理工作。1995年末考入原国家计委（现国家发改委）财政金融司工作后，1996年5月撰写的第一篇内参报告即呼吁“借鉴市场经济发达国家经验，发展有中国特色创业投资基金”。此报告受到国务院领导重视后，即遵照批示着手研究起草创业投资基金相关法规和政策。20个春秋过去了，虽然也有了些进展，但距构建完善的创业投资政策法律体系还相差甚远。

所幸的是，在推进国家创业投资政策法律体系建设过程中，我结识了一批富有情怀且潜心研究的志士仁人。其中，谭祖卫博士就是其中最突出的一位。2014年10月，《创业投资企业管理暂行办法》终于得以发布。为促进创业投资（基金）企业发展，办法明确国务院有关部委和地方政府可以设立创业投资引导基金，通过参股支持等方式，引导社会资金参与投资商业性创业投资基金。但是，财政性创业投资引导基金如何设立和运作，仍没有固定的模式可以借鉴。当时谭祖卫博士正在从事博士后研究，其主要工作之一便是构建海淀区创业投资引导基金运作模式和方案。从这些年的运作实践看，海淀区创业投资引导基金作为我国最早设立的地方性引导基金之一，对全国起到了很好的示范作用。通过总结其经验，2008年，国家发改委会同财政部、商务部起草并通过国务院办公厅颁布了《创业投资引导基金规范设立指导意见》。

后来，谭博士一直在持之以恒地从事股权和创业投资研究，并积极参与国家发改委财政金融司和我本人负责指导的中国投资协会创业投资专业委员会的多项研究和实际工作，提出了不少很有见地的政策和工作建议。今天，他花费十年心血研究形成的《股权投资学（总论）》与《股权投资学（各论）》终于要正式出版了，这既是他个人的幸事，也是我国股权和创业投资界的幸事！

纵观全球股权和创业投资的发展历程，其为促进世界经济发展以及高新技术产业化发挥了重要作用，但是从学科体系上看，股权和创业投资在整个金融领域尤其是在投资学分类中尚没有找到应有的位置。尽管国内外不少学者从不同角度做了一些研究探讨，但还缺乏系统、全面的梳理与总结。谭博士能够博采众家之长，进行有益的开创性探索，实在难能可贵！

尽管这套书存在这样与那样的不足之处，但其为进一步完善股权和创业投资理论作出了三方面重大贡献：

第一，丰富了传统投资学分类。作者把股权投资作为一个完整的、独立的学科纳入投资学家族中，使其成为继实业投资、证券投资之后的第三种投资类型，即股权投资成为连接实业投资与证券投资的一个重要投资类型。

第二，试图构建一个完整的股权投资理论体系框架。《总论》主要从基本理论出发进行阐述，包括基本概念定义与分类、股权投资市场组成、股权投资发展环境（如法规环境、科技创新环境以及文化环境）和股权基金内部运营（如内部运营机制、基金募集与设立、项目投资、投后管理以及基金退出等）；而《各论》主要从实务角度论述各类股权基金的起源与发展、运作模式、运作特点以及未来发展趋势，如天使投资、创业投资、成长基金、并购基金、母基金、政策性基金、外资基金、物权基金、股权众筹、夹层基金以及上市公司私人股权基金。

第三，探索性地对股权投资一些基本概念进行了系统规范定义。以往业内缺乏对股权投资领域一些基本概念的系统定义，如私人股权、股权投资等，作者在这方面做了一些探索性的工作。

股权和创业投资作为一种新型的投资工具，其理论体系还在不断完善中。由于不同的经济金融制度与文化背景存在较大差异，因此，结合我国具体经济金融制度和文化背景，推进有中国特色股权和创业投资理论发展，还有很长的路要走。我期待作者在以后的理论研究与实务工作中对本套著作进行进一步完善，也希望其他学者以及业内人士能够像谭博士一样，积极探索，勇于开拓，为我国股权和创业投资理论建设作出新贡献！

刘健钧

2015 年 9 月 25 日

自序 / PREFACE

1997 年我从期货开始涉入金融投资领域，以后相继从事过证券以及实业投资工作。但当时我硕士所学专业是农业化学，与金融投资专业相差甚远，直到 2002 年攻读博士学位才开始比较系统地学习金融投资专业理论。2005 年博士毕业有幸进入北京航空航天大学与中关村科技园区联合博士后工作站从事政府引导基金运营机制研究，并直接参与中关村创业投资引导基金的设立与运营工作。在此期间还参与了中关村创业孵化投融资体系构建的研究与实务工作。因此，我最初从事股权投资是从研究政府创业投资引导基金开始的，并且在以后的工作中参与了多只股权基金的实务工作，尤其是政府引导基金的设立与运营。这套书的出版也是对我本人从事股权投资理论研究与实务操作十年的总结。

从 1946 年成立研究和发展公司（ARD）到现在，在股权投资的推动下，美国先后产生了英特尔、谷歌、苹果、微软等世界级高新技术企业，同时也确保了其现代信息技术产业的全球领先地位。1985 年，国家科委、财政部共同出资设立了中国新技术创业投资公司，其目的是为高技术开发企业投资或贷款，该公司的成立类似于美国的 ARD，对发展我国股权投资具有里程碑的意义。今年是我国发展创业投资整 30 年，在 30 年的发展过程中，我国股权投资规模不断扩大，股权投资市场不断完善，大大促进了创新创业，催生出一批优秀企业，如百度、阿里巴巴、搜狐等。

股权投资的快速发展，吸引了国内外许多学者从不同角度对股权投资进行大量研究，内容包括股权投资运营机制、股权投资风险控制体系以及股权投资监管制度等。同时，也激发了股权投资专业教育与培训领域的活力，国内外许多大学纷纷开设相关课程甚至设立相关专业，各大社会培训机构也纷纷设立股权投资培训项目。但是，总体上股权投资理论研究与教育还滞后于实务，至今学术界仍没有就股权投资构建一个完整的理论体系，股权投资专业教育与培训也缺乏系统的教材。

在这些背景下，通过吸收借鉴众多学者的大量研究成果，结合自己平时的一些研究以及从业经历，我努力尝试构建股权投资理论体系，期望可以起到抛砖引玉的作用。

本套书分《股权投资学（总论）》与《股权投资学（各论）》两册。《总论》侧重于从理论方面系统与全面地阐述股权投资，主要包括三部分内容：一是论述股权投资基本理论，包括股权投资基本概念与分类、股权投资市场组成以及股权投资相关理论等内容；二是论述股权投资发展环境，包括股权投资法规环境、股权投资科技创新环境以及股权投资文化环境等内容；三是论述股权基金内部运营，包括基金内部运营机制、基金募集与设立、项目投资、投后管理以及基金退出等内容。

《各论》侧重于从实务角度论述各类股权基金的起源与发展、运作模式、运作特点以及未来发展趋势，主要包括天使投资（Angel Investment）、创业投资（Venture Capital）、成长基金（Pre - IPO）、并购基金（Buy - out Fund）、母基金（Fund of Fund）、政策性基金（Policy - Directed Fund）、外资基金（Foreign Capital）、物权基金（Real Right Fund）、股权众筹（Equity Crowdfunding）、夹层基金（Mezzanine Fund）以及上市公司股权投资（PIPE）。

这套书力求从基本概念以及股权投资起源出发构建股权投资

理论体系，包括私人股权的定义、股权投资在整个投资行业的地位与作用、股权基金系统归类与分类、股权基金与私募基金之间的关系以及股权基金内部运营机制等。同时，也力求从实务出发向读者介绍各类股权基金的实际运作，包括基金设立与运作过程中的法律问题与税收问题、基金内部运营流程与制度以及基金运营风险控制问题等。

虽然本套书得以顺利出版，但由于本人学识以及从业经历有限，书中不足之处在所难免，大体表现在：一是缺乏不同法律法规与金融制度下股权投资运作模式的比较；二是《各论》中部分基金如股权众筹、物权基金、夹层基金等，论述得还比较空泛，操作性较差；三是《各论》中尚缺少对各基金的经典案例分析，可能导致读者缺乏感性认知。本人在以上方面都曾努力作过尝试，但终因力不从心而没有成功。

写作过程中，刘健钧老师的许多学术观点对我启发很大，尤其是关于政策性基金、我国股权投资监管以及天使投资等方面的一些独到观点。书中也吸收了北京大学经济学院金融系何小锋教授关于股权投资的一系列学术观点。另外，本套书采用了清科集团大量行业数据，在此表示感谢。

本套书能顺利出版要感谢中关村创新研修学院执行院长柳进军教授，他不仅从出版经费上给予了大力支持，还从中关村创新研修学院战略发展出发把此套书列为该院研究课题并提供了大量研究素材。

我的同事葛新权教授、张键教授、王斌教授、李建良副教授、田林子老师、刘亚娟老师以及业内几位好朋友如吴昌侠、郑怀树、胡芳日、孟兆辉、郝玉强以及姜明明等为本套书的写作提供了素材并提出了一些很好的建议，尤其是田林子老师在校稿过程中做了大量工作，在此一并感谢！

感谢中国财政经济出版社对本套书出版给予的大力支持，

樊清玉老师以及梁飞老师不仅做了大量的编辑加工工作，还对书稿内容提出了许多宝贵的修改意见。

感谢我的研究生以及本科生为我搜集了大量基础资料，包括崔耀娜、刘春晓、郝江培、金勐、王丽娜、牛燕、许凯楠、郭一凡、姜召彬、付莉、刘俊霞、胡方凤和覃俊雄等，尤其是刘春晓、付莉和刘俊霞做了大量校稿工作。

由于本书写作过程较长并几经易稿，如有文献标注不当或遗漏之处，请多多包涵。书中其他不当之处，敬请批评指正。

目 录 / CONTENTS

CHAPTER 1

第1章 股权投资概述

现代股权投资起步于20世纪40年代，兴起于六七十年代，本世纪初我国股权投资业也得到了快速发展。股权投资有别于传统意义上的其他形式投资，无论在运作模式上还是在业务内容和流程上都有自己的特征，并且逐渐发展成一种新的投资工具。从投资理念以及丰富多样的股权基金类型而言，股权投资对投资学进行了有益的补充和丰富。股权投资的发展拓宽了科技型企业，特别是中小型科技企业的融资渠道，促进了高科技产业的发展。

1.1 股权投资定义

1.1.1 定义

股权投资的内涵及其外延非常丰富。从广义来讲，股权投资是相对债权投资的权益性投资，如实业投资以及证券投资（股票投资）等都属于股权投资。从狭义来讲，股权投资即私人股权投资（PE，Private Equity）的简称，即专门对私人股权进行投资，以资本利差为主要盈利模式的权益性投资。如无特别说明，本书中股权投资一般指后者。随着股权投资业务的不断发展，其内涵和外延在不断丰富，如投资标的、募集方式以及运作模式等都在不断延伸。

由于股权投资出现较晚，目前国内外学术界还没有形成统一的定义，而且随着股权投资的发展，其内涵与外延在不断丰富与发展。本书在综合现有国内外各种定义的基础上，依据股权投资的本质与内涵，将其定义为：专业的基金管理人（机构或自然人）主要以私募的方式募集资金设立股权基金，并接受资金方（基金投资人）委托，通过专业的投资流程，主要对私人股权如未上市的有限责任公司（项目公司）进行权益性投资，然后根据项目公司发展情况选择上市、并购重组或原股东回购等方式转让所持股权退出项目公司，获得除投资收益（分红）以外的高额资本利差回报投资人，而基金管理人依据委托管理协议获得相应的管理费和业绩奖励，股权基金是其经营主体。

1.1.2 内涵

股权投资虽然是权益性投资中的一种，但随着自身不断发展，在投资对象、资金募集、管理模式、投资运营、投资理念以及盈利模式等方面具有自身的内涵。

（1）投资对象。私人股权，即股权基金主要投资未上市的有限责任公司，与之相对应的是公共股权，这是判断股权投资与其他权益性投资不同的主要标准之一。投资私人股权，一方面可以解决一些优质企业间接融资存在的困难；另一方面，随着项目公司发展，通过相应的退出机制，私人股权可以为股权基金带来除投资收益外的超额资本利差。投资私人股权实际上就是投资未上市企业的有限责任公司，如优质的处于快速发展的高新技术企业。由于企业发展以及股权退出受诸多因素影响，投资变现存在很大不确定性，所以投资私人股权的风险一般大于其他形式的权益性投资，如证券投资。证券投资的投资对象主要就是公共股权，即在证券二级市场买卖股票。投资私人股权意味着私下交易。

（2）资金募集。股权基金属于私募基金的一种。所谓私募就是不通过公开方式、针对特定人群、以一定的企业组织形式或合同关系募集资金，与之相对应的是公募。股权投资之所以采取私募方式是由于股权投资主要投资私人股权，存在较大风险，因此，对资金方即基金投资人的要求有一定的门槛，确保出资人是合格的基金投资人。所谓的合格基金投资人，不仅要具有雄厚的资金实力和抗风险能力，还要具备基本的投资素养、风险意识和风险鉴别能力。私募特点就是募集双方具有一定程度的了解，双方私下可以充分交流，降低信息不透明度。这种方式促进双方进一步加深了解，一方面有助于投资方提高风险意识和风险鉴别能力；另一方面有助于募集方为资金方提供更好的服务。但是证券市场发达国家也有个别股权基金采用公募方式，如1994年就在伦敦挂牌的3i和2007年上市的美国黑石集团。

（3）管理模式。委托管理，即股权基金采取委托管理方式。股权投资具有代客理财特征，基金投资人并不直接参与管理，而是委托基金管理人进行管理。虽然在法律上基金管理人不是投资主体，但具有投资决策权，包括项目筛选、尽职调查、投资价格、投资额度以及投资退出等。对于基金投资人而言，由于信息不对称，委托代理问题是股权投资的主要风险来源之一。对于基金管理人而言，不是基金投资人却拥有决策权，因而道德风险是基金管理人容易出现的主要问题。一个优秀的、成功的基金管理人崇尚契约精神，视信誉为生命。

（4）投资运营。基金由专业团队负责运营，即股权基金投资业务实行专业化管理。股权投资从投资理念到投资业务都具有很强的专业性和综合性。从事股权投资的从业人员不仅要掌握股权投资理论与业务，还要掌握与股权投资相关的理论与业务知识，如企业管理、财务会计、法律法规、资本运作、金融证券、科技孵化、行业发展以及一定的行业背景知识等等。基金管理人首先是一个综合性人才，然后才是一个合格的基金管理人。所以，一个优秀的基金管理人不仅要具备良好的职业道德，而且要具备很强的专业投资管理能力。成功的基金管理人还要在实践中积累丰富的投资经验。

（5）投资理念。以退定投，即股权基金的投资围绕投资退出进行决策。股权投资虽然属于权益性投资，但其投资理念来源于财务性投资，其目的就是在一定时间内获取高额经济利润，主要关注所持股权能否退出以及以何种方式退出能给股权基金带来最大的经济利润，一般不会参与企业管理。所以投资退出是股权投资整个业务流程的最后一步，也是最为关键的一步，只有成功退出才算投资结束。股权投资持股时间一般为3～8年，视项目公司发展而定。股权投资的退出方式主要有：上市（包括IPO）、并购、转让、原股东回购以及清算等。不同的退出方式要求不一样，带来的收益率也不同。一般来说IPO是最理想的退出方式，其次是并购。

（6）盈利模式。股权投资的盈利模式主要表现为投资基础上的投机，即盈利以资本利差为主。股权投资收益主要包括项目投资收益和股权退出价格利差，即资本利差。项目投资收益（分红）就是股权退出前项目企业的投资利润，一般接近社会平均投资回报率，但处于发展期的企业一般会把利润用于扩大再生产。资本利差就是投资时的股权价格与投资退出时的股权价格差，也就是投机回报。投机回报大小主要取决于基金管理人的投资水平。如果股权基金利润仅来自投资收益（分红）不足以吸引基金投资人，基金管理人的价值也无法体现。资本利差是股权投资追求的主要利润来源，也是股权投资的主要盈利模式。资本利差大小直接影响股权基金的最终收益率，体现基金管理人的专业水平和价值。所以，股权投资是建立在投资（狭义）基础上的投机。

1.2 股权投资相关概念

1.2.1 债权与股权

债权（Claims）有广义与狭义之分。广义的债权就是请求他人一定行为（作为或不作为）的民法权利。经济意义上的债权实为投资者请求借款者还本付息的民法权，投资者为债权人，融资者为债务人。财产所有权包括占有权、使用权、收益权以及处置权，债权就是通过交易其中的前三项权利形成的，交易价格为利息，并以融资者的资产进行抵（质）押以降低债权风险。此时，财产所有者成为债权人。所以，债权投资的本质就是通过资产信用在投资方与融资方之间建立债权与债务的法律关系，并由此建立债权投资模式。

股权（Equity）指财产所有者（投资人）所具有的与其拥有的投资比例相应的权益及义务，即股东可对公司主张的权利及承担的义务，主要有管理权、分红权、监督权以及清偿权等，同时以投资额为限对公司承担有限责任，此时的股东是财产所有者。形成股权是通过交易财产所有权中的占有权、使用权以及处置权形成的，收益权仍为所有者，即股东。股权投资是利益共享，风险共担，与债权投资的还本付息不同。

股权按不同分类方法划分，可分为不同类型的股权，如按交易市场和方式可划分可分为私人股权和公共股权。

1.2.2 公共股权与私人股权

公共股权（Public Equity）不是国有制股权，而是指在证券场内市场进行交易的股权，如各国主板市场以及我国创业板市场买卖的股票，也就是说非证券场内市场交易的股权都不属于公共股权。证券市场分为场内市场（二级市场）和场外市场包括如一级半市场（主板定向增发）、柜台交易市场以及新三板（中小企业股份交易所）等。场内市场即连续竞价交易市场，买卖双方实行多对多，确保交易价格公开、公平、公正，如各国的主板证券市场以及我国创业板市场。场外市场虽然属于证券市场，但在交易价格形成机制、发行制度、上市主体以及投资主体等方面都有自己的特点，如柜台市场以及我国新三板（中小企业股份交易所）。首先，场外市场的价格形成机制多样化，除传统的竞价方式（如拍卖）外，还有协商定价以及做市商等，但这些机制都不如连续竞价制度更能发现价格、更能体现公允，交易活跃度也不如连续竞价制度。其次，场外市场发行较场内市场发行门槛更低，而且有的场外市场没有公开发行功能，只有证券交易功能，如我国目前的新三板。第三，场外市场上市主体较场内市场上市主体的盈利性要差一点或者更加追求成长性，投资风险也相对大一些。所以，只有场内市场交易的股票属于公共股权，而场外市场交易的股票不属于公共股权。

私人股权（Private Equity）相对于公共股权，不是私有制股权，指在非证券场内市场进行交易的股权，包括证券场外交易市场交易的股票以及非证券市场交易的股权，前者包括一级半市场（主板定向增发）交易的股票、柜台交易股票、新三板（中小企业股份交易所）交易的股票，后者是指有限责任公司转让的股权，是私人股权的主要构成部分。私人股权的流动性不如公共股权。非场内市场价格形成机制多样化，如协商定价、做市商报价等，共同特点就是交易双方信息处于非平等地位，总有一方处于信息优势地位可主导交易价格。股权投资主要以私人股权为投资对象，其流动性远远低于公共股权，因而投资风险大于投资公共股权，但由于私人股权潜在价值有可能被低估，又存在较大的投机获利空间。

1.2.3 投资与投机

投资（Investment）是经济学的基本范畴之一，并随着经济生活变化其内涵与外延不断丰富和发展。投资有广义和狭义之分。所谓广义的投资是指经济主体为获取预期收益投入经济要素（资产）的经济活动，其本质就是把资产转化为资本的过程。其中预期收益包括商品价值收益和商品价格收益，商品价值收益就是由劳动者创造的剩余价值；商品价格收益就是买卖价格差收益，其中资产包括现金、机器设备、房屋、运输工具、土地等有形资产，也可是劳务，还可以是专利权、商标、技术秘诀以及经济信息等无形资产。广义的定义不仅适合实体经济领域（生产领域）而且适合虚拟经济领域（金融领域），而狭义的投资指前者，也就是通过产生使用价值来获利。当投资与投机同时出现时，一般指狭义的。

所谓投机（Speculate）就是低买高卖以商品价格差获取利润，即资本利差，在商品流通领域和金融领域比较典型，从资本逐利来看投机是属于广义投资中的一种。在实践中通常存在一种误解，即以时间长短来判断投资与投机，时间长的是投资，时间短的是投机。虽然时间长短是各自的特征，但根本区别在于盈利模式，也正因为盈利模式的差异导致时间不同。商品领域的投机促进了实体经济中的商品流通，金融领域的投机促进了实体经济中的企业融资；同时，实体经济的发展即投资活跃为投机提供了机遇。所以，投资与投机的关系就是实体经济与虚拟经济之间的关系，互为发展与促进。

股权投资的回报除股权退出前项目投资收益外主要来自股权退出时的资本利差，即投机收益，而且投机收益需要建立在投资项目具有一定投资收益的基础上。所以，股权投资是建立在投资（狭义）基础上的投机。

1.2.4 法人企业与非法人企业

法人是相对于自然人而言。自然人是以生命为存在特征的个人。每个能独立承担民事责任的成年人在法律都是自然人。法人是在法律上人格化了的、依法具有民事权利能力和民事行为能力并独立享有民事权利、承担民事义务的社会组织。社会组织包括多种类型，如公益性的、事业性的，也有盈利性的，企业就属于盈利性的社会组织。所谓企业就是依法成立的经营组织，如公司、合伙企业以及未改制的国有企业等。依据法人资格，企业又分法人企业和非法人企业。

所谓法人企业（Corporate Enterprises）就是具有法人资格的企业，典型的就是各种类型的公司，如有限责任公司、股份公司、一人公司等。所谓非法人企业（Unincorporated Enterprises）就是不具法人资格的企业，典型的就是各种类型的合伙企业，如普通合伙企业、有限合伙企业等，未改制的国有企业也是非法人企业。

法人企业与非法人企业的区别在于是否具有独立的法人地位。法人企业具有法人地位，即在日常经营活动中可以独立承担民事责任，通俗的说在民事诉讼中可以成为原告或被告。相反，非法人企业不具有法人地位，无法成为原告或被告，其法人地位要追溯到企业股东或合伙人。如国有企业之所以不能成为有限合伙制股权基金中的普通合伙人，因为，如果这样国有企业作为普通合伙人承担的无限责任可追溯到政府。非法人企业虽然不能独立承担民事责任，也不能独立支配和处分所经营管理的财产，但经营过程中可以刻制印章、开立往来账户、单独核算、依法缴纳与法人无关的税收，也可以签订商业合同等等。

1.2.5 公司与有限合伙企业

公司（Company）是依据《公司法》设立组建的以营利为目的，运用各种生产要素（土地、劳动力、资本和技术等），向市场提供商品或服务，实行自主经营、自负盈亏、独立核算的具有法人资格的社会经济组织，是典型的法人制企业。公司主要有有限责任公司、股份有限公司（简称股份公司）、外资公司以及一人公司等形式。公司之所以具有法人地位，因为公司属于资合即资产合作，股东出资构成公司的独立资产，如实际到位的注册资金。公司在经营过程形成的净资产也将成为公司的最终资产，也是公司对外独立承担民事责任的依据和限额。现代公司管理制度主要包括股东会、董事会以及监事会，其中股东会是公司的最高权力机构和决策机构，董事会是公司的最高管理机构与执行机构，监事会行使监督职能。公司日常管理一般由经理层负责，但经理层一般由股东控制。现代公司管理模式表现出委托模式，即一些大型公司由职业经理层负责日常经营，但这种委托仅仅是在公司内部，公司对外部相对稳定。公司在经营过程中如同自然人一样可以独立承担民事责任，包括依法缴纳各种税收，如企业所得税等。

有限合伙企业（Limited Partnership Enterprises）是依据《合伙企业法》由普通合伙人（GP）与有限合伙人（LP）共同设立组建的一种合伙企业，与其他类型的合伙企业一样无法人地位。因为合伙企业属于人合，即人与人之间的合作，因而合伙企业没有属于自己独立的资产。虽然合伙企业在日常经营过程中需要资产，但这些资产的所有权不属于合伙企业，只有使用权和占有权，因而，有限合伙企业无法独立对外承担民事责任。有限合伙企业的合伙人即可以是自然人也可以是企业，其中普通合伙人负责该合伙企业的运营管理并对该合伙企业承担无限责任，有限合伙人一般为出资方，不参与该合伙企业的日常经营，以出资额为限对该合伙企业承担有限责任。由于合伙企业不具有法人定位，一般无需缴纳企业所得税，而公司需要缴纳企业所得税。

有限责任公司与有限合伙企业是目前股权基金的主要企业组织形式，在管理模式以及税收缴纳方面各有优势，从税收角度有限合伙制具有优势，但我国为扶持发展创业投资对公司制创业投资基金实行了有条件的税收优惠政策。因而股权基金需要依据自身的实际情况选择合适的企业组织形式。

1.2.6 证券与基金

从法律意义上讲，证券（Securities）是指各类记载并代表一定权利的法律凭证的统称，用以证明持券人有权依其所持证券记载的内容而取得应有的权益。这也是广义上的证券。有价证券是证券中的一种，即标有票面金额，证明持有人有权按期取得一定收入并可自由转让和买卖的所有权或债权凭证，包括资本证券、货币证券和商品证券。狭义上的证券主要指的资本证券，即由金融投资或与金融投资有直接联系的活动而产生的证券，主要有股票、债券及其衍生品种如证券投资基金等，持券人对发行人有一定的收入请求权。

基金（Fund）也有广义与狭义之分，广义的基金是指为了某种目的而专门设立的具有一定数量的资金集合，例如各类商业性基金如投资基金、公积金、保险基金、退休基金以及公益基金等。商业性的基金为了方便核算一般都会采取一定的企业组织形式如信托制、公司制或合伙企业制等。所以，商业型基金广义上可以理解为企业。狭义的基金一般指金融商品，属于一种证券，除具有基金的一般属性之外，还具有可拆细、可到证券市场进行交易等特性，如证券投资基金。《证券投资基金法》对基金进行了详细规定，包括公开募集方式以及投资证券等。本书中的基金如无特指一般指广义的基金，如股权基金，即此时的基金就是指股权投资企业，不是狭义上的基金，与证券投资基金不同。

1.2.7 私募与公募

基金募集有两种方式，一种是公募（Public Offering），另外一种就是私募（Private Placement）。公募，即公开募集，指通过宣传手段，在公共场所，对不特定人群进行资金募集。其常见的方式为公开发行，指发行人通过中介机构向不特定的社会公众广泛地发售证券，通过公开营销等方式向没有特定限制的对象募集资金的业务模式。为适应更广大投资者的需求，公募没有合同份数和起点金额的限制。因为涉及众多中小投资人的利益，监管部门对公募资金的使用方向、信息披露内容、风险防范要求都非常高。在公募发行情况下，所有合法的社会投资者都可以参加认购。为了保障广大投资者的利益，各国对公募发行都有严格的要求，如发行人要有较高的信用，并符合证券主管部门规定的各项发行条件，经批准后方可发行。证券投资基金一般采用公开发行方式募集。

私募是相对于公募而言，所谓私募就是不通过公开方式、针对特定人群、以一定的企业组织形式或合同关系募集资金，未经监管部门批准不准以借贷关系进行募集。因为私募属于私下活动，较之公募监管相对较弱。正因如此，市场上容易出现借私募之名进行非法集资现象。所以，在实践过程中要明确区别合法私募与非法集资。法律主要通过以下六方面来判断合法私募与非法集资：一是募集主体合法性，即合法的基金管理人需要到监管部门去备案以及基金成立后也要去备案；二是募集方式合法性，即合法的私募不允许以公开的方式进行募集，如开大会、群发短信、电话营销、做广告等；三是募集对象合法性，即合法的私募必须针对特定的对象进行资金的募集，即向合格的投资人进行募集；四是募集人数合法性，即合法的私募基金出资人数应依据基金组织形式而定，如在我国有限合伙制的基金其出资人数不超过 50 人，有限责任公司的基金股东人数不超过 200 人；五是投资回报合法性，即合法的基金管理人不能向出资人承诺固定回报；六是投资领域合法性，即合法的私募基金设立后，其投资领域必须严格符合投资协议中所规定的领域。目前，在我国股权基金只能采取合法的私募方式募集资金。另外，证券投资基金也可以采取私募方式募集，成为私募证券投资基金，即所谓的阳光私募证券投资基金。我国过去不允许证券投资基金进行私募，2014 年 8 月 21 日《私募投资基金监督管理暂行办法》颁布后合法化了。

1.3 传统投资学分类

1.3.1 传统投资学分类

投资学内涵丰富，外延宽泛，因而从不同角度划分具有不同的投资类型。传统投资学的分类主要有按投资时间、投资方向、投资方式、投资标的、投资目的、投资权益以及资金募集等方式划分（见表1-1），并且各种分类之间可互有交叉。

表1-1　　传统投资学分类

投资分类	投资时间分类	短期投资	指能够随时变现并且持有时间不超过一年或一个营业周期的投资，目的是为了使闲置的资金得到最大的效用，以从中获得收益，主要包括现金、应收账款、存货、短期有价证券以及短期债权等投资
		长期投资	指投资期限长，一般在一年或一个营业周期以上，投资金额较大，而且不容易变现，目的是为了控制其他企业或对其他企业实施重大影响，或是为了积累整笔的资金主要包括固定资产投资、无形资产投资、对外长期投资以及长期债权投资等
	投资方向分类	对内投资	指把资金投向企业内部，形成各项流动资产、固定资产、无形资产和其他资产的投资
		对外投资	指企业在其本身经营的主要业务以外，以现金、实物、无形资产方式，或者以购买股票、债券等有价证券方式向境内外的其他单位进行投资，以期在未来获得投资收益的经济行为，包括兴建子公司、分公司或购买股票进行权益性投资和购买其他企业的债券等债权性投资
	投资方式分类	直接投资	指投资者将货币资金直接投入投资项目，形成实物资产或者购买现有企业的投资，通过直接投资，投资者便可以拥有全部或一定数量的企业资产及经营的所有权，直接进行或参与投资的企业管理。直接投资包括对现金、厂房、机械设备、交通工具、通讯、土地或土地使用权等各种有形资产的投资和对专利、商标、咨询服务等无形资产的投资。其主要形式有：(1) 投资者开办独资企业，直接开店等，并独自经营；(2) 与当地企业合作开办合资企业或合作企业，从而取得各种直接经营企业的权利，并派人员进行管理或参与管理；(3) 投资者投入资本，不参与经营，必要时可派人员任顾问或指导；(4) 投资者在股票市场上买入现有企业一定数量的股票，通过股权获得全部或相当部分的经营权，从而达到收买该企业的目的[①]
		间接投资	间接投资是指投资者以其资本购买公司债券、金融债券或公司股票等各种有价证券，并预期获取一定收益的投资，由于其投资形式主要是购买各种各样的有价证券，因此也有时被称为证券投资[②]

① 李自霞：“国际直接投资中的专利权投资问题研究”，大连海事大学硕士学位论文。

② 同①。

续表

投资分类	投资标的分类	实业投资	指一种对企业进行股权投资和提供经营管理服务的利益共享、风险共担的投资方式。实业投资不同于银行贷款，实业投资是通过对目标公司的股权进行投资，量化投资项目，帮助企业实现股权和资产结构优化。因此实业投资机构要求参与管理，协助企业制订中长期发展战略及营销战略规划、评估投资和经营计划的时间进度、销售和财务预测的合理性等一系列方案①
		证券投资	即有价证券投资，是指企业或个人用积累起来的货币购买股票、债券等有价证券，以获取红利、利息及资本利得的投资行为和投资过程，是间接投资的重要形式。证券投资一般都有证券交易所或者场外交易市场作为交易平台②
	投资目的分类	战略投资	指对企业未来产生长期影响的资本支出，具有规模大、周期长、基于企业发展的长期目标、分阶段等特点，影响着企业的前途和命运，主要包括新产品的开发、新的生产技术或生产线的引进、新领域的进入、兼并收购、资产重组、生产与营销能力的扩大等等
		财务投资	指以获取中短期财务价值为目的，主要通过溢价退出实现资本增值的交易行为，包括单一股权投资和混合型投资。其中，混合型投资指交易结构中除股权类投资外，还包含债券类业务的交易类型
	投资权益分类	债权投资	指为取得债权所进行的投资，如购买公司债券、购买国库券等，均属于债权性投资。企业进行这种投资不是为了获得其他企业的剩余资产，而是为了获取高于银行存款利率的利息，并保证按期收回本息
		权益性投资	指为获取其他企业的权益或净资产所进行的投资，即传统意义上的股权投资，如受让股权、增持股权以及购买股票等
	资金募集方式	公募基金	指以公开募集的方式筹集资金设立的基金，如我国公募证券投资基金
		私募基金	指通过私下募集的方式等集资金设立的基金，如我国股权基金

1.3.2 股权投资与其他投资类型的区别

首先，股权投资有别于债权投资，属于权益性投资。债权投资建立在资产信用基础上，以融资方资产进行抵（质）押，投资者获得固定利息回

① 李东军："解读产业投资基金"，《新财经》，2009 年第 10 期。
② 侯宇："基于净现值法的动态市盈率"，《商场现代化》，2011 年第 1 期。

报，融资方到期返本付息，投资方与融资方形成明确的债权与债务法律关系。而权益性投资建立在合作基础上，投资方成为融资方股东，形成股东权利与义务，即利益共享，风险共担。股东主要权利之一为收益权，即投资收益和股权价差收益，主要义务为以投资额为限承担有限责任。

其次，股权投资有别于其他形式的权益性投资，如实业投资和证券投资。在投资理念上，实业投资的基金投资人是从发展实业的角度出发进行长期投资，基金投资人不仅是股东，决定企业发展方向，同时进入企业决策层和管理层，如进入董事会或担任企业高管，参与企业日常管理，实现企业发展战略。股东收益主要来自企业利润。在管理模式上，实业投资股东一般参与管理，而股权基金作为股东一般不参与管理。证券投资在投资理念上与股权投资相似，都是通过退出获取股权价差实现投资回报，但在投资对象上完全不同，证券投资主要在二级市场上买卖股票即投资公共股权，流动性非常强，而股权投资主要投资私人股权，退出渠道既可在公开市场，如证券二级市场，也可在非公开市场，如并购、原股东回购等，相比较而言流动性较差。在管理模式上，证券投资与股权投资类似，一般采取委托管理模式。

另外，从资金来源或募集方式来看，实业投资一般为自有资金，证券投资一般采取公募方式募集，属于公募基金（Public Offering of Fund），而股权投资一般采取私募方式募集，故股权投资也属于一种私募基金（Private Fund）。

最后，股权投资综合了其他权益性投资的盈利模式。股权投资虽然属于财务性投资，资本利差是其主要利润来源，类似于证券投资，但投资收益也是其中的一部分利润来源，类似于实业投资。虽然投资收益远远小于投机收益，但投资收益是投机收益的基础，也就是说企业发展不好股权基金就没有机会退出，更没有机会从证券市场退出，投机收益就没有保障。所以，股权投资把实业投资与证券投资的盈利模式进行了完美的结合。

1.3.3 股权投资在投资学分类中的定位

首先，股权投资是一种新型的投资类型；其次，股权投资属于权益性投资；第三，股权投资是介于证券投资与实业投资之间的权益性投资，即建立在投资（狭义）基础上的投机。因此，股权投资在整个投资学分类中的地位如图 1－1 所示。

- 投资学
  - 债权投资
  - 权益性投资
    - 实业投资（自有资金为主）
    - 股权投资（私募为主）
    - 证券投资（公募为主）

图1-1 股权投资在投资学分类中的定位

1.4 股权基金分类

所谓股权基金指从事股权投资的投资企业，不包括证券投资基金。虽然股权投资发展历史较短，但在信息技术、生物技术以及资本市场发展的推动下，股权投资已经逐步形成自己丰富的体系。每一种股权基金都有自己的投资偏好以及投资特点，主要包括投资阶段、组织形式、运作模式、资金性质以及投资对象等，进而形成不同类型的股权基金（详见表1-2）。每种类型的股权基金不是绝对的，相互之间互有渗透。

所谓按组织形式分类就是根据股权基金的企业组织形式进行分类，主要有公司制、有限合伙制以及信托制股权基金。

所谓按投资阶段分类就是根据股权基金对项目公司所处发展阶段的投资偏好进行分类，主要包括天使投资（Angel Investment）、创业投资（Venture Capital）、成长基金（Pre-IPO）以及并购基金（Buy-out Fund）等，前两者属于早期投资基金，后两者属于后期投资基金。

所谓按运作模式分类就是根据股权基金运作模式特点进行分类，主要有母基金（Fund of Fund）（包括重整资本）、夹层资本（Mezzanine Capital）以及股权众筹（Equity Crowdfunding）等。

所谓按资金性质分类就是根据股权基金的资金性质进行划分，主要有政策性基金（Policy-Directed Fund）（与之相对应的是社会基金）以及外资基金（Foreign Capital）（与之相对应的是人民币基金）等。

所谓按投资对象分类就是根据股权基金的投资对象进行划分，主要有物权基金（Real Right Fund）以及上市公司定向增发股权基金（Private Investment in Public Equity）等。股权基金主要投资私人股权，也有部分股权基金投资其他标的，因其运作模式与股权基金相同所以也归类为股权基金。

表 1-2　　股权投资（股权基金）分类

股权基金分类	组织形式分类	公司制	依据《公司法》设立的股权基金
		有限合伙制	依据《合伙企业法》设立的股权基金
		信托制	依据《信托法》设立的股权基金
	投资阶段分类	天使投资	指富有的个人或投资机构对有专门技术或独特概念的原创项目或小型初创企业进行的非常早期的投资
		创业投资	指对具有发展潜力的创业企业进行权益性投资，并为其提供增值服务，期望企业发展到一定程度后，通过各种退出机制转让所持股权获取高额股权价差的投资行为
		成长基金	指投资于企业上市之前，或预期近期可上市企业，企业通过 IPO 后从公开资本市场出售股票退出，与天使投资、创业投资相比，风险相对较小、投资规模较大、持股时间较短以及收益率较低
		并购基金	指专注于对目标企业进行并购重组的股权基金，通过收购目标企业股权，获得目标企业控制权，然后对目标企业进行重组及运营，最后通过上市、股权转让或管理层收购等方式出让其所持股权而退出
	运作模式分类	母基金	指主要投资于股权基金的股权基金，即基金的基金，一般不直接投资于项目企业
		夹层资本	指收益和风险介于企业债务资本和权益性资本之间的资本形态，本质是长期无担保的债权类资本
		股权众筹	指通过互联网方式发布项目信息并向普通投资者募集资金的股权投资方式
	资金性质分类	政策性基金	指由国有资金主导组建并发挥政策性指导作用的股权基金，包括政府财政资金、国有企业资金以及国有金融机构资金等，如政府创业投资引导基金
		外资基金	指在本国设立但出资人含有外资成份的股权基金，包括基金管理人属于外资成份
	投资对象分类	物权基金	指以特定物权为投资对象的股权投资形式，如地产基金、奢侈品基金以及古玩基金等
		上市公司定向增发股权基金	指对已上市公司的私人股权进行投资的股权基金

1.5 股权基金组织形式与运作模式

1.5.1 股权投资一般运作模式

股权投资作为一种新型的投资手段形成了自己独有的运作模式（见图1-2），其核心为委托管理、专业运作、独立决策以及退出获益，主要内容包括参与主体、运营机制以及业务流程等，其中参与主体主要包括股权基金、基金出资人即股权基金委托方、基金管理人即股权基金受托方、基金的资金托管银行、被投项目以及第三方专业中介机构如律师事务所和会计事务所等；运营机制主要包括风险控制机制、激励约束机制、投资决策机制、内部控制机制等；业务流程主要包括基金设立、投资项目、投后管理以及项目退出，即募、投、管、退四个主要阶段。

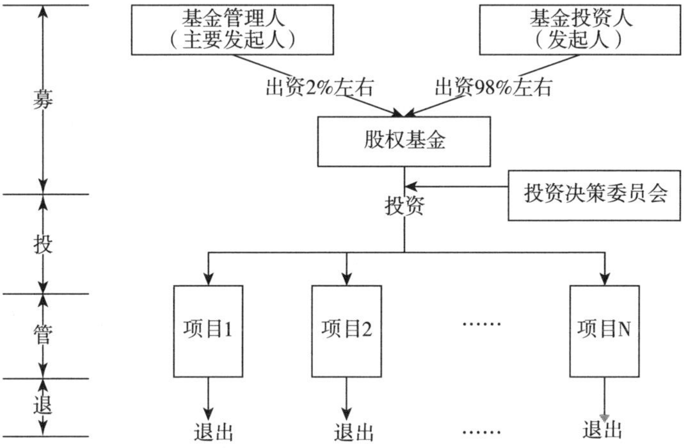

图1-2 股权基金一般运作模式

图1-2描述了股权投资一般运作模式，但不同企业组织形式的股权基金运作模式稍有不同，因为不同企业组织形式的股权基金依据法律不同，如公司制股权基金主要依据《公司法》、有限合伙制股权基金主要依据《合伙企业法》、信托制股权基金主要依据《信托法》。这些法律对相应的股权基金在设立、管理等方面都有不同的规定。

1.5.2 公司制股权基金运作模式

公司制股权基金是指依据《公司法》设立并管理运行的基金公司，具有独立的企业法人资格，基金出资人成为基金公司股东，股东人数不超过200人（股份公司除外）。基金公司股东大会是基金公司的最高权力机构，基金公司根据基金运作需要可设立董事会和监事会。基金公司股东享有管理权、决策权、收益分配权及剩余资产分配权等，并以出资为限对基金公司承担有限责任。

基金公司运作模式分为自我管理型和委托管理型两种类型。自我管理型指基金公司在股东大会的领导下组建完善的管理团队和组织架构，包括董事会、投资决策委员会以及专业经理团队，实行自我管理（详见图1－3）；委托管理型就是基金公司的投资业务全部委托一个独立的、专业的基金管理公司或投资顾问公司进行管理，自身不开展具体投资业务（详见图1－4）。

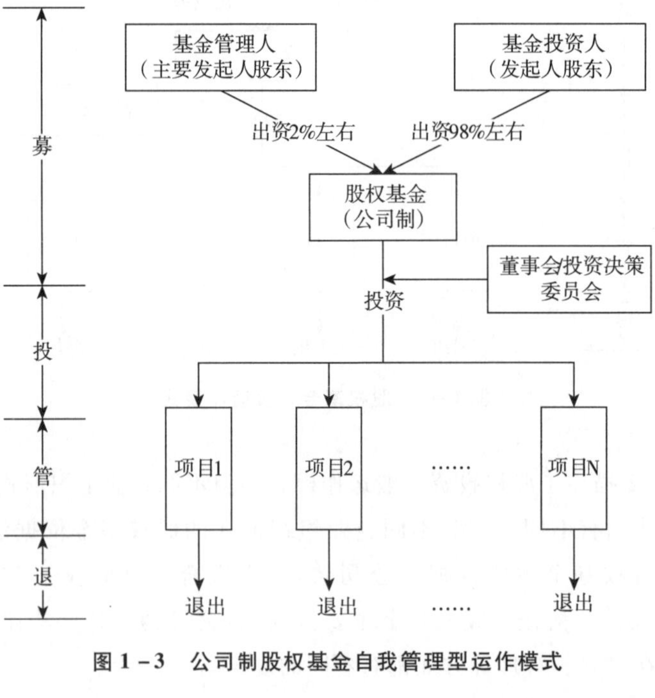

图1－3 公司制股权基金自我管理型运作模式

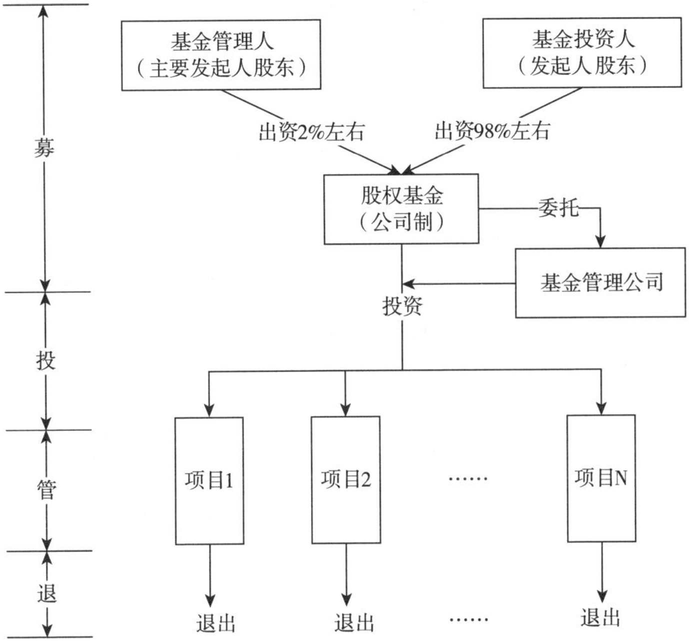

图1-4 公司制股权基金委托管理型运作模式

公司制股权投资运作具有以下特点：一是基金公司本质属于资合，具有独立的企业财产以及法人地位，并以其独立财产对外承担民事责任，股东即出资人以其出资额为限对基金公司的债务承担有限责任；二是基金公司在一定条件下可永续经营；三是基金公司除需缴纳营业税外，还要缴纳企业所得税，也就是说基金公司股东最终需要缴纳两次所得税，第一次是以基金公司为纳税主体缴纳企业所得税，第二次是以股东为缴税主体缴纳投资所得税；四是基金公司具有股东会、董事会以及监事会的“三会”明确的治理结构，组织结构稳定；五是出资人参与基金管理（股东大会、董事会进行决策）的权力很大，不利于专业经理人独立运作，专业性受到限制。

1.5.3 有限合伙制股权基金运作模式

首先，有限合伙是指一名以上普通合伙人与一名以上有限合伙人所组成的合伙企业，是介于普通合伙与有限责任公司之间的一种企业形式，其中普通合伙人执行合伙事务并承担无限责任，而有限合伙人不执行合伙事务，不对外代表企业，只按合伙协议比例享受利润分配，以其出资额为限对合伙的债务承担清偿责任，但不得以劳务或信用出资。

有限合伙制股权基金是指依据《合伙企业法》设立并管理运行的有限合伙制基金，不具有独立的企业法人资格，基金出资人成为基金合伙人，合伙人数不少于2人不超过50人（公募除外），包括不参与基金日常管理的有限合伙人（LP，Limited Partner）和执行基金合伙事务的普通合伙人（GP，General Partner）（不少于一人），其中有限合伙人以出资额为限对基金承担有限责任，普通合伙人对基金承担无限责任（详见图1-5）。

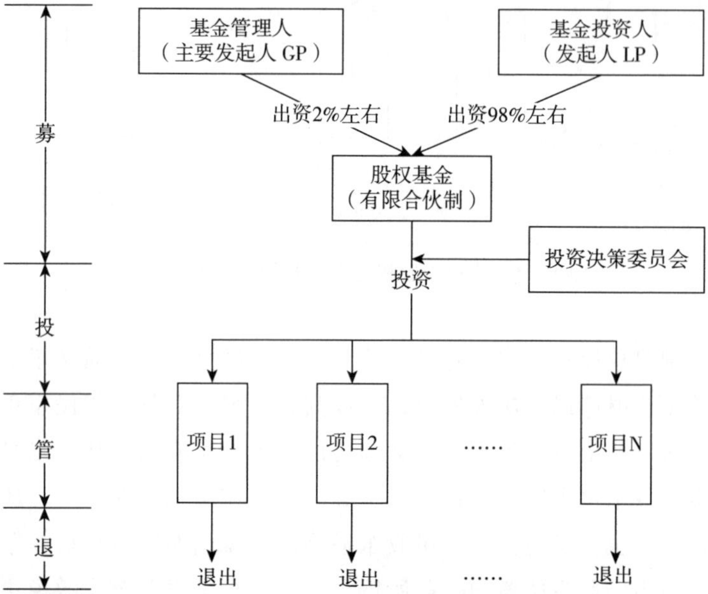

图1-5 有限合伙制股权基金运作模式

有限合伙制股权基金具有以下特点：第一，有限合伙制基金本质上属于人合，不具有企业法人地位，在日常运营过程中仅需缴纳营业税，不需缴纳企业所得税，基金净收益可直接分配给合伙人，合伙人缴纳投资所得税后成为投资净所得，避免了双重征收所得税。第二，有限合伙制基金有一定的存续期，到期必须解散。第三，普通合伙人一般由专业的基金管理人（自然人或机构）承担，出资比例较小，但受托全面负责基金的管理运营，对基金承担无限连带责任，而且通过合理的激励及约束措施，保证在所有权和经营权分离的情形下，经营者与所有者利益一致，使金融资本与智力资本进行完美的结合。第四，有限合伙制股权基金的组织稳定性较弱，合伙人之间的主要权利与义务由合伙协议事先约定，很难应对和解决基金资产运作过程中出现的各方面的不确定性问题。此外，合伙人的人员变动特别是普通合伙人的变动对整个合伙企业的影响较大。第五，虽然有限合伙企业税收成本相对较低，但合伙协议签订成本相对较高。

1.5.4 信托制股权基金运作模式

信托制股权基金是依据《信托法》通过发售理财计划而设立的契约型基金，并通过建立“信托—受托”契约明确委托人（基金投资人）、受托人（基金管理人）和受益人三者的权利与义务。

信托制股权基金运作模式主要分为自我管理型和委托管理型两种类型。自我管理型指契约基金由受托人（一般为信托公司）直接组建专职的管理团队负责基金的投资业务（图1－6）；委托管理型就是受托人再委托一个独立的、专业的基金管理公司或投资顾问公司负责基金投资业务，基金受托人只负责资金募集（图1－7）。委托管理型常见的是理财计划与专业的基金管理公司设立有限合伙制基金，即由信托公司募集客户资金成立集合信托计划，并以信托计划作为LP（有限合伙人）进入有限合伙企业，由有限合伙企业进行股权投资。在治理结构上，基金管理公司作为GP（普通合伙人）负责投资管理事务的执行，而信托基金仅作为LP（有限合伙人）不参与基金的管理事务。

信托制股权基金，具有以下特点：第一，信托制股权基金本质上属于一组契约，即信托公司出售的理财计划。第二，信托制股权基金无企业法人地位，基金本身无需缴纳所得税，仅需委托人或受益人按实际收入缴纳所得税即可。第三，根据“得人之信，受人之托，代人理财，履人之嘱”的契约精神，受托人依据契约运用受托资产进行投资，基金托管人依据契约负责保管受托财产，但由于信息不对称增加了委托人与受托人之间的代理成本，容易产生纠纷从而导致契约关系的不稳定。第四，信托契约一经成立，委托人的基金财产使用权则转移至受托人名下，受托人可以以自己的名义亲自或委托其他基金管理人管理基金财产，受托人充分发挥专业理财管理能力，实现金融资本与智力资本的完美结合，但由于存在信息不对

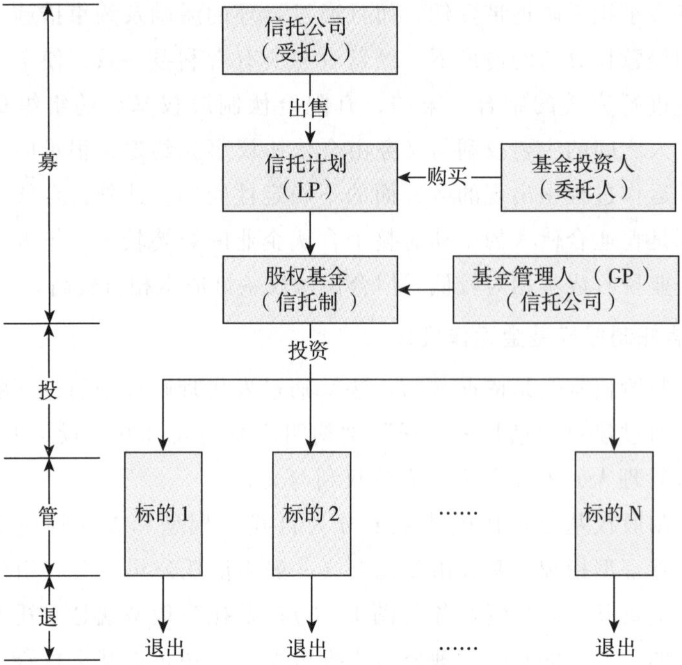

图1-6 信托制股权基金自我管理型运作模式

称，委托人对受托人的监督和考核难度较大，即使管理人的业绩不佳或者存在违规甚至违法行为，也很难解除委托关系。第五，目前信托制股权基金的项目公司申请上市时存在一定的法律阻碍，因为中国证监会要求拟上市公司披露所有实际股东，而信托法规则要求信托公司作为受托人对受益人的信息保密，并且信托制股权基金的实际出资人数可能超过200人也不符合拟上市企业的股东数量要求，所以信托制股权基金的投资标的物主要是物权。第六，信托制股权基金的资金募集具有一定的优势，一方面信托公司发售理财计划相比传统私募更灵活；另外，实际出资人数也可突破公司制或有限合伙制关于出资人数的限制。第七，信托制股权基金要求资金一次性到位造成投资压力和资金浪费；另外，信托理财计划一般时间较短，不利于进行股权投资。

1.5.5 不同组织形式的运作模式比较

（1）基金设立条件比较

三种组织形式基金的设立条件，一方面受本身的相关法律限制，如公

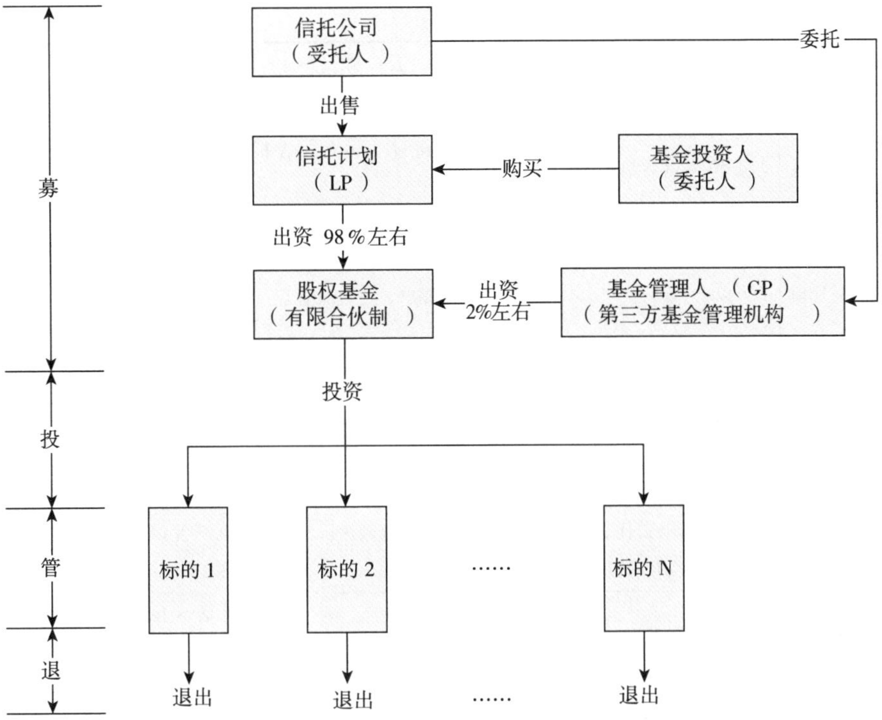

图 1－7 信托制股权基金委托管理型运作模式

司制股权基金设立时受《公司法》相关条款限制、有限合伙制股权基金设立时受《合伙企业法》相关条款限制以及信托制股权基金受《信托法》限制；另一方面受私募行业统一要求限制（详见表 1－3）。

表 1－3 不同组织形式基金的设立条件

组织形式	有限合伙制	公司制	信托制
依据法律	《合伙企业法》	《公司法》	《信托法》
法人定位	无	有	无
出资形式	货币	货币	货币
投资门槛	单个投资者不少于 100 万元（私募要求），外资 1 000 万美元	单个投资者不少于 100 万元（私募要求），外资 500 万美元	单个投资者不少于 100 万元（私募及信托共同要求）

续表

组织形式	有限合伙制	公司制	信托制
出资人数	2到50人（含机构）	总数不超过200人（含机构）	低于300万元的自然人投资者不超过50人，超过300万元及机构投资者不限制
基金管理	1人以上	无具体要求，可自我管理	1人以上（信托公司或委托）
注册资本	各地要求不统一； 外资不低于2 500万美元	创业投资备案要求3 000万元；外资创业投资企业2 500万美元，投资公司1 000万元	无具体要求
债务承担	GP承担无限责任、LP以其出资额承担有限责任	出资人以出资额为限承担有限责任	投资者以信托资产承担责任
退出方式	各种退出方式	各种退出方式	不适合IPO，主要以拍卖为主
适合类型	各类基金	更适合创业投资基金	物权基金

（2）基金管理权比较

《合伙企业法》规定有限合伙企业合伙事务由普通合伙人负责，所以有限合伙制股权基金的日常管理由普通合伙人（GP）即基金管理人负责，也就是说基金管理人可以以较少的出资额（基金的1% ~2%的出资额）管理整个基金资产，充分发挥管理团队的专业能力。但有限合伙人对基金运营具有监督权，也可通过以进入投资决策委员会的方式参与基金投资决策。《公司法》规定公司股东具有管理权，如成为董事会成员，而且董事会是公司的最高管理执行机构，而且公司制股权基金的出资人占基金公司绝大部分股权，因而对基金有较大控制权。相反基金管理人一般股权比例很低，在董事会中的话语权非常弱。所以基金管理人的专业优势受到一定阻碍。《信托法》赋予出资人的管理权及监督权非常弱，因为基金财产使用权已经与所有权完全分离，受托人可以在契约规定的条件下全权管理基金。

（3）税收及运营成本比较

税收和运营成本是股权基金在选择组织形式时，重点考虑的因素。因为税收和运营成本将直接影响整个基金的收益率。有限合伙制基金为税收透明主体，本身不缴纳所得税，而是由合伙人自行缴纳。这种“先分后税”的原则是有限合伙制的优势所在。有限合伙制股权基金每年日常运营费用是基于基金资产的一个固定比例，这个比例可以通过协商而定。公司制股权基金具有法人资格，需缴纳企业所得税，比有限合伙制股权基金多缴纳一次所得税。双重纳税增加了公司制股权基金运行成本。但作为个人投资者，投资有限合伙制股权基金与公司制股权基金缴纳的所得税种不同，前者为财产所得说，固定税率为20%，后者为个体经营所得税，税率递增。另外，为鼓励创业投资，在满足相关条件下，公司制创业投资基金可以享受70%的税收抵扣优惠。公司制股权基金日常运营费用一般采取实报实销，管理费可控。信托制股权基金只是一种法律关系而没有法律实体，其实质是一种财产流动的渠道，因此，信托计划不构成应税实体，由投资者自行缴纳相应所得税收。信托制股权基金日常运营费用类似有限合伙制，通过契约以固定比例支付。

（4）基金退出方式比较

目前的所有退出渠道，对有限合伙制和公司制股权基金都没有严格的限制，但IPO对信托制股权基金有法律障碍。一方面是出资人信息披露。根据《信托法》的规定，信托公司作为受托人对委托人和受益人以及处理信托事务的情况和资料负有依法保密的义务，而《公开发行证券的公司信息披露内容与格式准则》要求，上市企业必须披露企业的实际股权持有人，但信托公司只是所投资公司的名义股东。另一方面是出资人人数制约。我国《证券法》规定，拟上市公司的股东人数不能超过200人，而且对于非法人制股东人数计算采取穿透原则，即累计计算到法人及自然人为止。而集合信托计划背后的出资人数较多，有可能导致拟上市公司的实际股东人数超过200人，无法满足上市条件。

目前如果信托制股权基金要投资股权，可以通过以下方式在IPO之前退出：①股权投资信托通过成立有限合伙人公司，将来以合伙人公司的身份入股投资企业，从而避免使用信托公司的名义，来避开IPO的限制；②股权投资信托以上市股东的名义转让给投资顾问，使投资顾问成为名义上的股东，从而规避上市审核监管；③股权投资信托通过协议转让、并购、集中竞价交易、大宗交易等方式，将优质股权转让给第三方。

1.6 股权基金投资业务流程

1.6.1 募：基金设立

股权基金业务流程的第一阶段为基金设立，即募，主要任务是资金募集和注册基金，按照业务内容大致分为五步：

第一步：前期准备，主要包括市场调研、主要发起人确立（包括基金管理人确定并到相关部门备案）以及起草相关法律文书。业务目标：完成基金设立方案并具备资金募集、设立基金的前提条件。

第二步：资金募集，主要包括私下路演以及通过其他渠道多方面寻找合格投资人以确保募集到基金设立所需资金。业务目标：寻找到一定数量的出资人并签订发起人协议等相关法律文书。

第三步：基金注册，主要是到工商及相关部门注册基金。业务目标：注册基金并具备开展业务的条件。

第四步：资金托管，主要包括落实资金到位并寻找一家有托管资质的银行签订托管协议。业务目标：资金到位并托管确保投资资金的安全。

第五步：基金备案，主要包括按照国家相关部门要求进行基金备案。业务目标：新设一支接受监管的合法股权基金。

1.6.2 投：投资项目

股权基金业务流程的第二阶段是投资项目，即投，主要任务是寻找项目、筛选项目和投资决策，按照业务内容大致分为八步：

第一步：项目收集，主要包括通过各种渠道收集项目并对项目进行整理。业务目标：收集到足够的项目并以商业计划书的形式对项目进行整理。

第二步：项目初选，主要包括通过审阅商业计划书对项目进行初步筛选。业务目标：从基金投资偏好角度筛选准备立项的项目。

第三步：项目立项，主要包括对通过初步筛选的项目从项目所处行业、项目产品以及项目技术等方面确立可以进行尽职调查的项目。业务目标：出具立项报告并组建项目组。

第四步：尽职调查，主要包括对已经立项的项目进行实地考查，核实项目商业计划书的内容，并发现项目风险以及项目价值特别是潜在投资价值，最终提出投资建议。业务目标：出具尽职调查报告，包括法务尽调报告、财务尽调报告以及综合尽调报告。

第五步：交易设计，主要包括对已经完成尽职调查的项目从风险控制以及利益最大化角度对项目进行交易结构设计。业务目标：出具投资建议书。

第六步：项目谈判，主要包括依据投资建议书内容与项目方进行谈判，包括股权价格、投资规模以及投资工具等等。业务目标：签订投资框架协议。

第七步：项目决策，主要包括投资决策委员会依据商业计划书、立项报告、尽职调查报告、投资建议书以及投资框架协议等基础材料对投资进行决策。业务目标：出具投资决策报告。

第八步：协议签订，主要包括依据投资决策报告起草投资协议书。业务目标：与项目方签订投资协议书。

1.6.3 管：投后管理

股权投资业务流程的第三阶段是投后管理，即管，主要任务是对签订投资协议的项目进行投后风险控制及提供投后增值服务，按照业务内容大致分为五步：

第一步：股权确认，主要包括按照投资协议的要求按时足额划拨资金以及资金到位后股权确认。业务目标：资金划拨成功以及股东身份确定。

第二步：委派董监高（董事、监事、高级管理人员），主要包括按照投资协议向项目公司委派董监高。业务目标：从人事安排上确保投资受到监控。

第三步：日常监管，主要包括对被投项目进行日常的财务及经营监督。业务目标：掌握项目公司发展状况，包括财务状况、生产经营状况以及研发状况等，特别是企业的突发状况。

第四步：增值服务，主要包括对被投项目提供多方面的增值服务，包括人力资源、市场开拓以及产学研等。业务目标：使被投企业尽快发展。

第五步：动态评估，主要包括对被投项目进行不间断的评价，预警风险。业务目标：定期出具评价报告。

1.6.4 退：投资退出

股权基金业务流程的第四阶段是投资退出，即退，主要任务是对已经投资的项目选择合适的渠道及合适的时间转让所持项目股权，按照业务内容大致分为三步：

第一步：设计方案，主要包括根据投资项目进展情况设计退出方案，包括退出方式、退出时间以及股权价格等。业务目标：出具项目退出建议书。

第二步：退出决策，主要包括投资决策委员会依据评价报告等材料就退出方案进行决策。业务目标：出具退出决策报告。

第三步：退出实施，主要包括依据退出决策报告实施项目退出。业务目标：确保股权退出后的资金回笼。

以上业务流程并不是一成不变的，而且各流程之间也没有绝对的界线，关键是了解与掌握每个流程的核心业务内容。

1.7 股权投资的作用与特点

1.7.1 股权投资的作用

股权投资主要通过实现资源有效配置、促进中小企业发展、优化产业结构和完善金融体系来促进创新创业，推动经济发展。

（1）实现资源有效配置

股权投资突破了企业的固有边界，实现了资源有效配置和企业价值的再造和流转。现代经济背景下，资源配置以资金为纽带，以产权的转移为核心流程，从而实现劳动力、企业家才能和土地、设备等生产要素的有效流转并产生新价值。借贷资本的兴起促进了以商品为核心的价值流动，资本市场的兴起促进了以企业产权为核心的价值流动，企业价值的市场发现与提升的功能被激发出来，并突破了固有的时间和空间限制。股权投资加速促进了资源在多层次资本市场的有效配置，进而实现了科技创新和产业优化与转型，有利于高科技企业的发展和战略新兴产业的振兴，有效促进了国民经济快速健康发展。①

（2）促进中小企业尤其是科技型中小企业发展

①拓宽企业融资渠道。科技型中小企业已经成为现代经济重要的组成部分，是推动技术进步的重要力量，同时还是扩大出口、发展外向型经济

① 聂无逸、张元振："关注中国私募股权投资基金"，《银行家》，2014 年第 1 期。

的生力军。然而，科技型中小企业融资难成为制约企业发展的主要原因之一。现行的银行信贷制度难以满足科技型中小企业资金需求，比如成本过高、融资效率低、需要抵押、利率高等，而科技型中小企业的特点是轻资产、重发展，比较适合权益性融资。股权投资作为专业投资者，专注于有成长潜力的中小企业，一旦发现机会便会快速出击，为企业提供发展资金。②成为建立现代企业制度的重要途径。股权投资不仅能为企业带来资本，更重要的是能提升企业的品质，帮助企业完善公司法人治理，优化企业股权结构，提升经营管理水平，规范企业经营行为，拓宽企业信息渠道，促进企业科学决策。特别是在企业上市过程中，有股权投资者进驻的企业，上市意愿强烈、准备充分、操作规范、过程顺利。很多地方已经将是否有股权基金投资，作为是否将企业列入上市后备库的一个衡量标准。[①] ③为科技研发投入提供资金来源。科技型中小企业的核心竞争力是技术，所以科技型中小企业融资一方面用于企业日常管理，如开拓市场和提升研发人员工资待遇等；另一方面主要是用于加大研发投入，特别是科技产业化，加快研发速度，完善技术体系以及提升技术水平，如购买技术设备以及加大试验费用等。如果企业通过债权融资用于科研，一是定期付息，资金成本高，企业面临的风险大；二是时间短，到期还本，而研发时间较长，不利于持续研发。

（3）优化产业结构

①推动战略新型产业发展。在建设创新型国家战略指导下，各级政府制定了一整套发展战略新型产业的长远规划，其中发展股权投资是重要的配套措施，如政府从资金支持以及税收优惠等方面大力扶持设立各类战略新兴产业股权基金。②股权投资从促进技术创新、产业链整合以及技术外溢等角度促进产业整合，发挥高新技术产业集群效益。

（4）完善金融体系

①完善社会融资结构。长期以来我国的金融体系是以商业银行为主导，以间接融资体系为社会经济发展提供资金，融资需求对银行与信贷产生巨大依赖，导致金融体系存在缺陷。只有发展直接投资渠道，健全金融体系，减少中小企业对银行的依赖与压力，才能解决金融业发展和中小企

---

① 全德智：“广西股权投资行业发展现状及对策”，《决策与信息（下旬刊）》，2013年第12期。

业资金需求的双赢问题。因此，大力发展股权投资是发展直接融资、拓宽筹资渠道、健全金融体系的有效手段。②加速经济金融化。我国现有金融管制比较严格，利率市场化还在初步实施阶段，股权投资可以有效克服金融抑制问题，提高金融市场效率和金融中介效率，提高金融机构化程度和金融工具多样化程度，使金融从不同层次不同角度服务于实体经济的方方面面，提高经济与金融的密切度，进而提高金融对经济的贡献率。③是构建区域金融中心的重要手段。作为一种新兴高端服务业，股权投资以支持创业、创新、创造为主要目的，其独特的运作模式使其成为创新经济发展的重要引擎。发展股权基金，有利于提高社会资本配置效率，促进企业自主创新及高新技术成果转化、战略新兴产业发展和经济结构调整，促进经济发展方式转变。加快发展股权投资业，对构建结构合理、功能完善、充满活力的地方金融体系和投融资体系具有十分重要的作用。④是牵引外来资本的重要渠道。股权基金作为直接融资的重要方式，是最专业、最活跃的资本投资，是拓宽企业融资渠道、规范运用民间资本的重要工具。它可以起到固化本地资本、牵引外来资本、吸引银行资本的作用，将分散的可投资资金有效转化成符合经济社会发展需要的资本金。发展股权投资业有利于改变目前单纯依赖银行间接融资方式的局面，多渠道为重点产业发展和基础设施建设筹措资金。⑤促进政府投融资体制创新。政府引导基金的主导者是政府，引导社会资本共同发起设立母基金。政府建立引导基金，可以有效引导社会资金对中小企业，尤其是科技型中小企业实行股权投资，在解决其融资难题的同时，也解决了进一步发展的管理提升和机制再造。[①] 2005 年颁布的《创业投资企业管理暂行办法》，对政府引导基金进行了规范。2008 年制定的《关于创业投资引导基金规范设立与运作的指导意见》，为政府引导基金组织和设立从法律上给予了落实。

1.7.2 股权投资的特点

虽然股权投资发展历史不长，但在实践中已经形成自己较为明显的特点。首先，从基金投资人角度，股权投资具有以下特点：一是合格投资者。因为权益性投资无担保、无抵押，投资期长，流动性差，所以风险较大。所谓合格投资者就是除具备一定投资能力外，还要具备一定的鉴别风

① 全德智：“广西股权投资行业发展现状及对策”，《决策与信息（下旬刊）》，2013 年第 12 期。

险和抵抗风险的能力。二是收益不确定。虽然一个成功的股权投资案例其投资回报率非常高，但失败的股权投资有可能导致投资成本无法收回。股权投资收益不仅取决于基金管理人的投资水平，还受宏观经济形势等其他一些外界因素影响。三是信息弱势群体。股权基金的基金投资人一般不参与基金管理，委托专业的基金管理人管理，由于信息不对称，基金投资人处于信息弱势一方。一方面基金管理人的信息，基金投资人无法全面掌握；另一方面投资信息，基金投资人也无法全面掌握。所以，基金管理人不仅要投资专业水平高，而且更为重要的是要具有很强的敬业精神。选择优秀的基金管理人是基金投资人规避风险的重要措施。

其次，从基金管理人角度，股权投资具有以下特点：一是专业性强。从业务知识来讲，股权基金管理人不仅需要掌握本行业知识，还要掌握法律、财务、企业管理、证券知识以及行业发展动态和行业技术知识。一名合格的股权基金管理人首先必须是综合型发展人才。除此之外，还要经过多年的实际工作，积累丰富的实践经验。后者往往比前者更为重要。二是崇尚契约精神。受人之托，声誉第一。基金管理人在没有任何抵押和担保的情况下就能以很少的出资管理整个基金资产，不用承担投资损失，但是以基金管理人的声誉作担保。所以，基金管理人要严格执行契约，视声誉为生命。三是独立决策。股权基金虽然有不同的组织形式，但项目投资决策方式基本上为独立决策，即由投资决策委员会（投委会）进行决策。投委会属于股权基金一个非常设的议事机构，在遵守国家有关法律法规、条例的前提下，其拥有对所管理基金的各项投资事务的最高决策权，负责决定所管理基金的投资计划、投资策略、投资原则、投资目标以及投资组合的总体计划。其成员主要包括基金管理人或委派代表以及职业经理人，有时也包括行业专家和出资人代表等。它有别于股东会、董事会以及合伙人大会等常设机构，对于基金的日常管理以及涉及的重大事项如财产处置等一般不参与决策。实行独立决策机制主要是充分体现基金管理人的专业价值。

CHAPTER 2

第2章　股权投资市场

股权投资市场是一个新兴的投资市场，不同于传统的投资行业市场，它丰富了现有的金融体系。经过几十年的发展，股权投资已经发展成一个较为丰富、完整的市场体系，其相关理论也不断丰富，包括产生原因、发展动力、发展轨迹、市场主体、市场细分以及退出市场等。

2.1　股权投资发展历程与发展趋势

2.1.1　股权投资发展历程

目前，学术界比较认可将1946年美国成立研究和发展公司（ARD）作为现代股权投资产生的标志。在此之前，历史上曾出现过类似股权投资活动。15世纪末，当时英国、葡萄牙与西班牙等国远洋贸易发展迅速，对外源资本产生了强烈的需求，有钱人只要向远洋贸易企业投资就可以获得高额收益，资本运营开始出现委托代理模式。19世纪末20世纪初，特别是第一次世界大战后，美国开发西部过程中大力发展石油产业、钢铁行业、汽车行业以及铁路运输，当时有不少富有的私人银行家或家族资金，通过律师、会计师的介绍和安排，直接以股权形式进行投资，逐步出现私募资本，如1919年皮埃尔·杜邦对通用汽车公司的投资、1939年劳伦斯·洛克菲勒对麦道公司的投资。同时，一些新兴的科技企业也吸引了私募资本的高度关注。[①] 到了二十世纪三四十年代，富有家族开始聘请一些职业经理去帮他们寻找具有发展潜力的中小企业进行投资，但这一时期投资活动分散，只能称为非组织化的权益性投资。

这些早期私募资本对现代股权投资的产生与发展具有重大的意义，一方面通过私下募集来集聚资本的方式逐渐被市场认识，另一方面资本所有者委托专业管理者进行股权投资而自己不参与管理的委托理财模式逐渐发展起来。1946 年美国研究和发展公司（ARD）成立，标志着现代股权投资开始出现。

ARD 是由以 MIT 的院长 Karl Compton 和哈佛商学院的教授 George F. Doriot 以及投资人 Flamders 为代表的一些商业人士共同设立、专门面向新兴企业的投资公司。当时新英格兰地区的纺织业和一些传统制造业出现严重亏损，从而使该地区的经济处于衰退之中。Flamders 认为该地区的经济困境不仅是源于老工业的亏损，而且也是由新兴工业的缺乏所引起的。[②] 尽管该地区及其周围有很多著名的大学，拥有巨大的技术和人才资源，但是由于对新办企业投资不足，以及缺乏有经验的管理人才，导致该地区新办企业诞生率很低。针对这种不利情况，1945 年 Flamders 在芝加哥召开的国家证券交易商协会上首次提出要建立一个专门面向新兴企业的投资公司，即 ARD，其初衷不是赢利而是促进经济发展。[③]

在 ARD 历史上，最重要的事件是它在 1957 年投资数字设备公司（DEC）。这次投资大获成功，永远地改变了美国股权投资的未来。DEC 是由 4 个 20 多岁的麻省理工学院毕业生创立的，他们有许多如何改进计算机的想法。ARD 最初只对企业投入了 7 万美元，持 77% 的股权。由于 DEC 的飞速发展，当 ARD 被出售给 Textron 公司退出时，DEC 已发展成为拥有 5 万多名员工、年产值 1 000 多亿美元的计算机制造巨型企业，每股价格为 81.3 美元。DEC 使 ARD 名声大噪，完全改变了 ARD 的命运，也向投资者证明了这样一种理念：向股权投资公司注资，然后再投资于新创建的公司是完全可行的。从此 ARD 为现代股权投资奠定了基础。

---

① 李靖：“全球私募股权投资发展的历程、趋势与启示”《海南金融》，2012 年第 5 期。

② 刘少波、张文：“风险投资制度创新与路径选择——基于制度经济学分析框架的理论探讨”，《广西大学学报（哲学社会科学版）》，2005 年第 3 期。

③ 王计昕：“美日创业投资实质的探索与启示”，《东北亚论坛》，2006 年第 2 期。

股权投资的发展大致分为两个部分：前一部分是以创业投资产生与发展为主导，股权投资业还未成熟；后一部分从20世纪70年末伴随着以成长基金以及并购基金为代表的后期投资的产生与发展，股权投资逐渐发展成金融领域里一个独立的投资行业。具体来讲，从ARD诞生之日起，股权投资发展大致经历了萌芽、发展、快速增长和成熟四个阶段。

第一阶段：萌芽阶段（1946~1969年）。1946年美国成立ARD是现代股权投资产生的标志。20世纪50年代，美国的股权投资还没有发展成一个真正意义上的行业，只是对个别项目进行投资，对经济的影响力不大。1958年，美国通过《小企业投资法》支持小企业投资公司（SBIC）发展，旨在为美国的小企业提供融资和管理上的支持。它直接受美国小企业管理局的管辖，并可获得税收优惠和低息贷款的支持。1963年，美国约有692家SBIC，筹集到的私人权益资本为4.64亿美元。[①]

总体上该阶段有三个特点：第一，股权投资规模小。二战以后美国经济的复兴产生了一批创新型企业，企业发展过程中自发性地产生了对股权投资的需求。但股权投资作为一种新的投资工具，市场不成熟，投融资双方持观望态度，因而投资案例少，规模偏小。第二，各国政府出台鼓励政策，支持股权投资发展。欧洲各国也开始涉足股权投资，尤其是创业投资。亚洲以日本为代表，通过支持股权投资扶持了一批高科技中小企业，如通过了《中小企业法》促成了当地投资公司的相继成立。第三，最初政府意愿强烈。美国设立股权投资主要是为了促进电子、医药、信息等新型产业的研发；英国主要是致力于解决中小企业融资难，促进中小企业的发展。

第二阶段：起步阶段（20世纪70年代到80年代）。1973年美国全国创业投资协会成立，到了1977年SBIC发展到276家。从20世纪70年代英国开始允许金融机构投资股权基金，欧洲其他各国相继放松对股权投资的管制，允许银行和保险公司等机构进入股权投资行业。[②] 日本则在1974年设立官商一体的产业投资企业促进股权基金的发展。[③] 1975~1980年日

① 李靖：“全球私募股权投资发展的历程、趋势与启示”，《海南金融》，2012年第5期。

② 邱柯萍：“私募股权基金在我国的实践与发展研究”，南京理工大学硕士学位论文。

③ 沈跃武：“中国私募股权基金发展问题研究”，天津工业大学硕士学位论文。

本股权基金为62个项目提供17亿日元，形成了产业投资热潮。[1]

这个阶段股权投资发展的主要原因有：首先，1971年美国纳斯达克开市，其他国家也相继开设创业板，如日本的纳斯达克，在退出机制上为股权投资拓宽了退出渠道。其次，数字技术、网络技术在美国兴起，为股权投资提供了丰富的、优质的潜在投资项目。第三，1974年美国颁布《雇员退休收入保障法》，放宽了对机构投资者的投资限制，在不影响整个投资组合安全性的前提下允许养老金等机构投资者向股权基金如创业投资基金投资。第四，有限合伙制的运用。1976年对1916年颁布的《统一合伙法》进行修订，建立了现代有限合伙制，一方面解决了投资机构双重税收问题；另一方面，确立了有限合伙人（投资人）及普通合伙人（管理人）的法律地位及相应的法律责任与义务，并在实践运用过程中进行了机制创新，如建立了一套完整的监督机制、激励约束机制以及风险控制机制。有限合伙制开始大量被运用于股权投资中，使股权投资在制度上实现了一个新的飞跃。据不完全统计，从1969年至1975年，美国大概仅有29家有限合伙制的股权基金，共募集3.76亿美元资金，而到了1987年，在当时的625家股权投资企业中，有500家采用了有限合伙制形式，这500家基金管理着200亿美元的资金规模，占全美290亿美元股权投资规模的69%。[2]第四，狭义的PE出现。1976年华尔街著名投资银行贝尔斯登的三名投资银行家合伙成立了KKR投资公司，专门从事即将上市公司的投资业务，如LBO及Pre-IPO业务，被称为狭义的PE业务，并经历了最初的市场检验，被证明是个回报极高的投资模式。

但是，20世纪70年代中期世界主要国家股票市场萎靡不振，股权基金的积极性受到了一定的负面影响，不愿投入更多的新项目。

第三阶段：增速阶段（20世纪80年代到90年代末）。首先，在20世纪80年代，随着电子、医药、计算机、互联网等新兴产业持续发展，美国股权投资领域产生了很多高科技的成功案例，例如思科、甲骨文、微软等，促进了美国经济的转型升级和发展。股权投资不断投资于生物科技、新能源、电子信息等产业，促使这些先导行业成为美国新的经济增长点。

---

① 李楠："试论中国私募股权基金发展对策建议"，《现代经济信息》，2013年第6期。

② 王铁群："我国风险投资融资阶段契约研究"，哈尔滨工业大学硕士学位论文。

其次，20 世纪 90 年代是一个全球低通胀时期，固定收益证券的收益率相对较低，大量金融机构的资金进入股权投资。90 年代后期到 2000 年期间，美国股权投资发展旺盛，催生了亚马逊、美国在线、电子湾、网景、雅虎以及太阳微系统等一大批以高技术为支持的著名上市公司。同时，欧洲股权投资不断发展，成立了欧洲创业投资协会，为股权投资提供了一个交流平台。亚洲的日本也兴起了新一轮股权投资发展热潮。

第三，随着全球杠杆收购的兴起，股权投资获得了快速发展。1979 ~ 1989 年间，全球个案金额超过 2.5 亿美元的杠杆收购案例超过 2 000 宗。20 世纪 80 年代，杠杆收购成为获利最高的投资模式，吸引了大量股权基金与股权投资者。这期间，股权投资另一个重要变化是有限合伙制成为了股权投资的主要组织形式。同时投资于并购资本和夹层资本的股权基金开始兴起。随着投资机会的变化，股权资本的投资对象也随之改变。许多杰出的并购企业将其业务扩展为行业内的并购，且同时投资于出版、电视电缆、广播和基础建设等行业。[①]

最后，1997 年东南亚金融危机至 2000 年美国网络科技股泡沫破裂的一段时期内，美国部分股权基金出现营运危机，股权基金一度陷入低迷。

第四阶段：稳健阶段（2001 年至今）。2001 年以后，股权基金的发展重新加速，股权基金走向成熟。尤其是股权基金的高回报吸引了越来越多的机构或个人投资者跟进，合伙人队伍也日益壮大。这个阶段中国股权投资市场发展迅速。

股权投资发展历程说明了以下几个问题：一是欧美发达国家，特别是美国，无论从股权基金规模还是股权投资制度都主导着整个股权投资行业发展；二是 20 世纪初实体经济发展为股权投资的产生奠定了经济基础；三是促进中小企业发展是股权投资产生的原动力；四是以信息技术为代表的高科技发展加速了股权投资的产生与发展；五是资本市场的发展特别是证券市场作为主要退出渠道，丰富与完善了股权投资市场；六是公司制为股权基金发展起到了开拓作用，但有限合伙制使股权基金制度发生了革命性变化。

① 李靖：“全球私募股权投资发展的历程、趋势与启示”，《海南金融》，2012 年第 5 期。

2.1.2 我国股权投资发展历程

我国股权投资发展源于20世纪80年代中期的科技体制改革，当时国际上股权投资正进入快速发展时期。从行业发展角度来说，我国股权投资发展与世界股权投资发展相似，股权投资作为一个投资行业，发展还未成熟前以创业投资发展为主导，2013年以后股权投资才真正发展成一个投资行业，走上规范化发展道路。我国股权投资发展历程可大致划分为萌芽阶段、起步阶段、发展阶段、增速阶段以及调整与规范阶段。

第一阶段：萌芽阶段（1985～1990年）。这一阶段的核心点是提出通过创业投资支持科技体制改革。1985年3月《中共中央关于科学技术体制改革的决定》在“改革对研究机构的拨款制度”中指出，对变化迅速、风险较大的高技术开发工作，可以设立创业投资支持，正式提出创业投资概念。同年原国家科委、财政部共同出资设立了中国新技术创业投资公司，其目的是对高技术开发企业投资或贷款，该公司的成立类似美国的ARD，它对发展我国股权投资具有里程碑的意义。但由于管理不善，1998年该公司被政府管理机关宣布关闭。1987年1月颁布的《国务院关于进一步推进科技体制改革的若干规定》强调，在提高科技投资强度及改善科技经费管理的措施中逐步实现风险投资（创业投资）。1989年成立了第一家中外合资的中国科招高技术有限公司，专门从事科技产业投资，标志着外资创业投资机构正式进入中国。

第二阶段：起步阶段（1991～1998年）。这一阶段的核心点就是提出发展创业投资（当时也称风险投资），促进高新技术产业发展，标志性事件即全国政协九届“一号提案”。1991年3月《国家高新技术产业开发区若干政策的暂行规定》指出：“有关部门可在高新技术开发区建立风险投资基金……条件成熟的高新技术开发区可创办风险投资公司。”此后，有关部门和开发区掀起设立“风投机构”的热潮。一些地方性的投资公司相继成立，如北京高新技术创业投资股份有限公司、江苏省高新技术创业投资公司、广州创业投资公司相继成立。1993年原中国农村发展信托投资公司发起设立了第一家经中国人民银行批准并在上海证券交易所上市的创业投资基金——淄博乡镇企业投资基金，规模为人民币1亿元，基金为项目和证券混合投资工具，主要投资于为淄博乡镇企业提供服务的有关产业的股权，投资额度不少于基金投资总额的60%。1996年发布的《关于“九五”期间科技体制改革的决定》中强调要发展风险投资，一批带有创业性质的投资基金和科技信托投资公司开始创建。1997 年末，原国家科委联合国家计委等七部委组成“国家创业投资课题组”，并形成《关于建立我国科技创业投资机制的报告》，正式颁发时被改成《关于建立风险投资机制的若干意见》。该报告所提出的一系列政策对市场产生了巨大的激励作用。1997 年成立了中瑞合作基金，开创了我国中外合作产业基金的先河，为后来设立产业基金提供了样板。1998 年 3 月，时任全国政协副主席的成思危代表民建中央在全国政协九届一次会议上提交了《关于借鉴国外经验，尽快发展我国风险投资事业的提案》，被列为全国政协九届“一号提案”，并提出设立创业板构思，对股权投资发展产生了积极的推动作用。

第三阶段：发展阶段（1999～2004 年）。这一阶段的核心点就是明确提出设立创业板，拓展股权投资退出渠道。1999 年 1 月深圳证券交易所向证监会正式提交《深圳证券交易所关于进行成长板市场的方案研究的立项报告》，并附实施方案。同年 3 月，证监会第一次明确提出可以考虑在深圳证券交易所设立科技企业板块。受此影响，各地政府纷纷成立股权投资公司，如深圳市创新投资集团有限公司、深圳达晨创业投资有限公司、上海创业投资有限公司以及启迪创业投资管理有限公司等。这些股权投资公司大部分已经发展成为中国老牌股权投资公司。1999 年科技部、国家计委、国家经贸委、财政部等部门联合发布了《关于尽快发展中国风险投资事业的提纲》，各地也纷纷出台地方性支持政策，如上海市出台了《上海市促进高新技术成果转化的若干规定》、深圳市出台了《深圳市创业资本投资高新技术产业暂行办法》、北京市出台了《中关村科技园条例》并率先引进了有限合伙企业制度。2000 年互联网泡沫破裂，国外资本市场低迷，影响我国股权基金信心。为鼓励外国公司、企业和其他经济组织或个人来华从事创业投资，建立和完善中国的创业投资机制，2003 年 3 月 1 日《外商投资创业投资企业管理规定》施行，促进了外资股权基金在我国的发展。2004 年深圳证券交易所推出中小板，股权基金看到退出希望。

第四阶段：增速阶段（2005～2012 年）。这一阶段的核心是不仅完善了股权投资法规环境，而且推出了创业板，拓宽了退出渠道，直接推动了股权投资作为一个行业在我国的发展。2005 年国家发改委等十部委联合颁布了《创业投资企业管理暂行办法》（简称《暂行办法》），随后国家税务总局出台了《关于促进创业投资企业发展有关税收政策的通知》，规定创业投资企业采取股权投资方式投资于未上市的中小高新技术企业2年以上的，可以按照其投资额的70%在股权持有满2年的当年抵扣该创业投资企业的应纳税所得额。《暂行办法》为创业投资七项配套扶持政策提供了法律依据和条件，为创业投资基金设立与运作提供了九大特别法律保护，从而为确立创业投资备案制度以及设立全国性的创业投资协会奠定了基础。紧接着2006年《公司法》和《证券法》进行了修订，进一步从法律上明确了股权投资公司的权利与义务。2006年12月30日，中国首支私募性质的产业基金——渤海产业投资基金在天津发起设立，到2008年下半年共批准了三批产业投资基金。从此中国的股权基金开始迅猛发展。2007年6月新修订的《合伙企业法》生效，首次明确了有限合伙制的法律定位，为股权投资从法律层面解决了双重税收问题。2009年10月酝酿10年的创业板正式开市，同时IPO重启，股权投资大受鼓舞，特别是以成长基金为代表的后期投资迅速发展。紧接着同年12月新修订的《证券登记结算管理办法》规定有限合伙制股权基金可在二级市场开设账户，真正实现了股权基金能够通过二级市场退出从而获得高额回报，股权投资发展迎来最好时机，特别是人民币股权基金发展迅速，曾一度在市场上出现“全民股权投资”的说法。在这一期间，2008年金融危机对我国股权投资发展有一定的影响，但影响力度不大，时间也不长。

第五阶段：调整与规范阶段（2012年至今）。首先，这一阶段我国股权投资在发展速度以及规模上处于调整时期。在经历了“全民股权投资”的野蛮生长阶段后，从2012年起我国股权投资开始进入调整期，主要原因有：一是受通胀压力和持续紧缩的货币政策影响，我国证券市场一直处于低迷状态，曾一度出现IPO停开，打击了投资者的信心，股权基金的资金募集非常困难；二是从内部管理来看，大量新设立基金的专业管理能力滞后，导致投资人风险加剧；三是投资项目竞争日益加剧，估值推高，对基金生存和盈利形成较大考验。其次，我国股权投资正式成为金融领域的一个投资行业，在此之前主要以创业投资为主导。2013年中央编办印发《关于私募股权基金管理职责分工的通知》，明确证监会负责私募股权基金的监督管理。紧接着2014年6月证监会颁布实施《私募投资基金监督管理暂行办法》，要求股权基金向基金业协会统一申请备案登记，标志着股权投资正式成为金融领域一个新的投资行业，并作为一种私募基金纳入证监会监管，从而明确了股权投资的行业地位。从此，我国股权投资走上规范化的发展道路。

我国股权投资的发展表现出以下特点：一是我国股权投资源于科技体制改革，兴起于科技产业发展；二是国家主导了前期股权投资发展，尤其是创业投资，包括设立国有创业投资公司、产业投资基金以及政府创业投资引导基金；三是早期外资股权投资对推动我国股权投资发展起到了积极的作用，包括培养了本土的管理人才；四是《暂行办法》的出台以及《合伙企业法》的修订为股权投资带来了革命性的制度变革；五是创业板直接推动了股权投资发展；六是我国股权基金发展起伏很大，跟风现象严重，与欧美发达国家相比还处于发展初期，专业性以及职业性有待进一步提升。

2.1.3 股权投资发展趋势

（1）国际股权投资发展趋势

①出现寡头垄断局面。根据欧美股权基金行业研究报告显示，一家基金的投资回报处于前1/4强，则其所管理的下一个基金也处于1/4强的概率为43%；相反，处于后1/4的基金管理人所管理的下一个基金业绩表现更差的概率为59%。由此说明，一个基金管理人的业绩记录对于其未来业绩表现具有显著影响。而像KKR、凯雷、百仕通这样的老牌股权基金之所以长期都表现出较好的业绩，与其悠久的历史有关。而那些在行情火热之际匆忙募集的小型股权基金的表现，往往落后于市场整体表现。[①] 另外，老牌股权基金才能吸引商界顶尖公司管理人物陆续加盟，而他们对于商业社会及行业竞争发展趋势的判断力，则成为股权基金作出前瞻性判断的重要依据。因此，国际股权投资越来越趋向于寡头垄断，大量的股权投资资金被掌握在为数不多的几家投资公司手里。而其他的一些股权基金，由于业绩表现不稳定，难以获得基金投资人的信任，很难从市场里大量融资。同时，由于没有足够的实力，这些中小型股权基金也难以聘请顶尖的商界人物加盟。正是这种强者愈强、弱者愈弱的马太效应，使得中小型股权基金日渐边缘化，股权投资市场呈现出向少数寡头集中和垄断的发展趋势。

---

① 孙茹：“私募股权投资对中小企业的影响研究”，沈阳理工大学硕士学位论文。

而能够真正进行企业价值管理和商业管理的股权基金，只有为数不多的位于金字塔顶端的几家公司。

②向新兴市场地区渗透。随着2006年8月9日摩根士丹利首只专注投资亚太地区的5.5亿美元的股权基金宣布成立，亚洲的股权基金进入了一个欣欣向荣的时代。进入21世纪以来，新兴市场成为股权投资首选之地。国际股权基金频频在亚洲特别是中国进行大的动作正是股权资本向新兴市场渗透的有力佐证，这将是一种长期趋势。

③机构多样化。除了传统意义上的股权基金公司，如凯雷（Carlyle Group）、黑石（Blackstone Group）等以外，很多证券公司、商业银行甚至保险公司都设立直接投资部或者设立单独的股权基金开展股权投资业务，如高盛（Goldman Sachs）、麦格理（Macquarie）、汇丰银行（HSBC Bank）、JP摩根（JP Morgan）等都开展自己的股权投资业务。除此之外，很多著名的跨国公司也开始设立股权基金，资金主要来自于跨国公司内部，主要为跨国公司自身的战略规划和投资组合服务，如通用电气资本公司（GE Capital）等。

④私募向公募演变。2007年6月21日，美国黑石集团（Blackstone Group）在纽约证券交易所挂牌上市，成为美国自2002年以来规模最大的IPO案例，这也是股权投资在全球金融体系中地位提升的标志性事件。早在黑石上市之前，英国以及欧洲著名的股权基金3i和Partners Group就已经先后上市。美国私募基金KKR的母公司2010年7月15日在纽约上市，凯雷投资集团（Carlyle Group）2012年5月也正式登陆纳斯达克。私募基金寻求公开上市的动力源自于股权投资机构自身扩张的需求。在竞争日趋激烈的背景下，唯有扩充资本，增强竞争力才能生存。因此，把股权基金定义为私募基金有一定的局限性。

⑤挑战传统金融机构。2007年10月，苏格兰皇家银行财团（RBS）收购了市值超过1 000亿美元的荷兰银行。虽然荷兰银行不是直接被股权基金所收购，但背后的推手是股权投资。“儿童基金”（The Children's Investment Fund Management，简称TCI），这个只持有荷兰银行1%股份的英国一家股权投资机构鼓励小股东联合起来分拆整个集团，让荷兰银行的股票大幅升值。随着大批套利基金的跟进，有了足够的投票权，便召开临时董事会，宣布荷兰银行将挂牌出售，最终RBS成为最大的赢家。在短短的

10个月时间里，这笔收购让TCI至少获利68%。早在1998年，美国Ripplewood基金就出资10亿美元收购日本的长期信用银行（Long - Term Credit Bank of Japan Tokyo）将其改名为新生银行（Shin Sei Bank）。随后，将Shin Sei Bank打造成全新的盈利机构，并在2004年成功上市，Ripplewood基金当初投入的资金获得了10倍的回报。[①] 此外美国新桥资本（Newbridge Capital）成功重组了韩国第一银行（Korea First Bank）。股权投资的力量之大，使得传统的金融机构有了一份危机感。

⑥受到互联网金融的挑战。以互联网为代表的现代信息科技，特别是移动支付、社交网络、搜索引擎和云计算等，将对人类金融模式产生根本影响。在全球范围内，已经可以看到三个重要趋势。第一个趋势是移动支付替代传统支付业务（如信用卡、银行汇款）。随着移动通讯设备的渗透率超过正规金融机构的网点或自助设备，以及移动通讯、互联网和金融的结合，全球移动支付总金额2011年为1 059亿美元，预计未来5年将以年均42%的速度增长，2016年将达到6 169亿美元。第二个趋势是人人贷（个人之间通过互联网直接借贷）替代传统存贷款业务。其发展背景是正规金融机构一直未能有效解决中小企业融资难问题，而现代信息技术大幅降低了信息不对称和交易成本，使人人贷在商业上成为可能。比如2007年成立的美国Lending Club公司，到2012年年中已经促成会员间贷款6.9亿美元，利息收入约0.6亿美元。第三个趋势是众筹融资（crowd funding，通过互联网为投资项目募集股本金）替代传统证券业务。[②] 2012年4月，美国通过JOBS法案（Jumpstart Our Business Startups Act），允许小企业通过众筹融资获得股权资本。可能出现既不同于商业银行间接融资，也不同于资本市场直接融资的第三种金融融资模式，称为“互联网金融模式”。JOBS法案第三篇规定，创业企业可以无需到美国证券交易委员会（SEC）注册，便通过众筹的方式进行证券发行和销售，前提是12个月内众筹融资额不超过100万美元，必须通过在SEC注册的金融机构进行，不能直接在发行人和投资人之间进行。众筹中介可免于注册为证券经纪商，转而注册为“集资门户”。由此，众筹网站获得了相应的法律地位。JOBS法案降低

---

① 李靖：“全球私募股权投资发展的历程、趋势与启示”，《海南金融》，2012年第5期。
② 曹方：“互联网金融试水资本蓝海”，《上海信息化》，2013年第12期。

了创业公司的融资门槛，使得普通公众也能参与到股权投资中来，突破了以往由投行主导的公开募股模式，其监管思路由强制注册和信息披露转变为适合中小企业和普通投资人的思路，即对筹资额和融资额进行双重限制，但仍对众筹中介进行严格监管。成立于2011年的美国股权众筹鼻祖Angelist在2013年9月通过众筹方式完成2 400万美元的融资，投资机构包括Atlas Venture、Google Ventures以及其他100多个投资人和机构。

（2）我国股权投资发展趋势

①股权投资将成为政府资金支持创新创业的主要方式之一，而且市场化程度将更高。据清科研究中心数据显示，国内各类政府基金达464支，总资金规模为250亿美元左右。2014年5月21日李克强总理主持召开国务院常务会议，会议决定成倍扩大中央财政新兴产业创投引导资金规模，加快设立国家新兴产业创业投资引导基金，完善市场化运行长效机制，实现引导资金有效回收和滚动使用，破解创新型中小企业融资难题。同时会议进一步强调市场化运作机制。“市场化运作，政府引导”一直被认为是创投引导基金运作的基本原则，但在我国创投引导基金的实践中，无论是中央还是地方，市场化运作机制并不完善，各个地区的地方引导基金也受到了主管部门行政管理以及受托管理机构专业水平方面的制约，效果参差不齐，如在引导基金的遴选标准、投资策略限制、基金存续期限、退出方式等方面尚有提升和完善之处。从这次会议精神来看，市场化运作机制的完善有望进一步推进，从而提升全国引导基金的管理运营水平，激发更多创投企业、社会资本的热情。

②机构出资人将成为合格出资人主流。自2004年以来，社保基金已经投资了16支股权基金，总投资规模达249亿元。社保基金在2012年又投资了3支基金，加快了投资步伐。据财政部公布的信息，截止到2012年底，全国社保基金滚存结余达3.6万亿元，可投股权投资领域资金规模约为4 000亿元。2011年中国人寿首度获得保监会股权投资牌照后，更多保险机构正积极争取投资股权领域的牌照，险资入驻股权基金不断加速，未来两年或迎来更大突破，保险机构成为大型投资人指日可待。除此之外，随着投资者对母基金的进一步认识，民资母基金将成为未来股权基金主要资金来源之一。

③一、二级市场投资藩篱将打破，“大资管”时代日益临近。2012年

9 月 26 日修订后的《基金管理公司特定客户资产管理业务试点办法》明确资产管理计划资产可投资于“未通过证券交易所转让的股权、债券及其他财产权利”，这意味着公募基金将向股权投资领域延伸。2013 年 2 月 18 日出台的《资产管理机构开展公募证券投资基金管理业务暂行规定》明确表示，符合条件的股权投资管理机构、创业投资管理机构等其他资产管理机构可以开展公开募集证券投资基金管理业务。

④股权投资行业发展趋于稳健。一方面是由于投资环节竞争日益激烈，随着机构队伍的日益壮大，以及一些机构“野蛮生长”的投资战略，股权投资俨然已从卖方市场换变为买方市场，竞争加剧直接导致投资难度的增加；另一方面，募资和退出的不景气也促使股权基金不得不放缓脚步，转求量为求质，以形成差异化竞争优势，加强内功修炼。2013 年以来我国市场股权基金决策更为审慎，投资活跃度也再度下降。

⑤早期投资将进一步受到市场关注，尤其是天使投资。2010 年以来，早期投资在股权投资中的占比在逐步提高，2006 年早期投资金额占比仅为 2.3%，到 2012 年，早期投资的比重已提高到 8.9%。2013 年可以称之为天使投资的转折之年，在股权投资市场整体遇冷的大背景下，天使投资却迎来了繁荣发展。2013 年利好天使投资发展的政策不断出台，如 2013 年 7 月 25 日发改委发布《关于加强小微企业融资服务支持小微企业发展的指导意见》，该政策对优质天使投资项目后续融资发展起到了一定的促进作用；2013 年 10 月 25 日李克强总理主持召开国务院常务会议，此次会议重点讨论了推进公司注册登记制度改革，以进一步降低创业成本，激发社会投资活力。2013 年一些地方政府也出台了相应的促进天使投资发展的指导办法，如《江苏省天使投资引导资金管理暂行办法》、《扬州市天使投资引导资金管理暂行办法》、《青岛市财政局天使投资引导资金管理暂行办法》等。2013 年在天使投资市场内天使投资人之间的交流也非常活跃，具有代表性的天使投资联盟不断涌现，如江苏省天使投资联盟、中国技术创业协会天使投资联盟、广州开发区天使投资联盟、中关村天使投资协会、中关村天使投资百人会、中国青年天使会等。

⑥场外市场将开辟股权投资新的退出渠道。2012 年 8 月 3 日，“新三板扩容”获得国务院批准，上海张江高新区、武汉东湖高新区、天津滨海高新区成为首批扩容试点园区。时隔半年，2013 年 1 月 16 日，全国中小

企业股份转让系统正式揭牌运行。对于投资机构而言，在国内外IPO退出渠道极其不畅的背景下，通过“新三板”实现部分被投项目股权转让也不失为一条退出途径。2013年2月2日，证监会发布《全国中小企业股份转让系统有限责任公司管理暂行办法》（以下简称《暂行办法》）。2013年是“新三板”划时代的一年，全国中小企业股份转让系统的挂牌是我国构建全国统一的场外市场的重要里程碑，而《暂行办法》中做市商制度的引入更是市场参与者翘首以盼的交易制度的重大突破。

⑦并购退出将越来越受到股权基金重视。受我国企业海外上市环境恶化及境内A股长期低迷的影响，股权基金退出渠道逐步收窄，IPO退出账面回报持续下滑，自此并购退出越来越受到股权基金的关注，并有望成为未来主流退出方式之一。据清科数据显示，2013年前11个月中国并购市场共完成交易1 015笔，同比上升23.8%；披露金额的并购案例总计932起，共涉及金额726.23亿美元，较2012年同期上涨65.8%。根据历史数据分析，并购退出的平均回报倍数大多集中于1.5倍到4倍之间。

⑧服务特别是投后增值服务将成为投资机构之间竞争的关键。据不完全调查统计，目前我国70%以上的股权基金的投后增值服务由投资团队负责，而并没有组建专职的投后管理团队。但有60%以上的投资机构计划设立专职的投后管理团队，为项目公司提供人力资源、市场拓展、技术研发、财务管理、公司治理、内部运营、战略规划、外部资源以及后续融资等全方位增值服务。

⑨股权投资二级市场业务规模将不断扩大。目前一些股权基金正在积极筹备股权投资二级市场业务。由于受IPO关闸的影响，一些股权基金已经接近存续期，迫于投资人的压力积极寻求退出渠道。这为一些偏好投资较为成熟项目的股权基金以较合理的价格从二级市场接手优质项目带来了机遇。预测在不久的将来股权投资二级市场业务将会更加活跃。

⑩QF投资人发展空间将扩大。QF投资人政策陆续在北京、上海、深圳、天津和重庆试点。2014年国家外汇管理局下发的《关于在部分地区开展外商投资企业外汇资本金结汇管理方式改革试点有关问题的通知》（以下简称《通知》）推行外商投资企业“意愿结汇试点”，涵盖天津滨海新区、沈阳经济区、广州南沙、珠海横琴、深圳前海等16个区域。《通知》第四条规定，允许以投资为主要业务的外商投资企业将外汇资本金直接结

汇，划入被投资企业账户。另外，外资股权基金正在积极争取国民待遇。

2.2 国内外股权投资市场发展概况

2.2.1 经济发达国家股权投资市场发展概况

（1）美国股权投资市场

2012年美国有600多家专业股权基金，管理着超过500亿美元的资金，是目前世界股权投资业最为发达的国家。据美国创业投资协会数据显示，仅2012年美国股权基金共募集206亿美元，共182个投资案例。① 美国的股权投资业经历近一个世纪的发展，形成了一套比较规范、科学的运作机制，其特点主要表现为以下几方面：

①股权投资资金来源多样化。美国的股权资本主要来自机构投资者，其中养老基金是最主要的资金来源，其次是基金会和捐赠基金，再次是银行和保险公司，家庭和个人对股权资本的投入较少。②

②股权基金主要有4种模式，分别是独立的股权基金、金融公司附属的股权基金、工业公司附属的股权基金以及小企业投资公司，其中前三者的组织形式主要以有限合伙制为主。据统计数据表明，独立的股权基金所管理的股权资本在美国股权基金总额中所占的比重不断上升，1980年仅为40%，后来则稳定在80%左右，是美国股权基金的主要模式。③

③投资行业主要集中于新兴产业。美国的股权投资与其他国家相比更明显地集中于高科技行业，在计算机软硬件、生物技术、医药、通讯等行业的投资占其总投资的90%左右。一方面可以因高新技术开发成功获取高报酬，另一方面也反映了股权资本对高新技术的独特的专业判断能力。④

④投资地区相对集中。美国的股权投资有相当大的比重投向加利福尼亚州和马萨诸塞州，因为那里有全球驰名的大学、良好的生活环境、众多潜在的高质量公司、大量的股权基金、流动的职业投资经理市场、完善的法律会计第三方专业服务以及特别的股权投资文化氛围等。⑤

---

① 宋小杰：“我国创业投资引导基金管理机制研究”，中国海洋大学硕士学位论文。
② 李楠：“试论中国私募股权基金发展对策建议”，《现代经济信息》，2013年第6期。
③ 于洁：“私募股权投资及其在我国的发展问题研究”，南开大学硕士学位论文。
④ 陈明珠：“私募股权投资基金发展研究”，北京物资学院硕士学位论文。
⑤ 郑玥祥：“跨国私募股权基金与滨海新区金融创新”，天津财经大学硕士学位论文。

⑤投资阶段主要集中于企业的成长阶段和扩充阶段。美国创业投资协会的统计表明，约有80%的股权基金投在这两个阶段，仅有4%左右投在创建阶段，另有14%左右投资于成熟阶段。[①]

⑥投资退出主要通过证券市场（IPO），如纳斯达克（NASDAQ）上市。纳斯达克是世界公认的高科技企业成长的摇篮，为股权资本的退出提供了有效的途径。通过IPO，基金管理者和投资者都能获得丰厚的利润。

（2）欧洲股权投资市场

欧洲股权投资晚于美国，从20世纪80年代开始兴起，进入90年代之后处于平稳发展之中，每一年的市场交易额在50亿美元至65亿美元之间。但在1997年至2000年间曾一度出现急剧扩张态势，并达到顶峰。据不完全统计，欧洲股权投资市场占据全球市场份额的40%左右，成为继美国之后世界上最活跃的市场。在欧洲股权投资市场中，英国股权基金业增长迅速且业绩表现良好。英国的股权基金业是全欧洲规模最大和历史最悠久的，其年度投资额占整个欧洲的近50%，在全球的影响仅次于美国。[②]

欧洲股权资本的发展具有明显的特点，包括：①欧洲股权投资以收购投资为主，与美国股权投资以早中期投资为主截然不同。直到2000年，超过90%的欧洲股权资本以并购和其他晚期阶段的投资为主。②银行是欧洲股权投资资金的主要供给者，外国资本也占有重要地位。由于银行的投资相对于退休金和保障金的投资是短期的，因而会影响股权投资的类型和性质。欧洲股权投资资金来源上的缺陷在一定程度上阻碍了欧洲股权投资的发展。[③] 由于英国对国外投资者投资于股权基金实施特别优惠，国外资金成为其股权基金的重要资金来源。③欧洲股权投资以传统产业为主要投资对象，对高科技产业的投资不足20%。

（3）日本股权投资市场

与美国相比，日本股权投资业相对滞后。1963年，日本政府为了促进中小企业发展，在颁布《中小企业法》的同时，在大阪、东京及名古屋成立了三家“财团法人中小企业投资育成社”，标志着日本股权投资开始发

① 钟孝生：“中国私募股权基金发展问题研究”，厦门大学硕士学位论文。
② 李楠：“试论中国私募股权基金发展对策建议”，《现代经济信息》，2013年第6期。
③ 王玥、薛耀文：“风险投资机构资金来源与退出机制研究”，《山西高等学校社会科学学报》，2008年第6期。

展。日本股权基金的代表是著名的软银集团，其于1981年由孙正义在日本创立并于1994年在日本上市，是一家综合性的股权基金公司，主要致力于IT产业的投资，包括网络和电信。软银集团在全球投资过的公司已超过600家，在全球主要的300多家IT公司中拥有多数股份。

日本股权投资的发展主要有以下特点：①从资本构成看，证券公司、银行、保险公司等金融机构是股权基金的重要资金来源。[①] ②投资领域广泛。就整体而言，日本股权基金对高科技企业创业阶段的投资比例不高。[②]

2.2.2 我国股权投资市场发展概况

据清科数据统计显示，截至2013年底，我国股权基金达6 000余家，仅2013年新募集基金199支，新增可投资于中国大陆的资本量为69.19亿美元。投资案例方面，2006年到2012年的7年间，共投资14 876起，退出2 566笔。投资领域方面，2013年投资于互联网、生物技术/医疗健康行业、电信及增值业务的金额分别为10.75亿美元、8.76亿美元和6.36亿美元，位居前三位。我国股权投资表现出以下特点：

（1）政府对推动股权投资发展起着积极的作用。我国股权投资源于科技体制改革，兴起于科技产业发展。政府通过支持股权投资来解决科技企业融资难的问题。除在税收方面给予优惠政策外，还设立产业基金以及创业投资引导基金在资金上给予支持。

（2）股权投资区域发展不平衡。从聚集地区来看，股权投资主要集中于北京、上海、广东以及经济发达的东部沿海地区。据不完全统计，北京、上海和广东三省（市）的股权投资额和投资案例数分别占全国总量的61%和64%。

（3）投资行业范围多元化。除传统的热门行业如生物医药/医疗健康、机械制造、互联网、清洁技术外，还包括地产、现代农业以及能源矿产等行业。

（4）投资后增值服务不足。根据清科研究中心调研，目前活跃于我国境内的股权基金仅有16%左右设立了专职投后管理团队，跟活跃于美国等成熟资本市场的股权基金相比，这一数据明显偏低。

---

① 李楠：“试论中国私募股权基金发展对策建议”，《现代经济信息》，2013年第6期。

② 钟孝生：“中国私募股权基金发展问题研究”，厦门大学硕士学位论文。

（5）退出方式以IPO为主，其他退出方式在逐渐增加。2012年共有177笔退出案例，共涉及企业126家。[①] 从退出方式来看，177笔退出中包括124笔IPO方式退出、30笔股权转让退出、9笔并购退出、8笔管理层收购退出、6笔股东回购退出。

（6）人民币股权基金数量多，但规模小。据清科数据库统计数据显示，2012年共有354支人民币基金募集到位，远远多于外币基金的15支，成为我国股权投资市场上的主力。在金额方面，披露金额的344支人民币基金共计募资181.35亿美元，外币基金共计募资71.78亿美元，外币基金的平均单支基金规模约为人民币基金的9.08倍。

（7）围绕战略新兴产业"精耕细作"。随着我国战略性新兴产业战略的确立，如IT、互联网、电信及增值业务、电子与光电设备、清洁技术、生物技术/医疗健康等行业，股权投资在这些领域的投资稳步上升，并且布局正在加速。据清科2012年主要投资领域活跃投资机构排名榜，专注于互联网行业的投资机构主要有DCM资本、IDG资本、北极光创投、金沙江创投、戈壁合伙人、红杉资本、启明创投、深圳创新投、同创伟业以及银泰资本等；专注于移动互联网行业的投资机构有IDG资本、晨兴资本、创新工场、高原资本、戈壁合伙人、海纳亚洲、红杉资本、经纬中国、蓝驰创投以及东方富海等；专注于清洁技术行业的投资机构主要有金沙江创投、青云创投、江苏高科投、启迪创投、赛富亚洲、深圳创新投、苏州高新创投、优势资本、浙江华睿以及中国风险投资等；专注于生物健康产业的投资机构主要有红杉资本、建银国际、九鼎投资、启明创投、赛富亚洲、深圳创新投、高特佳、同创伟业、苏州创投集团以及中信产业基金等；专注于文化创意产业的投资机构主要有世纪方舟、红杉资本、华映光辉、君联资本、启迪创投、启明创投、赛富亚洲、深圳创新投、同创伟业以及中国文化基金等；专注于新农业的投资机构主要有硅谷天堂、和君资本、九鼎投资、赛伯乐、秉原秉鸿、久奕投资、深圳创新投、高特佳、同创伟业以及中信产业基金等。

（8）外资股权基金在我国股权投资发展早期发挥重要作用。股权投资毕竟是舶来品，2009年前外资股权基金在我国股权投资市场中占主导地

---

① 李娜："中外私募股权投资基金（PE）比较研究"，首都经济贸易大学硕士学位论文。

位。2009 年后人民币基金开始崛起，主要原因有：一是国内创业板的推出为私募基金开启了新的国内退出渠道，同时调动了人民币基金培育新企业的积极性。加之我国国内股票市场的发展势头十分良好，上市企业的平均估值都要比美国和中国香港市场高出很多，越来越多的私募投资人会优先选择企业在内地上市，“本土募资，本土投资，本土退出”的良性循环机制也日趋成熟。二是投资人队伍逐渐壮大。近年来，随着像社保基金、国开行这样资本雄厚的机构投资人的加入，人民币股权基金在出资结构和管理上也越来越规范化。三是我国保持高速的经济增长，这为人民币基金的发展和壮大奠定了坚实的基础。随着财富的积聚，人们对资产配置多元化的需求越来越大，促进了多层次金融市场的蓬勃发展。大批高成长企业的出现以及我国经济向国内市场的转移会产生大量资金需求，这也给股权基金带来很多机会。①

近十余年，虽然我国股权投资发展很快，但依然存在许多问题，包括：

①政策法规不完善制约着我国股权投资的快速发展。目前我国尚未有专门针对股权投资的立法，造成各主管部门各自为政，分别出台了部门行政法规，相关配套政策也不健全，在实际操作中存在着很大的困难。

②资金来源结构单一且规模有限。目前我国本土股权基金的资金来源主要是国有资本和私人资本。国有资本包括财政资金、社保基金、保险公司和国有企业等。私人资本主要是民间富有个体或企业的富裕资金。由于现行法律法规限制，社保基金和保险公司等大型机构并未完全对股权投资市场开放，导致出资规模较小。

③多层次资本市场有待完善。资本市场是股权投资的主要和首选的退出渠道。主板以及创业板在我国实行审核上市制度，企业上市门槛较高，而场外交易市场如“新三板”由于制度制约发展滞后，企业上市积极性不高，从而影响了股权投资退出渠道。

④专业投资人才缺乏，基金管理水平有待提高，尤其是投后增值服务欠缺。目前，我国本土化的股权基金管理人队伍规模小，专业的人才市场

---

① 王文挺、谢群：“我国私募股权投资市场的发展现状及问题分析”，《现代商业》，2013 年第 13 期。

不活跃，进而制约了我国股权投资行业发展。在美国投后增值服务成为股权基金核心竞争力的主要内容，但现阶段我国股权基金才逐渐意识到投后增值服务的重要性。

2.3 股权投资市场主体

股权投资市场主体，即股权投资市场投资业务活动的参与者，包括股权基金、基金出资人、基金管理人、基金投资项目、基金托管人、基金监管机构、基金行业自律组织以及为基金服务的专业中介机构等。

2.3.1 股权基金

这里的基金是广义的，即具有专门用途的资金集合，与公募证券投资基金不同，后者专指一种证券商品，可以在证券市场进行买卖。股权基金是由基金出资人与基金管理人即资金与管理重新组合成立的、专门进行股权投资的一个经营主体，在股权投资市场中承担投资主体的作用，与项目方签订投资协议并成为项目方新股东，履行股东的权利与义务。投资对象主要是未上市公司或上市公司定向增发的股权。同时，作为一个经营主体，股权基金在运营过程中按照国家相关法律法规需缴纳相关税费。

股权基金的非常设组织机构一般有投资决策委员会、风险控制委员会和投资顾问委员会，其中投资决策委员会虽然是非常设的组织机构，但一般是基金投资业务的最高决策机构。风险控制委员会主要是从投资制度、投资流程以及决策机制方面对投资项目以及整个基金运营风险进行控制。投资顾问委员会主要是从拟投资项目的专业方面、所处行业发展以及宏观经济发展方面包括国家政策方面提出专家意见。

具有法人地位的组织形式主要是公司制，即基金出资人与基金管理人共同成立一家公司制基金，共同出资成为基金股东，一般情况下出资人成为大股东，而管理人只是小股东，如占2%左右的股权，股东以出资为限对基金承担有限责任，但整个基金的投资业务由管理人负责。虽然《公司法》赋予了公司股东大会和董事会很高的决策权，但一般不参与具体项目的投资决策。组织机构的人员组成在一定程度上有交叉，也体现出公司制的特点。同时，处理好股东大会、董事会以及投资决策委员会之间的权限安排以及人员构成安排是公司制基金成功运营的关键。

非法人组织形式主要有有限合伙制股权基金与信托制股权基金。有限合伙制股权基金就是由基金出资人即有限合伙人和基金管理人即普通合伙人共同合伙设立的有限合伙企业，一般情况下普通合伙人出资比例很小，如占整个出资的2%左右，但《合伙企业法》赋予了普通合伙人执行合伙事务的权利，如负责基金的投资项目决策，对基金负连带无限责任，而有限合伙人不参与基金合伙事务，以出资为限对基金负有限责任。合伙人大会作为基金的常设机构，对基金的一些重大事项如基金存续期以及规模变更等拥有最高决策权，但不参与基金投资项目决策。与公司制相比，有限合伙人进入投资决策委员会的比率较低，这也体现了有限合伙制基金的运营特点。

信托制股权基金就是在“得人之信，受人之托，履人之嘱，代人理财”的宗旨下，信托公司根据股权投资的需求设立的非保证收益的理财计划（产品）。基金的出资人即委托人及收益人、基金管理人即受托人，其中受托人以自己的名义管理、处分基金。信托制基金与公司制基金以及有限合伙制基金不同，理财计划（产品）本质是一组契约，不是严格意义上的企业组织形式，不需缴纳税收，包括营业税和所得税；另外，基金出资人数上限不确定，基金管理人可以不出资。

2.3.2 基金出资人

现在人们习惯于把基金出资人（也叫基金投资人）统称为LP，如公司制和信托制基金的出资人也都称为LP。

基金出资人的投资定位是财务性投资，以追求经济利润为目的。由于股权投资风险大，出资人不仅要具备一定的资金实力，同时，还要具备一定的风险承担和鉴别能力，才能成为合格的出资人。出资人可以是机构也可以是自然人。不同国家对合格出资人都有相应的规定，以保护出资人利益，保障股权投资市场稳定。另外，由于股权投资专业性强、分工明确，是典型的金融资本与智力资本的结合，所以出资人委托专业的基金管理人管理基金。但股权投资无论资金募集还是项目投资都是非公开交易，信息披露非强制性，信息不对称是私下交易的显著特征，而出资人属于信息弱势群体，委托代理风险非常高。发展股权投资不仅要有合格的出资人还要有专业的出资人。

为保护中小投资者利益，维护股权投资市场，我国相关监管部门对合格出资人制定了相应标准。2014年8月证监会发布的《私募投资基金监督管理暂行办法》规定，合格投资者指具备相应风险识别能力、风险承担能力、投资于单支私募基金的金额不低于 100 万元，且符合下列标准的单位和个人：净资产不低于 1 000 万元的单位；个人金融资产不低于 300 万元或近 3 年个人收入不低于 50 万元。下列投资者视为合格投资者：①社会保障基金、企业年金等养老基金，慈善基金等社会公益基金；②依法设立并在基金业协会备案的投资计划；③投资于所管理私募基金的私募基金管理人及其从业人员。另外，2012 年生效的由国家发改委发布的《关于促进股权投资企业规范发展的通知》（以下简称《通知》）对投资者门槛也作了规定。《通知》第一条指出，向具有风险识别和承受能力的特定对象募集，建议单个投资者对股权投资企业的最低出资金额不低于 1 000 万元。

出资人的权利主要有：①依照投资协议约定，以出资比例分享股权基金利润分配；②对股权基金事务进行监督，包括获得年度财务审计报告等；③对股权基金管理提出合理化建议；④按照投资协议召开、参加或委派代理人参加投资人大会，并行使相应的表决权；⑤依照法律、行政法规及投资协议，转让其基金份额。

出资人的义务主要有：①按照投资协议，确保投资资金的合法性及完整性；②对投资风险有充分认知，并以出资额为限承担有限责任；③按照投资协议规定，按时足额缴纳出资资金；④对股权基金的所有机密信息包括但不限于投资信息严格保密。

我国出资人的大致格局，一是从数量上看富有家族及个人投资者参与股权投资占整个市场的比例达 50.1%，二是从可投资本量来看机构投资者占据重要的位置。截至 2013 年底，全体投资人共披露可投资本量为 8 226 亿美元，其中上市公司、公共养老基金以及主权财富基金所披露的可投资本量均超过了 1 500 亿美元，分别为 2 160 亿美元、1 667 亿美元以及 1 542 亿美元，各占可投资本总量的 26.3%、20.3% 以及 18.7%。此外，作为活跃的机构投资人，FOF 可投资本量共 519 亿美元，占投资人可投资本总量的 6.3%。[①]

不同类别的投资人具有不一样的资产配置特性和风险收益偏好，他们投资股权基金的规模也不尽相同。

---

① 张国兴："本土 LP'机构化'初显"，《卓越理财》，2013 年第 3 期。

地方政府引导基金：截至 2012 年底，共有 23 支省级政府引导基金成立，总规模超过 163 亿元；而各级政府引导基金共达到 89 支，总规模超过 450 亿元。[①] 2013 年，有超过 7 支政府引导基金设立或进行筹备，总规模超过 140 亿元。从引导基金的区域分布上看，政府引导基金在全国范围内铺开，有助于早期创业投资发展。

全国社保基金：2013 年社保基金股权基金投资组合新增 2 支基金。当前社保基金已经配置了 14 个基金管理人的 18 支股权基金，已承诺投资金额近 250 亿元人民币，是当前国内专业的股权基金机构投资人。社保基金为后期股权投资提供了大量资金。

政策性银行、商业银行：目前我国除政策性银行可以直接参与设立股权基金外，商业银行无法直接参与股权投资，国有银行、商业银行都只能采取“曲线救国”的方式参与股权投资。

保险公司：保险公司是当前市场上的资产配置能力最强的机构投资人，具有千亿级别的股权投资能力和万亿级别的不动产投资能力。目前，各家保险机构已经向超过 12 家股权基金投入了超过 100 亿元的资金规模，还有多个股权基金在等待保监会的批准。但保险公司参与早期股权投资受到一定限制。

证券公司：截至 2013 年 11 月 20 日，共新增 4 家券商直投公司，总计注册资金规模 5.4 亿元。2013 年全年券商直投披露投资案例 12 起，投资总额 45.59 亿元，退出案例 6 起。券商从事股权投资有退出优势。

捐赠基金：国内捐赠基金起步较晚，目前较为成熟的有清华大学、北京大学、浙江大学、南京大学等高校的捐赠基金，规模达到 10 亿元级别，虽然政策限制较少，但目前鲜有涉足股权投资领域，资产配置有待优化。

上市公司：上市公司是可投资金量最大的潜在投资人，但是在 2013 年由于市场整体表现不佳，业绩面临压力，上市公司对于间接投资股权基金的热情降低，而是更多选择自投或者与并购基金在行业并购重组产业链条上进行合作。

FOF：母基金是最专业的股权基金投资机构。但我国母基金规模太小，

---

① 朱文莉、刘思雅：“政府创业投资引导基金发展现状、问题及对策”，《会计之友》，2014 年第 2 期。

特别是民资母基金。以机构数量统计，母基金中的政府类共有104支，占整体市场的93.7%。国有企业参与设立的市场化母基金是目前国内人民币母基金的第二部分，为3支，占整体市场的2.7%。第三部分是由民营资本运作的市场化母基金，目前共有4支，占整体市场的3.6%。

QF投资人：目前我国还未出台统一的关于股权基金的QF制度。2011年上海市出台《关于本市开展外商投资股权投资企业试点工作的实施办法》后，上海、北京、天津、重庆、深圳均已出台当地的QF投资人政策。五地的QF投资人政策在外商投资股权投资企业的股权投资企业属性、投资行业、投资流程以及外汇结汇方面提出了相应的鼓励政策和具体措施，鼓励境外优质资本开展境内股权投资。

家族及个人投资人：2012年以来富有家族及个人投资人的投资趋于活跃，股权基金已成为家族及个人投资人的重要选择。然而富有家族及个人投资人现阶段对股权基金的运作方式、投资风险等仍存在一定的认识不足，对投资回报等关键指标存在与基金管理人不同的心理预期。通过对股权投资市场的反思与调整，未来国内个人投资人将逐步趋于成熟。

我国股权投资出资人的发展趋势之一是机构投资者日益壮大。从2008年社保基金被获准投资指定的产业基金，到2010年《保险资金投资股权暂行办法》的出台，再到2013年初证监会发布《资产管理机构开展公募证券投资基金管理业务暂行规定》，社保基金、保险机构、基金公司以及FOF等大型机构进入到股权投资行业中来，本土机构投资人不断扩容。趋势之二是QF投资人新群体兴起。在引进海外投资者的阶段中，中国资本项目的开放是一个循序渐进的过程，目前尚未完全开放。如何利用好外资来为国内优秀企业发展增添动力，从而推动实体经济发展，并且借此契机学习海外投资者的先进投资经验，使国内投资者的股权基金投资理念趋于成熟，对于我国股权投资行业发展意义重大。趋势之三是投资者权益保护日益成熟。首先，在法律法规方面，已经有许多法律确立了投资者的权利，如《公司法》、新《合伙企业法》有效保护了投资者的知情权、创业投资优先分红权、创业投资优先清算权等一系列权益。其次，在各类股权基金的公司章程或有限合伙协议中，越来越多的条款都将投资者的利益摆在了最重要的位置，除了约定属于投资者的基本权益外，更多针对投资者的优惠条款也被频繁地写入其中。究其原因，一方面是基金管理人期望在愈发激烈的市场竞争中吸引更多投资者；另一方面是投资者投资理念日益成熟，自我保护意识逐渐增强。

2.3.3 基金管理人

现在人们习惯于把基金管理人统称为GP，如把公司制和信托制基金的管理人也都称为GP。

基金管理人（机构或自然人）通常是有丰富行业投资经验的专业人士，专长于投资某些特定的行业以及处于特定发展阶段的企业。他们经过调查和研究后，凭借敏锐的眼光将基金投资于若干企业的股权，以求日后退出并取得资本利得。基金管理人的专业能力主要包括两部分：一是以股权投资为平台综合运用经济学、金融学、投资学、财务管理、经济法、企业管理以及心理学等领域知识的能力；二是实践工作能力，主要指通过长期实践掌握的融资能力以及企业鉴别能力，包括市场资源、行业经验以及企业运营等。前者属于理性的，可以通过学习获得，后者属于感性的，需要通过长期实践摸索形成。

基金管理人收益主要来自两部分：一部分是劳务报酬，即管理费，管理费一般每年按照基金资金规模的一定比例收取，如2%；另一部分是业绩奖励，即附带权益，是基金管理人向基金出资人收取的收益分成，一般是在达到基础收益之后，提取基金收益的一定比例，如20%。一支股权基金可以有一个或多个基金管理人。一般一个基金管理人不能同时管理多支基金。

不同组织形式的股权基金，基金管理人权利以及身份存在一定的差异。首先，公司制股权基金的管理人身份不明显，主要原因是公司制属于资合，资产代表决策权，所以小股东身份的管理人其管理权较弱。而有限合伙制和信托制股权基金的管理人身份比较明显，因为有限合伙制是典型的金融资本与智力资本的结合。其次，公司制基金管理人一般为自然人，因为公司作为法人需要缴纳所得税，如以自然人作为股东可以少缴纳一次所得税。而有限合伙制基金管理人一般为机构，如公司。因为以公司作为基金管理人可以规避基金管理人无限责任义务，特别是我国个人破产还未立法。但我国《合伙企业法》规定国有独资公司、国有企业、上市公司以及公益性和事业单位、社会团体不得成为普通合伙人，这里的国有企业指还未改制、不具法人资格的国有企业。

基金管理人的主要权利有：①受权全面管理基金，并对外代表基金开展投资业务；②依照投资协议，获得管理报酬以及分享股权基金的利润分配；③依投资协议和法律规定召开、参加或委派代理人参加投资人大会，并行使相应的表决权；④寻找托管银行并实行资金托管；⑤投资协议及法律赋予的其他权利。

基金管理人的主要义务有：①按照投资协议的约定维护基金财产的完整性；②按时足额缴纳承诺出资；③对股权基金的债务承担无限连带责任；④不得与本基金进行交易；⑤依照投资协议接受投资人对股权基金的监管；⑥投资协议及法律赋予的其他义务。

2.3.4 基金投资对象

私人股权即未上市有限责任公司是股权基金的主要投资对象，除此之外，上市公司特殊股权（如定向增发股权以及通过大宗买卖并以一定折价率购买的股权）以及一些特殊物权如地产和艺术品等也可成为股权基金的投资对象，如PIPE（上市公司股权基金）、地产基金以及奢侈品基金。

中小企业发展需要资金，但传统的银行贷款需要抵押担保，而中小企业处于发展阶段可供抵押的财产很少，其他传统融资方式都存在类似的问题，看重企业目前发展状况。股权基金看重的则是企业的未来发展前景和发展潜力，以股权形式融资不需要资产抵押，与企业共担风险、共享收益，可以满足企业的融资需要。同时，通过股权融资还可以为企业带来资金外的效益：一是优化股权结构，建立现代企业制度；二是为企业带来资源，加快企业发展步伐；三是帮助企业解决后续融资，增加企业发展后劲。

但要获得股权基金的青睐需要具备严格的条件，主要涉及企业股权结构、企业所属行业、企业产品、企业商业模式、企业核心竞争力、企业财务状况、企业管理团队素质、企业发展阶段、企业所处地域以及企业发展战略等等。这些条件没有统一的标准，受多方面因素影响，其中包括股权基金的投资策略。如偏好早期投资的基金，对创业企业的评价重点是发展潜力；而偏好后期投资的，对成熟企业的评价重点是市场占有率以及财务状况；偏好科技企业的股权基金，对投资项目的评价重点是技术核心竞争力；而偏好传统行业企业的股权基金，对投资项目的评价重点是品牌。但所有这些的核心是基金能够实现从资本市场退出，如IPO或并购。

企业进行股权融资的大致步骤分为六步：

第一步：制定股权融资计划。首先要制定好企业的发展战略，然后根据企业发展战略制定相应的股权融资计划并指定专人负责。融资计划不是独立的，是为企业发展战略服务的。制定融资计划的关键一是维护企业和原有股东利益，特别是企业实际控制权；二是充分考虑新股东利益，如退出机制。因而，融资总额、融资阶段、股权定价、融资用途是整个融资计划的核心内容，其中股权定价是核心。股权定价就是企业估值，估值高了，新股东不愿进入，造成融资失败；估值低了，损害了原有股东利益。

第二步：制作商业计划书。融资计划是整个商业计划书的核心内容。但除此之外，企业股权结构、企业管理团队、企业产品及市场、企业技术及核心竞争力、企业财务状况、企业发展潜力等等都是商业计划书的主要内容，所以这些都是为融资计划服务的。商业计划书的核心是要体现未来整个企业的市场价值，特别是未来在资本市场的价值，而不单是企业当前的盈利水平。

第三步：寻找股权基金。为了提高融资效率，快速准确找到股权基金非常关键。一个成熟的股权基金一般都有自己的投资偏好，所以，企业融资时要充分了解自身的融资特点，有针对性地寻找股权基金，如创业企业寻找创业投资机构以及根据自身所处的领域寻找该领域的行业投资机构等。寻找股权基金的渠道很多，主要有熟人朋友介绍、各种融资平台路演等。找到对自身融资感兴趣的股权基金时需要与对方进行深入沟通，使对方在阅读完商业计划书的基础上进一步加深对企业的感性了解。所以具体负责融资的人给投资方的印象非常重要，包括诚信、专业能力、敬业精神以及创业精神等等。

第四步：配合投资方的尽职调查。股权基金立项后下一步就是对融资方进行尽职调查，即对企业的资产、负债、经营、财务状况、历史沿革、法律关系、竞争对手以及潜在风险等进行现场调查。首先，企业要安排好股权基金对企业进行的现场考察，以进一步加深对企业的感性认识。其次，要按照基金方的要求如实全面地提供相关资料，包括历年财务报表（含审计过的财务报表）、各种合同（如商业合同、员工聘用合同）、获得的各种证书（如专利证书）、各种批文（如高新技术企业证书）、工商材料、高管简历等。另外，企业还要按照股权基金的要求安排好谈话对象。

第五步：签订投资协议。通过股权基金的尽职调查后，紧接着就是商谈投资协议并最终签订。主要投资条款包括投资总额、投资时间、股权结构、人事安排、投资保证等。

第六步：资金到位。投资协议签订不是融资的终结，只有资金按时足额到位，并到工商部门进行股东变更后融资过程才算结束。如对方有人事安排要求，企业还要进行相应的人事变动。

企业在进行股权融资时应注意的问题主要有：一是注意商业秘密保护。在对外进行融资时需要向投资方全方位介绍企业的情况，包括涉及的一些企业商业秘密，如技术秘密、客户资料以及企业战略等。为了保护企业商业秘密，融资过程中可以要求对方审阅商业计划书或进行尽职调查前签订保密协议。二是防骗局。就是预防无资金实力或假冒的股权基金坑蒙拐骗。三是防陷阱。股权基金为了使自己的利益最大化或最大限度地降低风险，在投资协议中往往会加入一些条款，如对赌协议条款以及附带权条款等。这些条款一般对融资要求比较苛刻，而且融资方迫于融资要求很容易答应。四是防法规漏洞。股权融资风险除来自主观原因之外，还有可能来自国家的法律和政策漏洞，特别是我国股权投资发展时间不长，虽然陆续出台了一些法律法规，但依然存在许多不足之处。五是防企业控制权丢失。因为股权融资是权益性融资，会改变企业股权结构，最终影响企业控制权。

2.3.5 基金托管人

基金托管人也称资金保管人。为充分保障基金投资者的权益，防止基金资金被挪作它用，基金出资人及监管部门要求基金管理机构委托第三方对基金资金进行保管并监督整个资金运用过程。

基金托管人在我国一般由具有一定实力和信誉的商业银行担任，主要承担资金保管、资金运作监督以及资金清算等相应职责，并根据基金规模收取一定比例的报酬，一般是每年0.1‰～0.5‰。

基金托管人要与基金、基金管理人签订三方资金托管协议，并在托管协议规定的范围内享有权利、履行义务。基金托管人的主要权利有：①行使资金保管权利；②保管托管资金交易依据；③从基金管理人获取划款指令、相关数据以及交易依据，并执行划款；④要求基金管理人提供与资金托管有关的合理信息；⑤对基金的投资运作，主要是资金运用行使监督权；⑥国家法律法规规定的其他权利。其主要义务有：①确保托管资金安全；②开设独立账户，确保资金独立；③不准将托管资金的保管业务进行再委托；④按时出具资金托管报告；⑤妥善保存基金的开户资料、会计账册、交易记录、交易依据等；⑥向基金支付托管资金的投资收益；⑦高效、快捷、安全地办理资金收付；⑧托管银行经营出现困难时提前告知基金管理人；⑨国家法律法规规定的其他义务。

基金托管人应具备但不限于以下条件：①一般基金托管资格；②具有从事股权基金业务经验的专业人员；③具有明确可行的股权基金托管计划；④具有股权投资交易的清算、交割系统；⑤法律、行政法规规定的其他条件。

股权投资发展初期，股权基金与托管银行之间仅仅是服务与被服务的关系，随着股权投资业的发展两者之间可逐渐发展成业务合作关系。一方面双方可相互介绍项目；另一方面，可实现债权与股权的外部结合，即托管银行可以为获得股权融资的企业优先提供债权融资，反过来，获得债权融资的企业可以优先获得股权基金的股权融资。这样可以实现三方即股权基金、托管银行、企业同时获利。

2.3.6 基金监管机构

股权基金发展历史不长，加之规模有限，目前各国都没有设立专职的股权基金监管机构。但股权基金毕竟属于一种新兴的金融投资工具，并且与证券市场联系紧密，需要适当监管。目前许多国家都是把股权基金当作私募基金统一纳入证监会监管，如美国和我国。

监管宗旨为：坚持适度监管，维护私募市场活力；坚持服务实体经济，促进私募基金行业规范健康发展。监管基本原则为：重在自律、底线监管和促进发展。

监管工作主要包括注册备案以及信息披露，其目的一是防止由合法的私募变相为公募或非法募资，二是防止股权基金把募集资金投资于非私人股权领域。

监管职能主要有：①对基金管理人、基金托管人、基金销售机构及其他第三方专业服务机构开展基金业务情况进行统计监测和检查；②将基金管理人、基金托管人、基金销售机构及其他第三方专业服务机构及其从业人员诚信信息记入诚信档案数据库，并对基金管理人的信用状况实施差异化监管；③基金管理人、基金托管人、基金销售机构及其他第三方专业服务机构及其从业人员违反法律、行政法规，监管机构可以对其采取责令改正、监管谈话、出具警示函、公开谴责等行政监管措施。

2.3.7 基金中介机构

随着股权投资业的发展，市场细分越来越专业。基金中介机构就是在整个股权投资业务链条中提供专业服务的第三方机构，主要分为四类：一是法律服务中介机构，如律师事务所；二是财务服务中介机构，如会计师事务所；三是帮助基金管理人募集资金的募资代理人；四是其他机构，包括资本市场服务机构（如投资银行）和帮助企业融资的咨询机构及平台（如投资咨询公司）等。

所有中介机构应遵守诚实守信、勤勉尽责及审慎原则，根据相关法律法规、职业道德规范和行业惯例，为基金提供专业优质的服务。

（1）律师事务所

股权基金在设立、募集、投资、管理以及最后的退出阶段和退出后阶段涉及诸多法律问题，因此，律师在股权基金运作过程中起着非常重要的作用。

在股权基金的设立及资金募集阶段，律师的主要职责有：①设计基金的组织形式及内部结构；②起草基金设立相关法律文件；③对基金投资人的资质进行法务审核；④协助完成基金工商注册登记、备案以及资金托管。

在股权基金进行投资及管理阶段，律师的主要职责有：①就股权基金的投资领域、投资方向提供咨询服务；②对企业进行尽职调查时律师应勤勉审慎地对拟投资企业进行法务调查并提交法务尽职调查报告，提出投资涉及的法律问题和风险；③起草或审阅与基金投资有关的法律文件；④投资后维护基金在投资企业中的合法权益。

在投资退出阶段，律师应协助研究退出结构及方式，并根据适用的企业上市、收购兼并及清算等方面的法律规定，起草相关法律文件，参与谈判，协助基金最大程度地获取合法投资收益。

基金应聘请具有良好信誉、专业知识技能及丰富行业经验的律师团队，在每一相关管辖区域为其提供相关法律服务。鉴于基金投资的专业性，投资人也可视情况聘请独立的法律顾问。

（2）会计师事务所

会计师事务所在股权基金的设立、募集、投资与管理以及最后的退出过程中提供财务方面的专业服务，包括财务报表审计、财务和税务尽职调查、财务会计咨询、税务咨询、内部控制咨询、估值等。

会计师的职责主要体现在尽职调查和退出阶段。在尽职调查阶段会计师通过对被调查企业的财务进行全面审核，出具财务尽调报告，并对被调查企业的财务状况进行全面评估，有助于对拟投企业进行估值。在退出阶段，会计师也要对项目公司的财务状况进行全面评估，有助于对退出股权进行正确估值。

基金应聘请具有良好信誉、专业知识技能及丰富行业经验的会计师事务所为基金提供相关专业服务。

（3）募资代理人

募资代理人是接受基金管理人的委托，以股权基金的名义，以非公开的方式向合格投资者募集基金份额的第三方机构。募资代理人应当由依法设立并具备相关经验的机构担任。募资代理人在资金募集过程中应严格遵守相关法律法规，协助基金管理人以非公开发行的方式，面向具备一定资产实力以及风险识别和承受能力的合格投资者募集资金。募资代理人不得利用商业贿赂等非法手段募集资金，不得从事非法集资等违法活动。

募资代理人在从事业务的过程中应遵守以下行为准则：①严格按法律要求进行私募，不能非法募资；②应以高度的诚信和专业标准来从事业务活动；③对基金管理人和潜在投资人进行合理的审核；④不得为募集资金向投资人支付或承诺支付费用或其他对价。

（4）其他中介机构

投资银行主要是为项目企业以及基金管理人提供上市辅导、上市股票承销、并购等资本市场服务。投资顾问公司主要是帮助企业选择基金、提供项目路演平台以及参与融资谈判等。

2.3.8 基金行业协会

股权投资行业协会是由股权投资行业机构和从业人士自愿联合发起的非盈利性社会团体，属于行业自律组织。

股权投资行业协会旨在：①维护会员的合法权益，提高会员素质，为会员提供交流沟通平台，并积极与其他国家或地区的同业协会进行交流和合作；②代表股权投资行业与政府监管机构沟通，宣传股权投资行业对经济和社会发展的重要性，并树立行业的良好形象和增进社会对行业的认同；③维护股权投资行业的共同利益并促进行业健康持续发展；④制订和完善行业规范和准则，建立行业自律机制。

股权投资行业协会的主要职能有：①引导会员遵守国家法律法规，规范企业行为，提高行业自律水平；②组织会员开展交流、互访、考察等活动，积极开展调查和理论研究，建立行业信息库、传媒平台，组织开展培训及经验交流，推动行业的规范创新；③向公众宣传股权投资知识，防范非法集资，培养投资人的风险意识；④制订并形成行业标准、职业道德规范和自律性管理规则，设立并组织评选行业相关奖项；⑤加强股权投资行业间以及与其他相关行业之间的交流和合作，研究探讨股权投资行业的热点问题，向政府有关主管部门提供行业发展建议、调研报告和立法建议，维护股权投资行业的共同权益，争取股权投资行业的优惠政策；⑥维护会员合法权益；⑦建立股权基金信用记录和基金管理人信用记录，对从业机构和从业人员进行评介；⑧承办相关监管机构交办的其他事项。

虽然我国有许多与股权投资相关的行业协会，但还未组建全国统一的股权投资协会。目前我国股权投资行业协会的特点是：①行政色彩较浓，承担一定的监管职能，如中国证券投资基金业协会；②名目繁多，不同监管部门都有相应的行业协会，如中国证券投资基金业协会挂靠证监会，会员包括证券投资基金管理机构、证券投资基金、股权基金管理机构、股权基金、私募证券基金、基金托管银行、基金销售机构、基金评级机构及其他资产管理机构，除为会员提供服务外还承担股权基金备案以及协助证监会监管的职能，而中国投资协会股权和创业投资专业委员会挂靠国家发改委，会员主要由与创业投资基金有关的机构组成，除为会员提供服务外还承担创业投资基金备案及协助发改委执行创业投资基金税收优惠政策的职能；三是同一地区同时设有多个相似的股权投资行业协会，如创业投资协会、风险投资协会以及股权投资协会等。

2.4 股权投资市场分类

2.4.1 市场分类

传统证券市场分为一级市场和二级市场，所谓一级市场就是发行市场，二级市场就是交易市场。股权投资市场类似证券市场也分一级市场和二级市场，所谓一级市场就是基金募集设立市场，即基金最初设立时出资人认购基金出资份额，也包括基金设立后新出资人认购基金新增份额；所谓二级市场就是基金份额交易市场，即基金出资人转让基金份额，如基金出资人将自己已经实际出资的出资份额以及尚未出资的出资承诺转给其他投资者。另外，广义的股权投资二级市场也包括股权基金以股权转让方式受让股权，包括投资组合。

自1982年第一个以专门受让私人股权为主要经营业务的股权基金成立至今，国外二级市场的发展大致可以划分为三个阶段：

第一阶段：萌芽阶段（1982～2002年）。一般认为，1982年美国VC-FA Group成立并专门从事二级市场业务，标志着股权投资二级市场开始起步。随之先后成立了一些专门从事二级市场业务的股权基金，如1998年Coller Capital设立第一个投资全球的二级市场基金，并于2000年从NatWest手中购买了价值超过10亿美元的股权基金投资组合，这是全球首个超过10亿美元的二级市场交易活动。[①] 在这一时期，二级市场具有明显的“家庭工业”特征，其交易活动通常发生在最大型以及最主流的基金公司之间，交易额仅为150亿美元，与整个股权投资市场交易额相比微不足道。

第二阶段：成长期（2003～2007年）。在这一阶段，股权投资一级市场的蓬勃发展推动了二级市场的发展。除此之外，美国科技泡沫破灭导致美国经济出现衰退，流动性需求增加，投资者希望有新的途径加快资金循环，降低投资风险。这些客观需求成为推动二级市场迅速发展的另一股重要力量。在这一时期，二级市场交易活动改变了投资者原先以较低价格出售其投资资产的状况，能够以交易标的净值甚至是高于净值的价格出售。二级市场开始受到投资者的关注。

第三阶段：发展期（2007年至今）。这一时期，二级市场先抑后扬。2008年，由于金融危机的影响，二级市场交易额出现下滑，跌至150亿美元。[②] 不过，在经历了短暂的恐慌后，金融危机反而给二级市场的发展带来了契机。金融危机导致流动性加剧，一些在危机中遭到重创的公司，如

---

① 三颗树译：“西方为何害怕中国主权基金?”，《对外经贸实务》，2008年第1期。
② 盛春光：“碳金融市场发展与中国碳金融市场体系设计”，《商业研究》，2013年第1期。

雷曼兄弟、HBOS等，为了使自身免遭灭顶之灾，需要出售其非战略性资产，包括其股权投资组合。再加上新巴塞尔协议使得银行投资股权基金的成本上升2~3倍，银行也有出售股权投资的需求。这些原因综合导致二级市场稳步发展。

2.4.2 二级市场价值分析

（1）买方价值分析

①优化“J曲线”（第3章将对该曲线进行详细阐述）。为了快速地获得收益，基金可以通过二级市场买入一些已经相对成熟的股权基金份额或者股权基金所持有的项目公司股权，使“J曲线”尽快进入上升状态，产生收益。

②挖掘市场机会。股权投资市场属于典型的“买方市场”，卖方为了出售自己手中的基金份额往往愿意承担一定的折扣或其他优惠条件。为此，在这个市场中“淘宝”，就有机会收获“物美价廉”的产品，从而使“淘宝者”获得收益。

③购买的资产明确。一般情况下，当投资人在股权投资二级市场上投资时，已经非常清楚该基金份额所对应的被投资企业，然后他们可以自己或者通过其他专业人士对这些被投资企业的未来成长性以及目前的价值进行判断，以明确这项投资是否合理和可行，最大限度地防止投资风险。

④建立基金管理人关系。优秀的基金管理人是一种稀缺资源，即绝大部分投资人都希望将自己的资金交给这些优秀的基金管理人进行管理，但是优秀基金管理人有能力管理的资产数额是有限的。二级市场给这些投资人与优秀基金管理人建立合作关系提供了一个途径与桥梁，即投资人通过二级市场购买这些优秀基金管理人需要出售的资产或者由该管理人管理的基金中的出资份额，从而在双方之间建立合作关系。

（2）卖方价值分析

①缓解资金压力。股权投资是一项长期投资，在股权基金成立之后的运行过程中，社会经济情况的变化，或者股权基金投资人自身情况的改变等原因，都可能使投资人丧失履行原来出资承诺的能力。在这种情况下，投资人就可能希望利用二级市场将其手中持有的出资份额予以变现，从而解决资金压力的难题。这一类别还可以细分为以下两种情况：一是投资人自身的经济情况出现了重大问题，它需要出售持有的基金份额以获得现

金，从而解决面临的经济困难，即该投资人已经成为所谓的“窘迫型卖方”。这种情况是投资人利用二级市场获得流动性的最为常见的情况。二是投资人无法实际履行即将到期的承诺出资，为了避免违约，只好将尚未出资的承诺，或者将尚未出资的承诺连同已经出资的基金份额一起予以转让。在股权投资领域，往往存在一种超募策略的运用，即投资人会故意在股权基金设立之初认购超出其当时正常支付能力的承诺出资份额。如果整个社会经济情况出现下滑或遭遇各类突发问题时，这就会导致该投资人可能无法履行它在该基金中的出资承诺。在这种情况下，投资人就需要单独将尚未履行出资义务的份额，或者将尚未履行出资义务的份额连同已经出资的基金份额一起出售给其他有支付能力的投资人。

②积极管理资产。如果股权基金的投资人是一个成熟的投资人，那么股权投资可能仅仅是该投资人的一类金融资产，为实现整体资产收益最大化目标，往往需要二级市场予以配合和协助。这种积极的资产管理方式，可以体现在以下几个方面：其一，当一支股权基金已经取得了较好的业绩表现，即此时该基金份额的价值可能已经比较高了，为了锁住该基金目前的业绩，防止在未来退出时基金业绩出现下滑而影响最终的投资收益，这时投资人就会希望采取激流勇退的“见好就收”策略，尽快将眼前的收益落袋为安。同时，将持有的基金份额所蕴含的未来增值预期或减值风险转移给购买者。其二，一个成熟的投资人可能同时投资数个股权基金，然后定期去分析这些股权基金的运行情况，从而采取一些积极的措施调整其在这些股权基金中的出资份额，以达到获得最佳投资收益的目的。其三，投资人除了需要在股权投资资产中予以调整以达到最佳投资效果之外，还可能需要对其所投资的所有资产类别予以动态调整，以使股权投资资产与其他资产的比例始终符合既定的投资规则，从而在最大限度上确保其可以实现既定的预期收益。

③处置问题基金。如果投资人发现他所投资的某家基金公司的管理人在运作该基金时出现了违反有限合伙协议等法律文件内容的情形或者其他违约违法的行为，为了保护自己的利益以及防止或降低损失，投资人就会希望通过二级市场退出该问题基金。

④适应监管变化。如果规范和约束股权基金运作的法律法规或行业规章出现了变化，或者规范和约束投资人日常运作的法律规范性文件出现了

更新或改变，都可能会影响到投资人所持有的股权基金的数量以及比例。投资人为了满足这些新的监管要求，可能需要通过二级市场降低持有的股权投资资产的比重，如国有投资人。

2.4.3 二级市场交易

（1）二级市场交易主体

二级市场交易主体主要分卖方与买方。买方可以划分为以下几个类别：一是专门投资于二级市场的基金公司，包括一些大型投资银行设立专门投资于二级市场的股权基金；二是专业的股权投资母基金；三是一些专注于一级市场的股权基金，配置部分资金投资于二级市场；四是拥有可观资金的富人，并且这一群体的数量正在日益攀升。其中前两类属于“专注型买方”。股权投资二级市场中的卖方包括两个类别：一是股权基金中的投资者（投资人）；二是股权基金本身。对于投资人而言，出售的是自己在股权基金中的出资份额，而对于基金而言，出售的则是该基金持有的项目公司股权或投资组合。

（2）二级市场交易特征

效率低下是股权投资二级市场的一个制度性特征。从二级市场在全球范围内诞生起直至今日，都没有很好地解决这个问题。当然，也正是因为这个制度性难题的存在，才使二级市场存在难得的投资机会。所谓效率低下是指二级市场是一个非公开市场，由于信息不对称比一级市场更为严重，需要较长的谈判时间和成本。正因为效率低下，二级市场交易活跃性受到限制。

（3）二级市场交易类型

二级市场交易类型主要有两种：一是出资人转让基金权益，即原基金出资人将自己已经实际出资的基金份额以及尚未出资的基金承诺转让给其他投资者，这是二级市场的主要交易类型；二是股权基金转让已投项目公司的股权或多个项目公司的投资组合。

（4）二级市场交易结构

二级市场交易结构分为非结构化的交易结构、简单结构化交易结构和复杂结构化交易结构。

非结构化的交易结构就是单纯的以现金支付基金份额转让，也称为直接交易。这种交易结构划分为三种情况：一是单一权益交易，即卖方出售单一基金份额。在二级市场发展早期，常见的是投资人与投资人之间的单一权益交易。二是集合权益交易，即卖方同时出售两支基金以上的份额。由于集合权益交易涉及的交易对象较为复杂，交易额一般较高。三是出售特定发展阶段基金份额，如早期份额交易和末端份额交易。早期份额交易是指出资人已经实际出资的部分少于其对基金整体出资承诺数额 20% 的情况下所进行的二级市场交易。早期份额交易由于一般不存在项目公司估值的问题，交易估价相对容易。末端份额交易是指基金处于存续后期，基金投资人基本已经完成出资，基金也已投资项目，此时基金投资人转让基金份额。由于这个时候涉及项目公司估值，估值复杂，交易额也较大。

简单结构化交易结构就是指具有简单结构设计的交易，包括部分交易、捆绑性交易和管理层保留式交易。所谓部分交易就是卖方只出售其持有的部分基金份额，基金规模不变，出资人增加了。利用部分交易不仅可以将一部分投资予以变现，以解决流动性问题，同时，仍然可以以投资人的身份保持与特定基金管理人的关系。捆绑性交易就是买方同时承诺继续出资基金管理人募集设立的下一支新基金。承诺新基金的出资义务，除非买方希望对新基金具有优先认购权，否则这种捆绑性交易对于买方而言就是一种额外的负担和义务。管理层保留式交易就是买方在购买基金份额时，该基金份额资产的管理权仍由原管理机构持有。如银行、保险公司、养老基金、捐赠基金、基金会以及家族基金等非专业性基金，其基金份额的管理权仍由第三方专业的管理机构持有。

复杂结构化交易结构就是二级市场交易往往需要经过一定的结构化设计进行交易，主要包括特殊目的载体式交易、协议控制交易、买方结构化融资式交易和未出资之出资承诺融资式交易。特殊目的载体式交易是指以一个特殊目的载体作为交易中枢而设计的一种交易结构。在这种交易结构中，买卖双方一般都需合资设立一个特殊的目的载体（SPV），以该特殊目的载体作为交易中“表面的买方”，然后将真实的买卖双方的各种利益诉求都在特殊载体中予以设定。协议控制交易就是不改变基金份额所有权现状，而是以协议方式将该份额资产的未来收益进行安排的交易结构。该交易中，买卖双方是通过协议本身将双方的权利与义务关系予以调整和落实，从而实现整个交易过程。买方结构化融资式交易就是基金份额受让方在资本市场采用资产证券化手段来融资从而购买基金份额，该交易结构的关键点是把基金资产证券化。未出资之出资承诺融资式交易就是受让方承诺出让方在该基金未出资的出资义务，同时作为对价受让方将享有一定数额或比例该基金的投资收益。

2.4.4 国外二级市场发展经验借鉴

（1）国内二级市场存在的问题

2010 年 11 月 13 日，北京金融资产交易所发布《北京金融资产交易所私募股权交易规则》，正式启动股权基金二级市场交易平台，这是国内首个可以进行二级市场交易的平台。2014 年 4 月，上海股权托管交易中心正式推出股权基金份额报价系统。该系统为有限合伙制的股权基金提供多方位服务，包括股权基金份额信息登记、报价信息发布、意向信息发布、意向信息交互、交收服务和过户信息登记等。此外，一些具有二级市场投资活动性质的交易也已经不断发生。例如，中国投资公司（CIC）向列克星敦投资公司（Lexington Partners）、高盛（Goldman Sachs）和磐石基金（Pantheon Ventures）管理的 3 个特殊账户投资 15 亿美元，分别收购其他对冲基金和股权投资机构的二手投资组合。

尽管如此，二级市场在我国依然只处于起步阶段，存在的问题主要有：一是目前我国投资人多以散户为主，所拥有份额规模较小并且分散，很难促成大规模的交易。主要原因是国内二级市场上买方数量匮乏，导致市场的流动性很难得到提升。二是国有投资人份额须公开交易。二级市场投资人份额转让一般是在私下进行，但我国股权基金份额转让须在产权交易机构公开进行。三是信息不对称。卖方参与二级市场交易经验匮乏，对于自身项目估值没有丰富经验；买方尚未建立内部庞大的信息储备系统，对市场上的资产价格及基金管理人团队了解有限。四是二级市场专业人才匮乏。精通二级市场的资本运作方式，拥有多元化从业背景，具备扎实的财务、法律等综合知识，能够设计并操作复杂的交易模式的复合型人才紧俏。五是可用投资工具尚缺位。对于二级市场，多样化的结构化设计可以最大程度上满足买卖双方的需求。在股权投资二级市场中常用的优先股、可转债在我国法律中尚未明确，无疑加大了交易中的法律风险。六是交易平台稀缺及操作性困难，主要包括转受让价格估值、工商变更登记以及税收方面缺乏体系化。

（2）国外发展经验借鉴

欧美，尤其是美国股权投资二级市场发展较为完善，可给我国发展二级市场提供如下经验借鉴：

首先，股权市场发展离不开完整的、成熟的市场参与者。在股权投资二级市场中卖方、买方以及中介机构缺一不可。仅有卖方发展到一定程度，具备一定规模和管理能力，需求较为多元化时，市场上才可能形成一定的交易流量，买方入场才能获得较多的投资机会。而对于买方而言，开展直接投资、FOFs 等多元化的投资业务能够形成协同效应，运用自身的投资经验才能获得可持续性的收益。伴随市场成长的中介机构也能起到教育市场投资者以及发掘交易、撮合交易的重要作用。

其次，经济周期对二级市场投资机会的识别以及投资策略的选择相当重要。在经济处于下行通道期间，二级市场买方可以从急于解决流动性问题的卖方手中购得暂时降价但质量较高的资产，从而进行资产储备。在经济处于上行通道期间，在选择投资机会时需要寻找有最大价值创造的投资组合，结构化的投资组合能够帮助卖方“量身定做”解决问题，实现更高的资产价格。

第三，对从业人员要求较高。在二级市场交易中，要求投资人能够充分识别投资机会，熟练运用丰富的投资工具并能够设计出双赢的投资结构，这对二级市场从业人员要求较高。在进行尽职调查或对资产作出估值判断的过程中，庞大的信息储备以及过往丰富的行业经验能够使投资事半功倍。

第四，搭建完善的二级市场交易平台。欧美在这方面已有丰富的经验和创新的制度。譬如，著名股权投资二级市场中介机构 NYP 成立于 1998 年，主要业务囊括二级市场的大宗交易、咨询、交易执行、信息匹配、市场数据提供以及询价等服务，并且服务的客户类型十分丰富，包括大型基金管理人、机构投资人、大型金融机构、政府机构、捐赠基金以及富有家族及个人，其中不乏摩根大通、花旗银行、美林证券等全球著名机构。2010 年 10 月，SecondaryCap 建立了首个全球性专业的电子化二级市场交易平台 SecondaryNet。通过 SecondaryNet 基金管理人可以了解更多潜在买方的信息，而投资人和中介机构可以更加高效地管理自身资产，减少交易费用。

2.5 股权投资退出市场

2.5.1 股权投资退出市场

所谓股权投资退出市场就是指股权基金从投资项目中转让投资权益的市场。从退出方式来分，股权投资退出方式主要有上市、并购、回购、转让以及清算等，其本质都是股权或权益转让。股权转让退出如能在资本市场完成，特别是在证券市场完成如通过 IPO，由于其独有的交易制度从而能使股权基金实现利益最大化，并且退出效率高。能否通过资本市场退出成为股权基金投资成功与否的一个标志。

一般一个国家的资本市场包括多个证券交易市场，每个证券交易市场的交易品种、发行制度、交易制度以及信息披露制度都有差别，构成一个由场内市场与场外市场组建的多层次资本市场体系。多层次资本市场体系有利于股权基金在不同层次的资本市场退出，退出渠道通畅。另外，多层次资本市场中的场外市场还是股权基金进行项目投资的市场，如我国的“新三板”市场。所以，多层次资本市场不仅仅是股权基金的退出市场，还是股权基金的投资市场。

2.5.2 国外多层次资本市场体系

市场经济发达的国家一般都建立了由场内市场与场外市场构建的多层次资本市场体系，美国最为典型。另外，如日本有东京证券交易所和日本纳斯达克证券交易系统；瑞典有主板市场和 NGM 成长市场；加拿大有阿乐伯塔证券交易所、多伦多证券交易所、温哥华证券交易所、蒙特利尔证券交易所四个证券交易所；巴西有里约热内卢证券交易所和圣保罗证券交易所两个证券交易所。这些证券交易所或证券交易系统，有的从事主板市场业务，有的从事创业板市场业务。同时，在庞大的场内交易市场之外还有大量相对成熟的场外交易市场。

（1）美国多层次资本市场体系

美国证券市场经过长期发展，形成了集中与分散相统一、全国性与区域性相协调、场内交易与场外交易相结合的多层次资本市场体系。

第一层次：由纽约证券交易所（NYSE）及美国证券交易所（AMEX）构成。前者上市标准较高，主要是面向大企业提供股权融资的全国性市场；后者主要是交易那些不能在纽约证券交易所挂牌的中小企业的股票。纽约证券交易所成立于1792年，是全球规模最大和流通性最强的交易所，俗称“大交易所”（Big Board）。美国证券交易所成立于1849年，于1953年正式命名为美国证券交易所，相对于纽约证券交易所，其对上市公司标准较低，俗称“小交易所”（Little Board 或 Curb Board）。虽然其上市公司市值和股票交易量小于纽约和纳斯达克证券交易所，但它是全球最大的ETF交易所和美国第二大股票期权交易所。美国证券交易所于1998年与美国全国证券交易商协会（NASD）合并，作为美国全国交易商协会下属的交易所独立运营，现为美国第三大股票交易所。美国证券交易所是唯一一家能同时进行股票、期权和衍生产品交易的交易所，也是唯一一家关注于易被人忽略的中小市值公司并为其提供一系列服务来增加其关注度的交易所。美国证券交易所通过和中小型上市公司形成战略合作伙伴关系来帮助其提升公司管理层和股东的价值，并保证所有的上市公司都有一个公平及有序的市场交易环境。2009年1月16日，纽约证券交易所集团并购了美国证券交易所。

第二层次：由纳斯达克（NASDAQ）、场外柜台交易系统（OTCBB）和粉单市场（Pink Sheets）构成。NASDAQ市场成立于1971年，经过近30年的发展，在NASDAQ市场发行的外国公司股票数量已超过纽约证券交易所和美国证券交易所的总和，成为外国公司在美国上市的主要场所。2006年NASDAQ将市场内部进一步调整为三个层次：全球精选市场（Global Select Market）、全球市场（Global Market，即原National Market）和纳斯达克资本市场（Capital Market），主要是为在NASDAQ市场中建立一个最高上市标准的市场层次（Global Select Market）与纽约证券交易所展开市场竞争。其中纳斯达克小型股市场是专门为中小型高成长企业提供融资服务的市场，上市标准较低，可以满足以高风险、高成长为特征的高科技企业和其他符合条件企业的要求。

OTCBB是全国性管理报价公告栏系统，任何未在NASDAQ或其他全国性市场上市或登记的证券，包括在全国、地方、国外发行的股票、认股权证、组合证券、美国存托凭证、直接参股计划等，都可以在OTCBB市场上显示有关当前交易价格、交易量等信息。与NASDAQ相比，OTCBB门槛较低，对企业基本没有规模或盈利上的要求，只要有3名以上的做市商愿为该证券做市，企业股票就可以到 OTCBB 上流通。许多公司的股票先在 OTCBB 上市，获得最初的发展资金，通过一段时间的积累扩张，达到 NASDAQ 或纽约证券交易所的挂牌要求后升级到这些市场。因而 OTCBB 又被称为 NASDAQ 的预备市场或是 NASDAQ 摘牌公司的后备市场。

粉单市场（Pink Sheets）是由私人设立的全国行情局，为未上市公司证券提供交易报价服务。Pink Sheets 市场专门搜集 OTC 市场中做市商对各类店头交易股票的报价信息并将其公布。在 Pink Sheets 市场上的证券有全国和地方股票、外国股票、认股权证、组合证券和美国存托凭证等。现在 Pink Sheets 市场上报价的证券有 6 600 多只（其中有一部分股票是在 Pink Sheets 和 OTCBB 上双重挂牌）。总地来说，Pink Sheets 市场上的证券比 OTCBB 上的证券信誉等级更低，挂牌公司不必向美国证券交易委员会（SEC）和美国全国证券交易商协会（NASD）披露财务信息和任何报告，比 OTCBB 市场受到的监管更少。

OTCBB 和 Pink Sheets 是专门为未能在全国性市场上市的公司的股票提供报价和交易的市场。进入这一市场的企业主要是新设立的、从事能源或矿产开发、高新技术开发和有关健康问题应用研究的以及许多有特色的企业，场外市场满足了大批高新技术、高风险企业股票融资和风险资本退出的需要。

对于没在 NASDAQ、OTCBB 和 Pink Sheets 市场三个系统中报价的股票，我们把它们统称为 OTC 灰色股票市场（OTC Grey Market）。NASDAQ、OTCBB 和 Pink Sheets 之间具有升降的互动关系：① 从 OTCBB 升级到 NASDAQ 小型股市场，只需要达到如下条件即可：资产净值在 500 万美元以上；总市值在5 000万美元以上；前一会计年度净利润在 75 万美元以上；股价不低于 4 美元；股东超过 300 人；有 3 个以上的做市商。② NASDAQ 市场规定：公司股票连续 30 日交易价格低于 1 美元，警告后 3 个月未能使该公司股价升至 1 美元以上，则将其摘牌，退至 OTCBB 报价交易；在 OTCBB 摘牌的公司将退至 Pink Sheets 进行报价交易。

第三层次：由太平洋交易所、中西交易所、波士顿交易所、费城交易所、芝加哥证券交易所、辛辛那提证券交易所等区域性交易所构成，是主要交易地方性企业证券的市场，还有一些未经注册的交易所，主要交易地方性中小企业证券。

第四层次：由第三市场和第四市场构成。第三市场是指由非属于证券交易所会员的证券经纪商，在证券交易所之外经营在交易所上市的证券买卖而形成的证券流通市场。为适应大额投资者的需要，美国在20世纪60年代创建了第三市场。第三市场收取的佣金是通过磋商确定的，通常比在交易所交易的佣金便宜一半，对大宗交易非常有利，所以这个市场越来越受到机构投资者的青睐。

同第三市场相似，第四市场是适应机构投资者的需要产生的，作为机构投资者买卖双方直接联系成交的市场。一般通过电脑通讯网络把会员连接起来，利用该网络报价、寻找买方和卖方。通常第四市场只涉及买卖双方，无需中间人，大大降低交易成本，成交迅速，而且大宗交易不会对证券市场产生冲击。因此第四市场是一个颇具竞争性和发展潜力的市场。

此外还存在私募证券的自动报价系统（PORTAL），PORTAL系统是由美国全国证券交易商协会（NASD）发起运营的，该系统可显示交易证券公司的基本信息和价格。美国证监会144A条规则允许合格的机构投资者在二级市场交易发行未满1年或2年的私募证券，以增强私募证券的流动性。

第五层次：由地方性柜台交易市场构成，是面向在各州发行股票的小型公司的柜台市场。在美国，还有10 000余家小型公司的股票在各州发行，并且通过当地的经纪人进行柜台交易。

美国不同层次的市场以不同性质的公司为服务对象，形成了一个体系健全的“梯级市场”。多元化的市场格局使美国股票市场在组织结构和功能上形成相互递进的市场特征，上市公司在不同层次的市场之间可进行相互转换，充分发挥了证券市场的“优胜劣汰”机制。多层次的证券市场体系极大地拓展了美国证券市场的容量，不同规模、不同需求的企业都可以利用资本市场进行股权融资，获得发展的机会，这无疑有力地推动了美国经济的创新与增长。①

（2）美国多层次资本市场的功能特征

美国资本市场体系庞大、条块结合、功能完备、层次多样。既有统一、集中的全国性市场，又有区域性的、小型地方交易市场。全国性集中

---

① 杨忠勇：“非上市公司产权交易市场研究”，西北大学硕士学位论文。

市场主要是为大型企业融资服务的；二板市场的服务对象主要是中小型企业和高科技企业，二板市场的上市标准要比集中市场低，同时还设计出几套不同的标准，由不同规模的企业自己选择适宜的标准进行上市融资；新兴市场（三板）则基本取消了上市的规模、盈利等条件，把市场监管的重点从企业上市控制转移到以充分信息披露为核心、以管理从业券商为主要手段、以会员制为主要形式、以券商自律为基础的监管模式。多个证券交易所或证券交易系统同时存在，有利于资本市场的竞争和提高资本市场效率。

2.5.3 国内多层次资本市场体系

我国多层次资本市场也由场内市场和场外市场组成，其中场内市场有上海证券交易所和深圳证券交易所，即主板、中小板、创业板；场外市场有全国中小企业股份转让系统，即新三板，以及全国各地的股权交易中心。上海证券交易所、深圳证券交易所、全国中小企业股份转让系统都由证监会统一监管，而地方股权交易中心则由地方监管机构自行监管。

第一层次：主板及中小板。国内主板市场主要包括上海和深圳证券市场的A股和B股。上海和深圳证券交易所成立于1990年，经过20多年的发展，目前已经成为中国内地最大的证券市场。一大批国内大型企业通过在主板市场上市，既筹集了经营所需资金，又调整了内部经营机制。截止到2013年10月，沪深主板市场已有的上市公司达1 435家，两市股票市价总值达20万亿元，流通市值近16万亿元，上市公司总股本近3万亿股，流通股本2.5万亿股，占据着我国股票市场的绝大多数份额，主板市场初具规模，是我国的蓝筹股市场，基本上能够反映我国国民经济的发展状况。

2004年5月，中小板在深圳交易所正式推出，截止到2013年10月，中小板上市公司700余家，股票市价总值达3.7万亿元。[①] 中小板是主板中相对独立的板块，在主板市场的制度框架下运行，在上市条件、发行审核、交易制度等方面与主板一致，因而大多数中小企业难以达到上市标准，造成中小企业上不了中小板的局面，没有从根本上解决中小企业从资本市场直接融资的问题。

---

① 杨业中："我国多层次资本市场体系的构建与完善"，《时代金融（中旬）》，2014年第2期。

第二层次：创业板。我国创业板市场于 2009 年 10 月 30 日开市，作为多层次资本市场体系的重要组成部分，有利于我国产业结构调整，有利于创新型、成长型企业借助资本市场提高技术创新能力。截至 2013 年 10 月 31 日，创业板共有上市公司 355 家，股票市价总值 1.58 万亿元，流通市值 7 953 亿元，总股本 790 亿股，流通股本 524 亿股，平均市盈率 59 倍。[①] 创业板在注重风险防范的基础上，在发行审核制度、公司监管制度、交易制度等制度设计方面进行了更加市场化的探索和创新，以适应创新创业企业的特点与实际需求。但是，目前创业板市场运行时间较短，市场规模尚小。

第三层次：全国中小企业股份转让系统（以下简称“转让系统”），即新三板。转让系统是经国务院批准设立、证监会监管下的全国性证券场外市场。截至 2014 年 2 月底，新三板市场的挂牌企业数量 649 家，这 649 家企业的总股本达 219.62 亿股，总市值达 1 250 亿元。

新三板最早是 2006 年经国务院批准，由北京中关村科技园区的非上市股份公司进入证券公司代办股份转让系统进行股份转让试点演变而来。2012 年 8 月 3 日，国务院批复同意设立全国股份转让系统，扩大新三板试点。按照总体规划分步推进、稳步推进的原则，首批扩大试点除中关村科技园区外，新增了上海张江高新产业开发区、湖北东湖新技术产业开发区和天津滨海高新区。2013 年 12 月 14 日，国务院发布了《关于全国中小企业股份转让系统有关问题的决定》，批准境内符合条件的股份公司均可以在全国股份转让系统挂牌。之后，证监会发布了修改后的《非上市公众公司监督管理办法》，制定了相关公司公开转让说明书、公开转让说明文件等七项配套规则。这标志着全国股份转让系统扩大至全国的工作全面启动。

2014 年 6 月 5 日，出台《全国中小企业股份转让系统做市商做市业务管理规定》，8 月 25 日新三板做市商制度正式实施。新三板的亮点还在于转板机制。国务院《关于全国中小企业股份转让系统有关问题的决定》指出：“在全国中小企业股份转让系统挂牌的公司，达到股票上市条件的，可以直接向证券交易所申请上市交易。”虽然由于目前是新三板扩容初期，

---

① 杨业中：“我国多层次资本市场体系的构建与完善”，《时代金融（中旬）》，2014 年第 2 期。

各种制度都还没落到实处，但是这意味着未来新三板这个场外市场将跟场内市场沪深交易所打通。新三板挂牌的企业满足上市条件后，有了一个上市的直达通道。

第四层次：各区域股权交易中心，俗称四板。截至2014年8月4日，包括前海股权交易中心、浙江股权交易中心、上海股权托管交易中心、齐鲁股权交易中心在内的20家区域性股权交易市场的挂牌企业数量达到10 401家。场外市场挂牌企业覆盖工业、信息技术、原材料、日常消费品等11个行业。

各区域性股权交易中心对区内中小企业的服务价值不可小视。在业内人士看来，四板市场不仅可以为区内中小企业提供区域性的资本市场服务平台，促进企业信用信息平台的建设，破解中小企业信用“信息孤岛”困局，还可以为财政、科技扶持资金的使用投资提供一个公开透明的平台，有利于社会对财政资金使用情况进行监督。此外，依托这个平台确认股权，恢复转让权，从而使围绕股权开展金融服务和科技成果入股成为可能。同时，还可以为各行业整合转型升级提供丰富的企业并购资源，也为创投提供正常的退出渠道。这些作用都与企业的融资成本息息相关。

随着区域性股权市场纳入多层次资本市场体系，一方面有助于夯实交易所市场的基础，使潜在的上市公司在规模很小的阶段通过区域性市场挂牌，按照股份公司的规范来运作；另一方面有助于放大交易所市场的带动作用，交易所市场的优化调整和加快发展，其效应将迅速传递到区域性市场，从而扩大多层次资本市场服务范围。

CHAPTER 3

第3章 股权投资相关理论

股权投资学以经济学为基础构建自己的理论体系，尤其是金融学、投资学以及企业管理相关领域理论，如信用理论、委托代理理论、J曲线理论、企业控制理论、企业发展生命周期理论、“死亡谷”理论和企业估值理论等。除此之外，会计学以及法学等其他相关理论也是股权投资理论不可缺少的组成部分。

3.1 信用理论

3.1.1 信用基本理论

（1）信用概念及分类

人类历史发展到今天，“信用”包含着极其丰富的内涵。从伦理道德层面，信用主要是指参与社会和经济活动的当事人之间所建立起来的、以诚实守信为道德基础的“践约”行为，实际上是指“信守诺言”的一种道德品质。从法律层面，信用有两层含义：第一层含义是指当事人之间的一种关系，但凡“契约”规定的双方的权利和义务不是当时交割的，存在时滞，就存在信用；第二层含义是指双方当事人按照“契约”规定享有的权利和肩负的义务。从经济学层面，信用实际上是一种借贷行为，指在商品交换或者其他经济活动中授信人（贷方）在充分信任受信人（借方）能够实现其承诺的基础上，用契约关系向受信人放贷，并保障自己的本金能够回流和增值的价值运动。[①] 所谓借贷行为是指商品或货币所有者把一定数量的商品或货币暂时赊销或贷放给需求者使用，借贷双方约定期限，由借用者到期偿还原价值并付给一定数额的利息。在借贷过程中，借贷双方所构成的债权债务关系体现着一定的社会生产关系。从货币层面，在信用创造学派眼中，信用就是货币，货币就是信用；信用创造货币，信用形成资本。[②]

从不同角度进行分类，信用主要有以下类型：①投资信用：一般指一些金融机构或私人基金向企业提供的相对较长期的信用，它们多数是没有经过保险或足够抵押担保的。②国家信用：是以一国的中央政府为主体，按照信用原则筹集资金和对外举债。国家的偿债能力是由税收来保证的。③公共信用：是社区提供给各种政府机构的一种信用，它用于帮助这些政府机构实现其政府功能。在西方国家，公共信用是各级政府的举债能力。④商业信用：是指在商品销售过程中，一个企业授予另一个企业的信用。具体来说，商业信用是一个组织在经营过程中的诚信和信誉程度的综合性反映。它体现该组织在经营活动中的特征、经营方式、信誉状况、信贷能力和在市场中的公众形象。⑤消费者信用或个人信用：是指消费者以偿付的承诺为条件的商品或劳务的交易关系。

（2）信用特征

信用主要有以下特征：①金融属性。信用的金融属性包括收益性和风险性两个方面：一方面是收益性，另一方面是风险性。信用活动可以带来收益，获得收益是信用活动的目的。信用活动带来的收益有三种：一是固定收益。指授信方按事先规定好的利息率获得的收益。固定收益在一定程度上就是名义收益，是信用工具票面收益与本金的比率。二是即期收益。也被称为当期收益，指按市场价格出卖时所获得的收益。三是实际收益。指名义收益或当期收益扣除因价格变动而引起的货币购买力变动后的真实收益。风险性是指为了获得收益提供信用，同时必须承担风险。授信方不仅要考虑能否获得利息收入，还要对本金能否收回的风险进行评估。②文化属性。信用是一种文化，不同的民族（国家或地区）对信用有不同的理

---

① 刘军：“总监理工程师执业信用评价研究”，东南大学硕士学位论文。

② 陈静：“我国中小企业信用管理研究”，东北大学硕士学位论文。

解，因而不同民族（国家或地区）的信用文化就会存在差异。例如：我国传统信用文化的特点是量入为出，而西方信用文化的特点是透支和超前消费。③社会属性。社会心理层面是信用的社会属性的一种重要体现。信用关系的产生是建立在相关主体相互信任的基础上的。信用体现的是一种特殊的社会心理现象。信用还体现一种社会关系，信用既是个体行为又是发生在信用关系建立的双方之间的社会关系的体现。

（3）信用风险

信用风险又称违约风险，是指借款人、证券发行人或交易对方因种种原因，不愿或无力履行合同条件而构成违约，致使银行、投资者或交易一方遭受损失的风险。[①]

银行存在的主要风险是信用风险，即交易另一方不能完全履行合同而给银行造成经济损失的风险。这种风险不只出现在贷款中，也发生在担保、承兑和证券投资等表内、表外业务中。如果银行不能及时识别损失的资产，增加核销呆账的准备金，并在适当条件下停止利息收入确认，银行就会面临严重的风险问题。

信用风险的特点有：①风险的潜在性。很多逃避银行债务的企业，明知还不起也要借债，例如：许多国有企业决定从银行借款时就没有打算要偿还。据调查，目前国有企业平均资产负债率高达80%左右，其中有70%以上是银行贷款。这种高负债造成了企业的低效益，潜在的风险也就与日俱增。②风险的长期性。观念的转变是一个长期的、潜移默化的过程，尤其在当前我国从计划经济向市场经济转变的这一过程将是长久的阵痛。切实培养银行与企业之间的“契约”规则，建立有效的信用体系，需要几代人付出努力。③风险的破坏性。不良资产形成以后，如果企业本着合作的态度，双方的损失将会减少到最低限度。但许多企业在此情况下，能躲则躲，使银行即使耗费大量的人力、物力、财力，也不能弥补所受的损失。④风险控制的艰巨性。当前银行的不良资产处理措施都具有滞后性，这不仅与银行不良资产的界定有关，同时还与银行信贷风险预测机制、转移机制、控制机制没有完全统一有关。不良资产出现后再采取种种补救措施，

① 黄敏、林则夫：“国内商业银行贷款信用风险管理模型建立初探”，《中国管理科学》，2002年第z1期。

结果往往于事无补。①

3.1.2 股权投资信用体系

股权投资虽然不像商业银行那样存在借贷关系，但委托理财及资金私下募集，决定了信用体系建设是股权投资发展之本。

美国股权投资得以长期发展的重要原因之一，就是完善的信用制度。基金管理人的品牌和信誉非常重要，只有具备这两点，再加上好的投资组合、发展理念，才能吸引有投资愿望、资金雄厚、又有一定风险承受能力的投资者出资，从而募集到需要的资金。因此，美国股权基金投资人和管理人的合作是建立在一定信用基础上的。成熟的股权投资市场，股权基金管理者道德风险概率较低。

我国股权投资快速发展，同时也发生了非法集资、非法经营、侵犯投资者利益以及股权投资腐败等诸多不良社会问题。追根溯源，信用体系缺失是出现这些问题的根源所在。基金管理本身就是一种受托管理、专家理财的信用契约关系，因此，加强信用体系建设至关重要。通过信用体系建设，提高管理人的信誉，增强全社会的信用意识，形成投资人、管理人、投资对象之间良好的互信关系，有利于从根本上防范道德风险的发生。

股权投资信用体系建设是一个系统工程，主要包括信用制度建设、投资文化建设、监管制度建设以及信息透明化，其中信息透明化是投资者极为重视的。因为股权投资的主要特征之一就是私下交易，包括私下募集以及非公开市场投资，投资人与管理人信息严重不对称，基金投资人处于信息弱势地位，所以更加需要信息透明化来保障投资人合法权益。

3.2 委托代理理论

3.2.1 委托代理基本理论

委托代理关系在社会中普遍存在，如企业股东与经理、债权人与债务人、选民与官员、医生与病人之间都存在委托代理关系。委托代理关系起源于“专业化”，当存在“专业化”时就可能出现一种关系，在这种关系中，代理人由于具有相对优势而代表委托人行动。现代意义的委托代理的

---

① 董学良：“中小企业集合债券信用风险度量研究”，中南大学硕士学位论文。

概念最早是由罗斯提出的："如果当事人双方，其中代理人一方代表委托人一方的利益行使某些决策权时，代理关系就随之产生。"①

委托代理理论是建立在非对称信息博弈论的基础上的。非对称信息指的是某些参与人拥有但另一些参与人不拥有的信息。信息的非对称性可从以下两个角度进行划分：一是非对称发生的时间，二是非对称信息的内容。从非对称发生的时间看，非对称性可能发生在当事人签约之前，也可能发生在签约之后，分别称为事前非对称和事后非对称。研究事前非对称信息博弈的模型称为逆向选择模型，研究事后非对称信息的模型称为道德风险模型。从非对称信息的内容看，非对称信息有可能是指某些参与人的行为，研究此类问题的模型称之为隐藏行为模型；也可能是指某些参与人隐藏的信息，研究此类问题的模型称之为隐藏信息模型。②

委托代理理论是制度经济学契约理论的主要内容之一，主要研究的委托代理关系是指一个或多个行为主体根据一种明示或隐含的契约，指定、雇佣另一些行为主体为其服务，同时授予后者一定的决策权利，并根据后者提供的服务数量和质量对其支付相应的报酬。授权者就是委托人，被授权者就是代理人。③

委托代理理论的主要观点认为：委托代理关系是随着生产力大发展和规模化大生产的出现而产生的。其原因在于：一方面是生产力发展使得分工进一步细化，权利的所有者由于知识、能力和精力的原因不能行使所有的权利；另一方面是专业化分工产生了一大批具有专业知识的代理人，他们有精力、有能力代理行使好被委托的权利。但在委托代理的关系当中，由于委托人与代理人的效用函数不一样，委托人追求的是自己的财富更大，而代理人追求自己的工资津贴收入、奢侈消费和闲暇时间最大化，这必然导致两者的利益冲突，在没有有效的制度安排下代理人的行为很可能最终损害委托人的利益。

委托代理理论是过去30多年里契约理论最重要的发展内容之一。它是由20世纪60年代末70年代初一些经济学家深入研究企业内部信息不对称和激励问题发展起来的。委托代理理论的中心任务是研究在利益相冲突和

---

① 陈亮亮："以企业价值为基础的报酬激励制度研究"，北京交通大学硕士学位论文。
② 张春勋："关系契约与农产品交易稳定性研究"，重庆大学博士学位论文。
③ 迟晓燕："论私募股权投资的委托代理与价值流转"，《经济师》，2011年第2期。

信息不对称的环境下，委托人如何设计最优契约激励代理人。

如何制定出最优交易契约，从而激励或约束代理人的行为以实现委托人利益最大化，经济学界普遍认为，在委托代理关系中存在着四个难题：一是目标不一致，即委托人与代理人各自均追求自身利益最大化，但两者利益最大化的目标不一致；二是委托人与代理人之间信息不对称，即委托人只能观察代理结果，不能直接观察代理人的具体行动，不能判断代理人工作的努力程度；三是契约不完全，即契约中不可能确切规定代理人的工作努力程度；四是责任不对等，代理人行使企业的经营控制权，却不承担盈亏责任，所以代理人就很可能为了追求自身效应最大化，利用其拥有的信息优势损害委托人的利益。

委托人要实现自身利益的最大化就必须解决上述四个难题，同时还要面对两个来自代理人的限制：一个是代理人自身愿意接受契约的基本条件。若让代理人接受契约，则代理人接受契约后所产生的效用需大于其在不接受契约时所能得到的最大效用。二是代理人的激励相容约束。在激励相容约束下，代理人所选择的行为将可以满足其最大利益。委托人在设计契约时，只有同时满足上述两个限制条件，才能实现委托人自身利益最大化。

3.2.2 委托代理理论在股权投资中的运用

股权投资是典型的委托代理而且是双层及以上委托代理。第一层委托代理关系是：基金管理人从基金出资人那里募集资金并受托管理该基金，基金出资人作为委托人无法监控具体项目投资，即便能够监控其实施成本也非常高。因此，基金管理人占据信息优势。第二层委托代理关系是：股权基金投资企业后，股权基金一般不参与管理，委托企业管理者或原股东进行日常经营管理，企业原始股东和管理者掌握企业核心信息，信息严重不对称。因此，项目方占据信息优势。所以，整个股权投资涉及股权基金出资人委托基金管理人、股权基金又委托企业两层委托代理关系。如果有母基金参与，委托代理关系还会再增加一层。因而在实践中基于投资结构设计有可能出现多层委托代理关系。

设计科学而合理的激励和约束机制，能够有效地激励管理层实现委托人价值最大化，并且对受托人进行约束，避免发生有损委托人利益的行为。

（1）股权基金投资者与管理者的委托代理关系

在第一层次的委托代理关系中，基金管理人掌握自身专业能力以及基金未来运作等全部信息，而投资者了解甚少，信息不对称。管理者有可能利用这种信息优势采取某些利己行为来损害缺乏信息优势的投资者的利益，从而会出现逆向选择与道德风险问题。投资者希望能将基金委托给管理能力强且道德水平高的优秀管理者来管理和运用资金，但对管理者以往业绩信息的掌握主要由管理者自己提供，难以考证，为了降低风险，投资者往往会选择管理费较低、激励要求少以及允许投资者参与管理的管理者，而这样的管理者的管理水平往往有限，真正专业能力强的管理者有可能受到市场冷落，从而出现逆向选择。基金设立后，基金管理者负责基金运营及投资业务而投资者一般不参与，管理者有可能会利用对基金的实际控制权来规避投资者的监控，损害投资者的利益，从而引发道德风险问题。而解决逆向选择和道德风险问题的途径就是设置激励机制和约束机制。

①激励机制。对基金管理者最主要的业绩激励措施包括报酬激励机制和声誉激励机制。通常来讲，基金管理者的报酬包括两部分：固定收益和可变收益。固定收益也就是基金管理者收取的基金管理费，这部分费用包括维持基金正常运转所需要的基本支出，如差旅费、办公租金费以及人员工资等，是基金管理的必然成本，与基金管理人的管理业绩无关。而对基金管理人真正形成激励机制的是可变收益部分，即获得一定比例的基金收益。可变收益是基金管理者收入的主要来源，也是最重要的激励机制。基金管理者要获得业绩奖励，通常需要基金达到一定预期投资收益。通过建立合理的报酬机制，将基金管理者的管理费用与业绩激励相分离，使其收入与经营业绩直接挂钩，就能较好地解决基金管理者与基金投资者之间的委托代理问题。因此，激励机制的主要作用在于促进基金管理者的报酬与其管理水平密切相关。

除了报酬激励机制外，声誉激励机制也是一项重要的激励措施。基金管理者的市场价值除专业管理能力外，还包括声誉价值，如敬业精神与合作精神。所谓声誉激励机制就是通过投资者为管理者树立口碑。基金投资者与基金管理者之间的博弈不是一次性博弈，而是重复博弈。因为基金存续期一般在 7 年左右，到期后需要重新设立，所以基金管理人在职业生涯中需要不断寻找基金投资人。管理人声誉是确保其重新设立基金的保障。声誉的建立主要依赖投资人。常见的声誉机制主要包括基金投资人之间的口口相传以及相关行业协会举办的基金和基金管理之间的一些评比，如年度优秀基金及最有价值基金管理人评选等。股权投资从业人员相对集中，因此，在业界建立一个良好的声誉对基金管理者来说非常重要。

②约束机制。除了业绩激励外，基金投资者还可以通过一些约束机制来影响基金管理者的行为，如基金投资者进入基金顾问委员会或风险控制委员会发挥建议和监督作用，从而影响基金管理者的决策。除此之外，更为常见的是在公司章程、合伙协议或投资协议中通过直接控制条款对基金管理者进行约束，包括与基金投资有关的限制性条款和与基金管理者行为有关的限制性条款。

与基金投资有关的限制性条款包括四类：第一类是对单一企业投资额占基金承诺资本总额的最高比例的限制，如果超限必须经过投资顾问委员会、风险控制委员会或一定比例的基金投资者同意。这类限制性条款的作用是试图保证基金管理者不会通过追加大笔投资的形式来挽救先前对业绩不佳的企业的投资，持续的投资很可能导致巨大的亏损。由于股权投资本身具有高风险性，把基金分散投资于一定数量的项目中也是规避风险的一种方法。第二类是限制基金举债。基金管理者有时会利用财务杠杆以债务方式募集资金以获取更多收益，但这样会给基金投资者带来很大的风险。为了防止此类风险，通常会限制基金举债或规定少量比例，以保证基金投资者所承担的风险在可承受范围内。第三类是关于基金管理者所管理的不同基金的共同投资问题。现实中基金管理者通常会同时管理一支以上基金，这样就会出现机会主义行为，比如基金管理者将第一支基金投资于一个遇到困难的企业中，同时又把第二只基金也投向该企业以弥补先前的亏损。如果出现这种情况，被投企业价值就会夸大，第一支基金的业绩就会虚增，方便基金管理者吸引更多的资金。所以通常会要求基金顾问委员会对这类投资进行评审。第四类是关于利润再投资的问题。通常股权基金从被投企业退出后不再参与投资，如需再投资需要经过基金投资者的同意。

与基金管理者行为有关的限制性条款也包括四类：第一类是限制基金管理者将基金投资者的资金投到其个人进行投资的企业中。如果基金管理者本身也对企业进行个人投资，那么就极有可能过分关注个人投资的企业而忽视对其他企业的管理。第二类是基金管理者合伙股权出售问题。有时基金管理者会将其基金权益份额转让给第三方以降低投资风险，这种转让会使得基金管理者没有任何经济约束，因此会明确禁止基金管理者转让基金份额。第三类是关于同一个基金管理人下一支基金筹集条件限制。募集新的基金会增加基金管理者的管理费收入，但也会使得对上支基金的关注减少。因此，在协议中会规定在一定时期内或一定情况下，如前一支基金的 70% 以上的资金完成投资时，才可募集下一支基金。第四类是增加新的基金管理者。增加新的基金管理者可以减轻现有基金管理者的工作强度，但同时有可能会降低管理质量。因此，一般规定新基金管理者的加入需经过投资顾问委员会、风险控制委员会或者一定比例基金投资者的同意。

（2）股权基金与投资对象的委托代理

第二层委托代理关系表现在股权基金与投资项目之间。在这层委托代理关系中，股权基金是委托人，企业经营者是代理人。股权投资的金融资本和企业实业资本在这个代理过程中进行了充分的结合，并通过企业所有权和经营权相分离的制度安排实现价值转化和增值。① 在实践中，股权基金与投资对象之间的委托代理关系与第一层委托代理关系不同。基金管理者与基金投资者存在重复博弈，而股权基金与投资项目之间的博弈是一次性的。同时，创业企业早期的不确定性和信息不对称性极其严重，产生的逆向选择和道德风险更为复杂。

第二层委托代理关系中产生的逆向选择是双边的逆向选择，包括潜在投资对象的逆向选择和股权基金的逆向选择。对股权基金来说，其潜在投资对象很多，在投资签约之前股权基金对他们的经营能力、发展目标、企业价值和新产品开发等方面比项目方了解得少，容易产生逆向选择，最后导致股权基金有可能选择投资成长前景差的企业。对投资对象而言，在投资签约之前对股权基金的投资实力、投资意图以及投后增值服务能力（包括政府资源优势、人力资源优势、市场开拓优势、帮助企业上市或进行收购活动）等方面的信息掌握非常有限，也容易产生逆向选择，最后导致企业有可能选择投资实力不强的股权基金。

股权基金与所投资项目之间产生的道德风险也是双边道德风险。投资

① 迟晓燕：“论私募股权投资的委托代理与价值流转”，《经济师》，2011 年第 2 期。

对象在获得股权基金投资后，资金的使用权在企业，股权基金很难监督企业方是否按预期努力工作并制定合理的决策，企业方有时候会采取一些损坏股权基金利益而增加自己利益的行为，产生道德风险。同样，股权基金所承诺的增值服务的付出也可能会有不同程度的增减，根据投资的各个项目有侧重地扶持，客观上会对其他企业发展造成限制，同样会产生道德风险。

不管是逆向选择还是道德风险，都会降低市场运行效率，解决的办法就是在两者之间建立有效的激励机制和约束机制。由于该层存在的逆向选择和道德风险是双向的，激励机制和约束机制也是双向的，如对赌条款，即价格调整机制。对赌双方赌的都是未来的不确定性，对赌协议就是对未来可能出现的不同状况作出事先约定。如果约定的条件出现，投资方可以行使一种权利；如果约定的条件不出现，融资方则行使一种权利。[①] 所以，对赌协议实际上就是期权的一种形式。作为一种金融措施，不是设置障碍维护一方的必要利益，而是双方都力争把蛋糕做大，从而使自己拥有的那一份变得更大。对赌条款也是附条件生效的条款，投资中引入对赌条款不仅能够从一定程度上控制投资风险，还能运用激励机制以提高管理层提升业绩的积极性，正激励与负激励并用，对解决股权基金与项目方之间的委托代理问题有很大的促进作用。除此之外，常见的约束机制还有一些投资策略安排，如可转换债、分期投资、优先股、反稀释条款、特别投票权以及投后监管机制等。

3.3 J曲线理论

3.3.1 J曲线理论基本内容

在国际贸易领域，一国货币贬值或升值时，该国贸易收支及经常账户收支状况一般并不会立即改善或恶化，往往要经过一段时间。所谓J曲线（J-curve）理论即本国货币贬值后，与最初发生的情况往往正好相反，经常项目收支状况反而会比原先恶化，进口增加而出口减少。由于这种经常账户收支变动的轨迹成英文字母J的形状，表示先下跌然后上升，所以被称为J曲线（见图3-1）。其原因在于最初的一段时期内由于消费和生产

① 汤巍：“浅谈企业私募股权融资对赌协议”，《企业导报》，2012年第2期。

行为的粘性作用，进口和出口的贸易量并不会发生明显的变化，但由于汇率的改变，以外国货币计价的出口收入相对减少，以本国货币计价的进口支出相对增加，从而造成经常项目收支逆差增加或是顺差减少。经过一段时间后，这一状况开始发生改变，进口商品逐渐减少，出口商品逐渐增加，使经常项目收支向有利的方向发展，先是抵消原先的不利影响，然后使经常项目收支状况得到根本性的改善。这一变化过程可能会维持数月甚至一两年，根据各国不同情况而定。因此汇率变化对贸易状况的影响是具有时滞效应的。所以，为了消灭贸易赤字，某国降低本国汇率，在汇率调整初期，贸易赤字会继续加大，贸易曲线继续向下运行；随着汇率发挥作用，曲线会掉头向上，逐渐消灭逆差。①②③

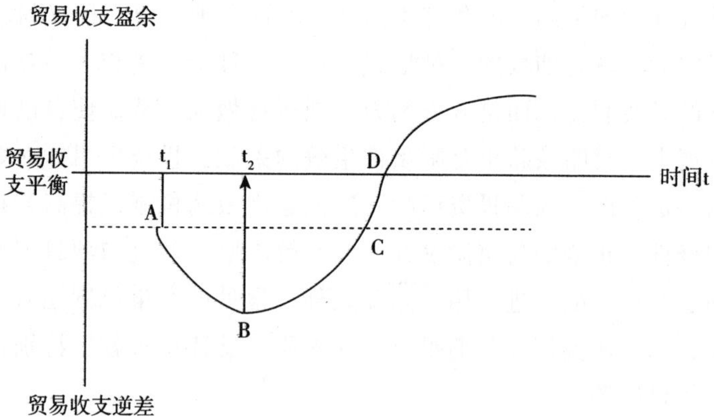

图 3－1　J 曲线效应

金融领域内的 J 曲线与国际贸易中的 J 曲线形状类似，却代表不同的含义。考察股权基金收益情况时，如以时间为横轴，以收益率为纵轴画出一条曲线，这条曲线的轨迹大致类似于字母 J，这种现象被形象地称为股权基金 J 曲线效应。

股权基金也会产生 J 曲线效应。一支股权基金成立之后的 3～5 年属于

① 高兆元："人民币实际有效汇率对进出口贸易的影响分析"，上海交通大学硕士学位论文。
② 曾曦："人民币升值对韶关市机电行业出口的影响研究"，湖南大学硕士学位论文。
③ 张浩楠："人民币实际有效汇率对 FDI 流入的影响"，《金融理论与实践》，2008 年第 5 期。

投资期，在这段时间内基金的任务就是寻找并发现投资机会，然后与被投资企业进行商务谈判、形成投资意向、签订相关法律文件等，即完成项目投资。在投资期内，由于股权基金需要支付管理费以及第三方中介机构各类成本，所投项目企业一般还尚未出现投资回报，所以在这段时间里，基金的收益情况一般会是负收益，即现金的流出持续大于现金的流入，并且随之投资业务的扩大，基金支出也会随之进一步扩大，基金账面亏损会更加严重。当股权基金进入投资后期，投资项目开始陆续出现投资回报，基金收益逐渐由负转正。只有当股权基金进入退出期，即被投资企业陆续通过上市、并购、回购等其他渠道退出时，基金收益才会出现快速攀升，J曲线开始向上。而且，一般在退出期基金管理费比投资期内低，基金成本明显降低。随着退出项目增多，基金收益越来越大，J曲线更为陡峭。所以，J曲线效应就是指股权基金在投资期内现金流出大于现金流入，基金处于亏损状态，当基金进入退出期后，基金扭亏为盈，并且出现陡增的现象。

股权基金J曲线效应主要与股权投资盈利模式及投资策略紧密相关。首先，股权投资以资本利得为主要利润来源。其次，股权投资为获得高额的投资回报一般会选择早中期的企业以较低的价格进入，特别是创业投资，而处于早中期的企业投资收益率非常低，甚至处于亏损状态，即使有利润一般也会用于企业扩大再生产，不会用于股东之间的分配。

3.3.2 超越J曲线

任何一支股权基金的J曲线基本形状不会改变，但是通过调整投资策略可以对J曲线形状进行调整，如缩短盈亏平衡点时间和增大曲线斜率，使得股权基金获利时间最短化、利润最大化，即超越J曲线。

超越J曲线效应的措施主要有：一是加强现金管理。股权基金投资人承付的资金需要几年时间才能完成入资，资金到位后也需要一定时间才能投资结束，资金的返还也是基于被投项目退出后至基金解散才派还给出资者。资金的投入和回收并非一次性，基金管理者需要对现金流进行管理，充分提高资金使用效率，从而提高基金利润率。二是优化投资组合。股权基金为了以较低的股价投资项目，就常常选择一些还处于发展早期的项目，特别是创业投资。但早期项目退出时间长，而且风险大。相反，处于快速发展的后期项目退出快，风险相对较小。因此，股权基金在投资项目时，可以优化投资组合，缩短基金的资金回收时间，从而优化J曲线。除了在投资阶段上进行投资组合，还可以在投资领域进行投资组合，如传统产业领域和高新技术产业领域组合。三是积极探索多渠道退出机制。股权基金有多种退出方式，资本市场是股权投资最青睐的退出方式。但仅靠主板市场远远不够，需要大力发展多层次资本市场。股权基金可以综合考虑上市门槛、交易费用、摘牌制度、股权交易制度等因素，有选择性地在主板、创业板、三板以及四板等不同资本市场退出，实现利益最大化。除此之外，股权基金还要积极探索并购等其他非资本市场退出方式。四是积极发展股权投资母基金。一方面，母基金主要投资优秀的子基金，所以母基金的J曲线一般比子基金的J曲线更为陡峭；另一方面，母基金可以通过二级市场交易投资一些处于投资回收期的子基金，从而缩短盈亏平衡点。因而，股权基金也可开展二级市场业务，以缩短盈利时间。五是注重专业化管理。整个股权投资的运作过程离不开股权投资专业人才的支持，专业的团队是股权投资机构的核心竞争力。何时进行投资、怎么投资、何时退出等问题都要经过专业管理团队的研究，故应加大人才培养和引进力度。股权投资机构应利用高校培养、在职培训等多种形式，吸纳股权投资的复合型人才。同时，还应引进掌握世界前沿科技的人才，充分发挥他们的作用，为发展股权投资奠定牢固的技术基础。

另外，J曲线效应启示股权基金投资人树立正确的投资理念，即股权投资属于长期投资，过分看重短期收益将不利于投资人追求并实现理想的经济利润。

3.4 企业估值理论

3.4.1 企业估值基本理论

企业估值，即企业价值评估，是指注册资产评估师在评估基准日对企业整体价值、股东全部权益价值或部分权益价值进行分析、估算，发表专业意见并撰写报告书的行为和过程。

企业价值评估是将一个企业作为一个有机整体，依据其拥有或占有的全部资产状况和整体获利能力，充分考虑影响企业获利能力的各种因素，结合企业所处的宏观经济环境及行业背景，对企业整体公允市场价值进行的综合性评估。①

企业价值评估是投融资、交易的前提，是投资银行勤勉尽责的重要部分，也是企业价值管理的重要工具。一家投资机构将一笔资金注入企业，应该占有的权益首先取决于企业的价值。企业价值评估有利于对企业或其业务的内在价值进行正确评价，从而确立对各种交易进行定价的基础。同时，企业价值评估是投资银行勤勉尽责的重要部分。对投资管理机构而言，在财务模型的基础上进行企业价值评估不仅是一种重要的研究方法，也是企业价值管理的重要工具，为企业投资、并购、上市等外部产权交易提供科学、合理的价值尺度，更是从业人员的一种基本技能，可以将对行业和企业的认识转化为具体的投资建议，预测企业的策略及其实施对企业价值的影响，深入了解影响企业价值的各种变量之间的相互关系，判断企业的资本性交易对其价值的影响。

企业价值评估的功能主要是把预测数据转换为企业价值。企业价值评估为企业的交易（全部股权的交易、部分股权的交易等）提供价值参考，因此其价值类型在一般情况下应该是市场价值（交换价值），而不应该是其他价值（非市场价值）。当然企业价值评估还有其他目的，有可能需要评估其他价值，如清算价值、控股权溢价等。

企业价值评估是科学性与主观性的结合。企业的金融决策依据是市场价值或者是经评估得出的内在价值，而不是账面价值，账面价值与金融决策基本无关。所以价值评估是一种经济“评估”方法，不同于纯粹的财务计算。评估是一种定量分析方法，使用许多定量模型，因此具有一定的科学性和客观性，而模型只是一种工具，所以评估带有一定的主观性质。然而不能就此断定主观的好坏，因为股权投资中具有很多的不确定性，未来的很多变化不能单纯依靠某种尺度进行衡量，主观的判断也许会更贴近现实，有时候一些评估正是因为主观性的添加才更有价值。

企业价值评估具有时效性。价值评估提供的信息不仅仅是企业价值的一个数据，还包括评估过程中的大量信息。企业价值评估是一种行为和过程，不仅要重视评估的结果，更要重视获得评估结论的过程所提供的信息

---

① 段沛佑、马晓宁、刘虹：“我国物流企业的价值评估体系建设研究”，《价值工程》，2013年第27期。

功能。比如企业价值由哪些因素来驱动，销售净利润增长率对企业价值的影响有多大，提高资本报酬率对企业价值的影响有多大等。企业价值会随着企业状况和市场状况的变化而变化，企业评估所依赖的因素也在不断变化当中，新的信息引起的评估结果可能会有很大不同，而上述这些因素是企业价值变动的重要因素，不能只关注评价结果不注意评估过程中产生的这些中间信息。

企业价值评估是一项综合性的资产评估，是对企业整体经济价值进行判断、估计的过程，主要是服从或服务于企业的产权转让或产权交易。因企业兼并、收购、股权重组、资产重组、合并、分设、股票发行、联营等经济交易行为的出现和增多，企业价值评估的应用空间得到了极大的拓展，企业价值评估在市场经济中的作用也越来越突出。①

企业估值不仅限于实体资产，还有无形资产。股权投资主要集中在科技企业，科技企业中科技资产是一种无形资产，是企业产品品质、商标、资信、盈利能力等方面综合实力的体现，是企业的宝贵财富，管理好科技资产可使企业产生巨大的经济效益。科技资产评估对于盘活企业资产、促进产权重组、加速企业生产经营与国际市场接轨都具有极其重要的意义。企业估值的范围很广泛，并且不单单是只看评估结果中的一些数据，还注重评估过程中的一些依据要素、评估方法等。

企业估值中要明确的价值概念有市场价值和非市场价值两类。市场价值理论上是指企业在评估基准日公开市场（或充分竞争市场）上最有可能实现的交换价值，即交换价格。评估企业的市场价值所使用的信息数据都应来源于市场。而非市场价值是一系列不符合市场价值定义的价值类型的总称或集合，主要有投资价值、持续经营价值、保险价值、清算价值等。

投资价值是指企业对于具有明确投资目标的特定投资者或某一类投资者所具有的价值，即企业利用价值，如企业并购中的被评估企业对于特定收购方的收购价值、关联交易中的企业交易价值、企业改制中的管理层收购价值以及股权投资中的企业投资价值等。

持续经营价值是指被评估企业按照评估基准日时的用途、经营方式、管理模式等继续经营下去所能实现的预期收益（现金流量）的折现值，即

---

① 方行："浅析企业价值评估"，《技术经济与管理研究》，2005 年第 2 期。

企业获取剩余价值的能力。企业的持续经营价值是一个整体的价值概念，是相对于被评估企业自身既定的经营方向、经营方式、管理模式等能产生的现金流量和获利能力的整体价值而言的。由于企业的各个组成部分对企业的整体价值都有相应的贡献，企业持续经营价值可以按企业各个组成部分资产的相应贡献分配给企业的各个组成部分，即构成企业各个部分资产的在用价值。

清算价值是指企业处于清算、迫售、快速变现等非正常市场条件下所具有的价值。从数量上看，企业的清算价值是指企业停止经营，变卖所有的资产减去所有负债后的现金余额。这时企业价值应是其构成要素资产的可变现价值。

保险价值是指根据企业的保险合同或协议中规定的价值定义确定的价值。

3.4.2 传统企业估值方法

企业价值评估是实现基于价值的投资和管理的根本基础。随着世界范围内的高新技术及科技产业的蓬勃兴起，高新技术对经济发展的贡献越来越明显。科技企业的发展壮大通过兼并、收购、股权重组等方式实现，而在运用这些方式进行企业扩张的过程中企业价值评估都是必不可少的。

从技术的角度来看，企业估值主要基于三种基本角度：着眼于历史，着眼于现在，着眼于未来。着眼于历史投入的是基于资产的评估方法，着眼于现在的是基于市场的评估方法，着眼于未来净收入的是基于盈利能力的评估方法。

（1）基于资产的评估方法

资产价值评估法也叫历史成本法，是利用企业现存的财务报表记录，对企业资产进行分项评估，然后加总的一种静态评估方式，主要包括账面价值法和重置成本法。

①账面价值法。账面价值是指资产负债表中股东权益的价值或净值，主要由投资者投入的资本加企业的经营利润构成，反映了资产未折成现值的历史成本，是基于会计准则决定的净值。其计算公式为：目标企业价值＝目标企业的账面净资产。但这仅是对企业的存量资产进行计量，无法反映企业的赢利能力、成长能力和行业特点。为弥补这种缺陷，在实践中往往采用调整系数，对账面价值进行调整，计算公式为：目标企业价值＝目

标企业的账面净资产×（1+调整系数）。[1]

②重置成本法。重置成本是指并购企业自己重新构建一个与目标企业完全相同的企业需要花费的成本。当然，必须要考虑到现存企业的设备贬值情况。其计算公式为：目标企业价值=企业资产市场全新的价格-有形折旧额-无形折旧额，或目标企业价值=企业资产市场全新的价格×综合成新率。

以上两种方法都以企业的历史成本为依据对企业价值进行评估，最重要的特点是采用了将企业的各项资产进行分别折价再相加综合的思路，实际操作简单易行。其最大的缺点在于将一个企业有机体割裂开了。企业不是土地、生产设备等各种生产资料的简单累加，企业价值应该是企业整体素质的体现。将某项资产脱离整体单独进行评估，其成本价格将和它给整体带来的边际收益相差甚远。企业资产的账面价值与企业创造未来收益的能力相关性极小。因此，其评估结果实际上并不是严格意义上的企业价值，充其量只能作为价值参照，提供评估价值的底线。[2][3]

（2）基于市场的评估方法

基于市场的评估方法被称为市场比较法，市场比较法是基于类似资产应该具有类似价格的理论推断，其理论依据是替代原则。市场法实质就是在市场上找出一个或几个与被评估企业相同或近似的参照企业，在分析、比较两者之间重要指标的基础上，修正、调整企业的市场价值，最后确定被评估企业的价值。运用市场法的评估重点是选择可比企业和确定可比指标。

首先在选择可比企业时，通常依靠两个标准：一是行业标准，二是财务标准。其次在确定企业价值可比指标时，要遵循一个原则，即可比指标要与企业的价值直接相关。通常选用三个财务指标：EBIDT（利息、折旧和税前利润），无负债净现金流量和销售收入。其中，现金流量和利润是最主要的指标，因为它们直接反映了企业盈利能力，与企业价值直接

① 卫晶：“基于空间场视角下的企业价值评估”，河海大学硕士学位论文。

② 史静：“基于现金流量折现法的企业价值评估研究”，北京交通大学硕士学位论文。

③ 李永华：“参数不确定性情形下的企业价值评估——基于蒙特卡罗模拟”，天津财经大学硕士学位论文。

相关。[1]

市场比较法通过参照市场对相似的或可比的资产进行定价来估计目标企业的价值，所以市场比较法更依赖于交易信息。在交易市场尚不完善的情况下这种方法的使用受到一定限制。

（3）基于盈利能力的评估方法

基于盈利能力的评估方法即现金流量贴现法（DCF），又称拉巴波特模型法，是在考虑资金的时间价值和风险的情况下，将发生在不同时点的现金流量按既定的贴现率统一折算为现值再加总求得目标企业价值的方法。[2]

现金流量贴现法的原理就是把企业未来特定期间内的预期现金流量还原为当前现值。由于企业价值的主要关注点是它未来盈利的能力，因此，只有当企业具备这种能力，它的价值才会被市场认同，因此理论上通常把现金流量贴现法作为企业价值评估的首选方法，在评估实践中也得到了大量的应用，并且已经日趋完善和成熟。[3]

现金流量贴现法的基本公式为：

$$V = \sum_{t=1}^{n} \frac{CF_t}{(1+r)^n}$$

式中：

V——企业的评估值；

n——资产（企业）的寿命；

CF_t——资产（企业）在t时刻产生的现金流；

r——反映预期现金流的折现率。

从上述计算公式我们可以看出，该方法有两个基本的输入变量：现金流和折现率。因此在使用该方法前首先要对现金流作出合理的预测。在评估中要全面考虑影响企业未来获利能力的各种因素，客观、公正地对企业未来现金流作出合理预测。其次是选择合适的折现率。折现率的选择主要是根据评估人员对企业未来风险的判断。由于企业经营的不确定性是客观

① 王棣华：“企业价值评估方法有关问题研究”，《海南金融》，2007年第11期。

② 袁天荣、王布衣：“企业价值评估方法探析”，《财会月刊（A会计）》，2004年第6期。

③ 郑小勇：“企业并购中目标企业价值评估的确定——以A企业收购B企业为例”，对外经济贸易大学硕士学位论文。

存在的，因此对企业未来收益风险的判断至关重要，当企业未来收益的风险较高时，折现率也应较高，当未来收益的风险较低时，折现率也应较低。

现金流量折现法在实际操作过程中主要会遇到下列困难：①难以准确估算预测期现金流量，误差可能比较大。②不易把握预测期限的时间跨度，一般的预测期为 10 年，但这个期限设定较为笼统。③估算必要的预期收益率有困难。[①]

（4）期权价值评估法

期权价值评估法下，利用期权定价模型可以确定并购中隐含的期权价值，然后将其加入到按传统方法计算的静态净现值中，即为目标企业的价值。期权价值评估法考虑了目标企业所具有的各种机会与经营灵活性的价值，弥补了传统价值评估法的缺陷，能够使并购方根据风险来选择机会、创造经营的灵活性。风险越大，企业拥有的机会与灵活性的价值就越高。但在研究中还存在一些需要解决的问题，例如在使用期权定价模型时并未对该模型的假设条件予以严格的检验。事实上，很多经济活动的机会收益是否符合几何或对数布朗运动规律，有待继续研究。在实务中很少单独采用该方法得到最终结果，往往是在运用其他方法定价的基础上考虑并购期权的价值后，加以调整得出评估值。[②]

总之，企业价值评估是以一定的科学方法和经验水平为依据的，但本质上是一种主观性很强的判断。不同的方法、不同的评估主体结果不一样，这也决定了企业估值使用的局限性。在实践中，应该针对不同对象、不同目的选用不同方法进行估价，必要的时候可以交叉采取多种方法同时估价。一般来说，评估企业价值需要两种技巧：第一种是分析能力，既需要理解及应用数学模式去评估企业价值。第二种，也是更重要的，就是拥有良好的判断能力。很多时候数学模式均带有假设成份，很多资料如企业经营管理能力是不能量化的或没有足够数据去衡量的，因此运用数学模式所得到的企业价值只能作参考。由于估价目的十分狭窄，企业价值评估除了可以为产权交易提供一个合理的基础价格外，更重要的是重组前后的价

① 陈卫荣：“风险投资退出机制研究”，浙江大学硕士学位论文。

② 袁天荣、王布衣：“企业价值评估方法探析”，《财会月刊（A 会计）》，2004 年第 6 期。

值对比可以成为企业管理层是否进行战略重组的决策工具。①

3.4.3 高新技术企业估值特点

由于科技企业具有特殊的成长与发展模式，其在价值构成与估值方面具有不同于传统产业的特点。对于科技企业来说，企业价值很大程度上体现为对未来拥有的机会。高新技术是多阶段的，并且经营风险大，竞争激烈，企业经营产生稳定的现金流比较困难。传统的企业估值方法用于高科技企业时有些指标几乎不起作用，如对互联网科技企业，传统价值评估模型常用的有些相关指标就几乎不起作用。由于高科技企业自身的产业特点，其在估值方面具有不同于传统企业的以下特点：

（1）高科技企业与传统企业相比具有高投入、高风险、高收益的特点

由于新技术、新产业不断涌现，知识更新速度加快，产品的生命周期缩短，企业的外部环境愈加动荡和不确定，高科技企业具有不同于传统企业的成长模式和发展特点。知识的不可储存性和创新效益的溢出效应，使高科技企业的投资风险大大增加，预期收益提高，收益的不确定性增强。另外，高科技产业和产品都是建立在全新的科学研究成果和新技术应用的基础上，是前所未有的事业，具有很大的不稳定性。此外，一项新的科技成果转化为一种新产品，中间要经过工艺技术研究、产品试制、中间试验和扩大生产、上市销售等多个环节，每一个环节都有失败的风险。高科技产品生命周期的特征清晰地反映了高科技企业的高风险特点，它的寿命周期中伴随着多代产品的更新换代过程，在产品、技术更迭频繁的情况下，企业前期的大量投入，往往由于技术发展或创新上的时滞而失败。在风险方面，高科技企业的成功率要比其他企业低得多，这主要源于高科技企业的不确定性与信息的低透明性。由于多数高科技企业是处于发育成长早期的新生企业，信息透明度较低，这种低信息透明度会带来投资决策和管理上较大的盲目性，增加了市场的风险性。在收益方面，由于高科技企业一般具有较强的垄断力，产品在得到市场的认可之后，将产生很强的扩张能力。②

---

① 高天宏："论企业价值评估方法及应用"，《安徽商贸职业技术学院学报》，2003 年第 2 期。

② 林鸿飞："高科技企业估值方法及其应用——中兴通讯的案例分析"，厦门大学硕士学位论文。

（2）高科技企业发展的阶段性与决策的动态序列性

高科技企业科技创新活动一般要经过研究开发、中间实验、商业化等阶段，每一个阶段都孕育着巨大风险，每个阶段风险的水平、特征差别较大，而在整个项目进行过程中采用同一个折现率，显然不能反映技术创新的阶段性差异。

高科技企业的另一个重要特征是决策的动态序列性，投资者可以根据前一阶段的研究成果和对最新市场信息的把握，不断地调整预期现金流，重新对科研成果的经济价值进行评估并作出新的决策，传统的方法显然不能应对这种调整。科研成果研究开发成功后，如果市场前景看好，则追加科技成果商品化所需的后续投资（相当于执行期权合约）；如果市场前景不看好，则暂时不追加后续投资（相当于不执行期权合约），而是等待投资时机的到来，这样就可以把风险锁定在研究开发费用的范围内。

（3）无形资产和技术创新在高科技企业中的重要作用

对于高科技企业，无形资产和不间断的创新活动在企业的盈利活动中起着更为重要的作用，无形资产的时效性以及企业的创新能力对企业影响显著。无形资产是高科技企业的主要资产形态之一，其重要性超越了货币资本和实物资产。作为高科技企业的主要资源，无形资产的评价是高科技企业估值的主要难题。由于有些高科技企业只拥有少量的有形资产，账面价值是微不足道的，这些企业的估值主要依赖于对无形资产的评估。①

（4）高科技企业缺乏传统估值方法所需要的数据

①一部分高科技企业缺乏历史盈利记录。这意味着无法根据现在的盈利来计算盈利增长率，无法使用传统估值模型，对于亏损企业而言，市盈率没有任何意义。②大部分新成立的高科技企业缺乏历史数据。也就是说，缺乏一定数量的经营信息，这对评估来说，预测和推断将缺乏有说服力的依据。因为通常是利用过去的数据来估计当前的输入变量，如估计风险系数和每年的营运资本。③缺乏可比企业。由于高新技术千差万别，一般很难找到行业、技术、规模、环境及市场都相当类似的可比企业，缺乏这方面的信息给评估增加了更多的困难。④缺乏对高科技企业风险的有效计量。现有的估值方法一般是基于现有的高科技企业可以持续经营下去的

① 黄晓斐："高科技风险企业的价值评估研究"，上海交通大学硕士学位论文。

假设，但从历史上看，大部分新兴的高科技企业最终被市场淘汰，十年后仍能生存的只有少数。①

3.4.4 股权投资企业估值

企业估值是股权投资中缺一不可的重要环节，主要表现为股权基金投资项目时需要对投资对象进行估值。另外，股权基金从投资项目中退出时还要对项目企业进行估值，如并购、转让、回购前都要对项目企业进行估值。目前，虽然股权投资在实践中基本上都是利用传统的估值方法来对投资项目进行估价，如PE法（市盈率法）和现金流量贴现法等。但由于股权投资盈利模式的特殊性，传统的估值方法表现出一定的缺陷。

（1）传统企业估值方法的缺陷

传统企业估值方法用于股权投资存在的缺陷主要表现在以下几方面：一是股权投资的投资对象以科技型企业为主，由于科技型企业本身估值的特殊性，传统的估值方法存在诸多不足之处。二是传统企业估值方法是在投资收益基础上对企业进行估值，但投资收益仅是股权基金利润的一小部分，其利润主要来源于股价利差。而股价利差除了受传统企业估值方法考虑的因素影响外，更为关键地还受退出方式的影响。不同的退出方式，盈利水平相差很大。例如，如果股权基金计划通过IPO退出，那么影响上市的各项因素都要考虑。三是股权投资企业估值其实是股权基金与项目方进行博弈的过程，其中项目方的预期对企业估值影响很大。一般通过股权方式融资的企业都是潜在的优质企业，上市是企业发展战略。企业一旦上市，公司股价完全由市场决定，即由交换价值决定。因此，项目方对公司未来的价值留有很大的想象空间，但传统的估值方法都没有考虑这个因素。四是传统企业估值方法基本建立在会计形式的资产基础上，而股权投资看中的不仅仅是财务报表上的资产。因为股权投资以整个企业为投资对象，所以企业非会计的资源也是股权投资估值的重要因素，如高层管理的知识结构、性别结构、年龄结构以及公司股东结构等。

（2）股权投资企业估值展望

企业估值是股权投资十分重要、十分关键的环节，但与传统企业估值完全不同。这引起了业内专家和学者的高度关注，并试图从理论上寻找新

① 陈卫荣：“风险投资退出机制研究”，浙江大学硕士学位论文。

的估值模型。

股权投资企业估值模型需要满足以下条件：一是要基于股权基金盈利模式，特别是要充分考虑从项目方退出获得的高额资本利得；二是要充分考虑股权基金不同退出方式的预期收益及成功退出概率，比如股权基金一般有 IPO、并购、回购、转让以及清算等几种退出方式，各种退出方式的预期收益及概率均不同；三是要充分考虑科技型企业的估值特点，如轻资产、高风险等。

3.5 企业生命周期理论

3.5.1 企业生命周期基本理论

企业生命周期理论是从企业生命体的生存、发展角度来考察企业的成长，把企业看作一个活的生命体，动态地评价企业各成长阶段的特点及管理策略，从而揭示企业成长与老化的部分规律。

企业生命周期的研究建立在以下基本假设的基础之上：首先，盈利目的。从经济学的角度来讲，利润最大化是企业最基本的目的。利润是企业生命得以延续的基础，也是企业实现其他非经济目标的平台。但这里的盈利必须是合法的盈利，不通过合法利润方式来实现价值，企业生命自然无法延续。其次，持续经营。企业的持续经营是假设企业建立后会持续不断地经营下去，不考虑企业会有计划地解散或消亡。持续经营是企业生命周期的基础。再次，环境公允。企业发展所面临的环境非常复杂，为了便于研究，企业生命周期假设企业所面临的环境是公允的，市场对企业的影响是同等的。最后，分期假设。企业生命周期是按照一定的标准人为地将企业的发展过程划分为若干阶段，以此来具体分析企业发展各阶段的特征。所以，并不是每个企业的发展都必须经历这些阶段。[①]

目前，影响较为广泛的是爱迪思创立的生命周期理论。他在著作《企业生命周期》中提出了生命周期的概念，描述了生命周期各阶段的企业行为特征。爱迪思认为，生命周期的概念不只是适用于生命体，也适用于企业这样的组织。企业的成长与老化同生物体一样都是通过灵活性和可控性这两大因素之间的关系来表现的。灵活性与可控性决定了企业在生命周期

① 李永峰、张明慧："论企业生命周期"，《太原理工大学学报（社会科学版）》，2004 年 9 月。

中所处的位置，成功管理的关键不是排除所有问题，而是把注意力集中到企业目前所处的生命周期阶段中所存在的问题，这样企业才能成长并成熟起来，去面对下一个生命周期阶段的问题。企业年轻时充满灵活性，但控制力却不一定总是很强；企业老化时，控制力增加了，但灵活性却减少了。规模和时间都不是引起成长与老化的原因，一家有传统的大公司不一定就老化，一家没有传统的小公司不一定就年轻。爱迪思将企业的生命周期划分为 10 个阶段：孕育期、婴儿期、学步期、青春期、盛年期、稳定期、贵族期、官僚化早期、官僚期、死亡期（见图 3－2）。[①] 企业稳定期之前统称为成长阶段，之后统称为老化阶段。从成长阶段转变为老化阶段，企业会出现一些微妙变化。我国学者对企业生命周期的划分大约包括五个阶段：种子期、初创期、成长期、成熟期和衰退期。[②]

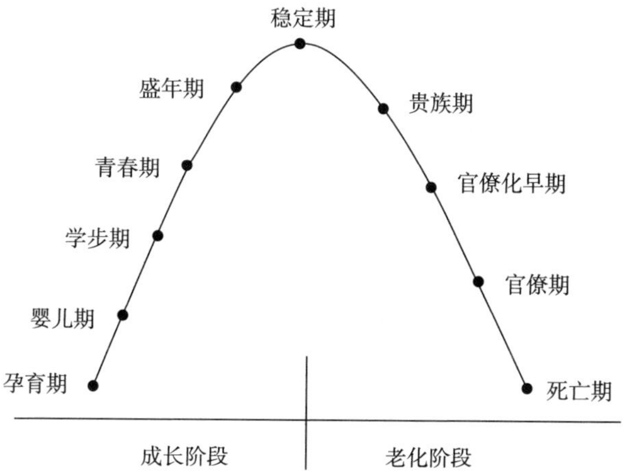

图 3－2　爱迪思企业生命周期曲线

企业生命周期理论提供了分析企业在存续期内的动态发展过程的一种参照模式，包括发展、成长、成熟、衰退几个阶段。企业生命周期理论的研究目的就在于试图为处于不同生命周期阶段的企业找到能够与其特点相适应、并能不断促进其发展延续的特定组织结构形式，使得企业可以从内

---

① 朱敏：“基于企业生命周期理论的奥玛公司成长对策研究”，湘潭大学硕士学位论文。
② 肖海林：“企业生命周期理论辨析”，《学术论坛》，2003 年第 1 期。

部管理方面找到一个相对较优的模式来保持企业的发展能力，在每个生命周期阶段内充分发挥特色优势，进而延长企业的生命周期，帮助企业实现自身的可持续发展。①

3.5.2 企业生命周期理论在股权投资中的运用

企业生命周期理论对股权投资的启示有两方面：一是股权投资是从另外一个角度满足企业的融资需求。如果债权融资是企业成长过程中需要的碳水化合物，那么股权融资就是企业成长过程中需要的蛋白质。二是企业在不同的发育阶段，需要的股权融资也不一样，好比蛋白质也有动物蛋白质和植物蛋白质，后者更易消化。也就是针对企业所处的发展阶段，对应不同类型的股权投资，即对处于种子期、初创期、成长期、成熟期各个时期的企业由相关资本对其进行投资，如天使投资基金、创业投资基金、并购基金、夹层资本、成长基金、Pre－IPO 资本（上市前期投资基金）、企业重整基金等。

（1）种子期

种子期是企业生命周期的第一个阶段，这个阶段企业没有正式建立或刚刚组建完成，此时企业并不是真正意义上的经济实体，甚至只是一个创意。种子期的典型特征是没有成型的产品。天使投资专门投资早期项目，甚至于与创业团队共同组建企业。所以，天使投资是种子期项目的启动器，有时即便是一个好的创业构思，只要有发展潜力，就可争取天使投资的资金。天使投资除提供资金外，在企业战略、企业管理以及社会资源整合方面都能给创业者以及企业带来帮助。

（2）初创期

初创期也叫创业期。这一阶段的企业已经建立了一个企业雏形，有较为完整的研发和管理团队，已制定了初步的经营计划，一旦产品开发成功，创业家将为实现产品的经济价值着手进行试生产。虽然企业在初创期已经掌握了较为完善的生产流程，但此时供应商、客户关系等都刚刚建立还尚需完善，而且新产品要被市场接受需要一个过渡阶段。这时的企业竞争力仍然很弱，容易面临同行业的兼并收购风险，也会由于企业发展不顺利、市场前景黯淡等而面临消亡。初创期企业有个典型的财务特征就是企

① 唐桂芳："基于组织生态学视角的微型企业成长机制研究"，西安电子科技大学硕士学位论文。

业内部资金还不能形成良性循环。而创业投资基金专门投资于初期的企业，除具有资金优势处，还具有丰富的企业管理经验以及资源，对于初创期企业来说，引进创业投资基金可以对其进行培育和辅导，帮助企业渡过难关。

（3）成长期

渡过初创期，企业就进入了成长期。成长期企业典型的财务特征是企业开始产生净利润。成长期又可分为两个阶段：迅速成长阶段和稳定成长阶段。在迅速成长阶段，企业基本形成了自己独特的产品系列，产品市场份额稳步提高，市场竞争能力逐渐增强，业绩增长速度加快。经过快速的增长和积累之后，市场竞争者增多，产品市场份额增长速度减缓，企业进入了稳定成长阶段。在这一阶段，企业已经接近成熟，在向成熟期过渡。这时，企业在竞争中已经有了比较明确的市场定位，为了保持现有的发展速度，企业会不断寻求新的业务，寻求新的利润增长点。但与此同时一个关键的问题是在企业成长中需要大量的资金投入，如果不能及时解决，可能会失去刚刚建立的市场甚至更糟。因此企业在成长期阶段就需要夹层基金、成长基金的支持。①

（4）成熟期

这一阶段，企业的产品和市场占有率已经得到承认，生产规模得到提高，技术、管理能力相对成熟，企业利润率保持基本稳定。此阶段的销售增长速度开始放缓，企业发展速度开始下降并进入稳定期。此时，企业可以利用建立起来的规模效应和品牌效应等优势引入 Pre－IPO 资本，帮助企业获得资金并进一步开发新的市场以保持企业的可持续发展。②

（5）衰退期

衰退期企业的通常表现是市场份额下降，销售锐减；费用紧张，各项开支捉襟见肘，企业开始出现亏损；前途不明，员工不断流失；管理阶层的官僚主义、本位主义严重，部门之间相互推诿责任、士气低落。处于衰退期的企业已没有任何发展潜力，各类投资基金无法从企业的发展中获得利润，此时，企业被竞争对手接管、兼并的可能性较大。因此，针对衰退

① 郭云：“论企业生命周期的财务特征与管理策略”，《山东工商学院学报》，2005 年第 6 期。

② 李宁：“基于企业生命周期的科技型中小企业融资方式问题探讨”，《商场现代化》，2010 年第 10 期。

期的企业重整基金就能发挥作用。

3.6 “死亡谷”理论

3.6.1 “死亡谷”基本理论

企业从创立到长大，再到成熟通常要经历很多艰难困苦，而成立初期最困难的阶段莫过于“死亡谷”（见图3－3）。横轴表示时间，代表企业的部分生命周期过程，从种子期到初创期，到成长期，到成熟期，再到稳定期。纵轴表示企业的营业收入。“死亡谷”多存在于处于创业初期的中小企业中，是企业发展过程中最困难的时期，也是最容易夭折的时期。

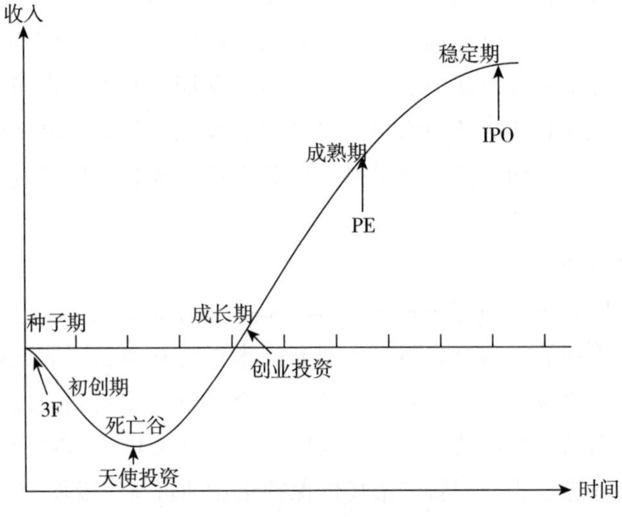

图3－3 企业成长与“死亡谷”

在企业创立之初，从理论上企业的财务状况应当是零：没有收入，也没有支出。但企业开始正常运营，就一定产生支出，当企业从种子期步入初创期时，企业或者没有收入，或者即使有了一定的收入，但还不能弥补它的各种费用支出，企业面临财务困境。即使企业开发了一些业务，产生了一定的收入，但其支出仍然大于其收入，使企业处于“死亡谷”之中。所以，“死亡谷”是企业最容易“死亡”的阶段，这个时期是创业企业最为艰难的时期。企业面临数不尽的困难，而融资难是企业面临的首要问题，此时许多企业来自3F（Friend、Family、Fools）的自由资金已经枯竭，由于缺乏其他资金来源而不得不到处举债。如果企业已经穷竭了融资的渠道，恐怕就会濒临死亡。很多企业可能会消失在“死亡谷”中，还有一些企业会在“死亡谷”中苦苦挣扎，持续一段相当长的时间，我们把企业成长过程中这个特殊的阶段称为“死亡谷”。

3.6.2 “死亡谷”理论在股权投资中的运用

“死亡谷”的核心问题就是企业资金短缺问题。企业从成立，经历初创期、成长期到成熟期，直至衰亡，在各个不同的生命周期，所需的资金量不同，承受的风险也不同。通常，企业越是年轻，尽管所需要的资本量不多，但面临的成长风险越高，特别是科技型企业，因研发风险加剧了科技型企业在早期的成长风险。因而，从事早期投资的股权基金也需要承担更大的投资风险。

天使投资是主要的早期股权投资基金之一。高风险不求经济利润是天使投资的主要特征之一，因而天使投资在帮助企业安全度过“死亡谷”过程中发挥着重要的作用。除天使投资外，创业投资也是帮助企业度过“死亡谷”的重要股权基金之一。因此，发展早期股权投资对帮助企业度过“死亡谷”具有重要的意义。

由于投资风险高，社会民间资本不愿从事早期股权投资，但早期股权投资又非常重要，其缺失将导致市场失灵。因此，政府股权基金对早期股权投资应充分发挥准公共产品的作用，具体形式有天使投资引导基金和创业投资引导基金等。除此之外，政府还应对民间早期投资给予鼓励和扶持。

CHAPTER 4

第4章　股权投资法规环境

法规环境是企业在运营过程中应遵守的各种法律、规章和政策。股权投资法规环境就是股权投资在运营过程中应遵守的相关法律、规章以及政策。各国法律体系及政治制度不同，直接影响到股权投资法规环境。目前，各国还没有专门针对股权投资颁布专门的法律。本章主要以我国《公司法》、《企业合伙法》以及《信托法》等法规阐述股权投资法规环境。这些法规不仅在微观层面涉及股权基金募、投、管、退等各个运行环节，同时涉及行业监管、政府扶持等宏观层面。

4.1　概述

4.1.1　股权投资法规环境的基本内容

股权投资发展历史较短，各国都没有专门制定相应的法律。在一些市场经济比较发达的国家如美国，股权投资法规环境主要以《小企业投资法》以及《统一合伙法》为基础。我国主要是以《公司法》和《合伙企业法》以及《信托法》为基础，加上一些配套法规和制度，构成了股权投资法规环境。

首先是不同组织形式的股权基金对应相应的法律。公司制股权基金对应的法律主要以《公司法》为主，有关基金设立条件、股东的权利与义务、董事会和股东大会的权利与义务以及表决机制等在

《公司法》中都有详细规定。《公司章程》是公司制基金股东之间依据《公司法》制定的基金内部最基本的法律文书，除《公司法》规定的条款外，股东之间还可以通过《公司章程》约定相关事宜。有限合伙制基金对应的法律主要以《合伙企业法》为主，有关基金设立条件、普通合伙人以及有限合伙人的权利与义务、合伙人大会的权利与义务等在《合伙企业法》中都有详细规定。《合伙协议》是有限合伙制基金的合伙人之间依据《合伙企业法》制定的基金内部最基本的法律文书，除《合伙企业法》规定的条款外，合伙人之间还可以通过《合伙协议》约定相关事宜。契约式股权基金对应的法律主要以《信托法》为主，《信托法》对信托产品的设立条件、信托资金的使用、受托人的权利与义务以及投资人资格等都有详细规定。此外，受托人与委托人之间还须签订信托协议，受托方在协议规定下受托管理资金，保证受托资金的安全。

其次是促进股权投资发展的法规。税收优惠是促进股权投资发展的主要措施之一。为了促进股权投资发展，各国在股权投资发展初期都会颁布相应的股权投资税收优惠政策和法规，特别是针对创业投资和天使投资这些早期投资基金，如我国《关于实施创业投资企业所得税优惠问题的通知》就针对创业投资颁布了所得税优惠政策。同时，我国一些地方政府为发展股权投资也相应出台了一些优惠政策，如办公用房租房补贴以及人才优惠政策等。

第三是股权投资的监督法规。股权投资作为代客理财的一种投资手段，金融安全非常重要。各国对股权投资的监管主要以行业自律为主，同时监管部门出台一些行业政策，针对股权基金的资金募集、基金管理人资质以及基金投资领域进行适当监督。我国相关部门陆续出台了一些涉及监督管理的法规，如《关于促进股权投资企业规范发展的通知》、《关于私募股权基金管理职责分工的通知》和《私募投资基金监督管理暂行办法》等。这些法律法规为我国股权投资健康稳步发展提供了保障。目前，各国监管体系还在不断完善之中。

第四是股权投资退出市场法规。退出渠道是否畅通直接影响股权投资发展，特别是资本市场退出渠道。为建立和完善多层次资本市场，我国先后修订了《证券法》、《证券登记结算管理办法》以及关于建立创业板和新三板等的一系列法规制度，以便股权基金在资本市场以证券形式退出。

第五是外商在境内从事股权投资的法规。金融市场是一个相对封闭的市场，尤其是外资进入金融市场会有一定门槛，尤其是进入资本市场。我国针对外资进入股权投资领域制定了一系列法律法规，包括外汇管理、投资领域以及税收优惠等，如《外商投资创业投资企业管理规定》和《关于完善外商投资企业外汇资本金支付结汇管理有关业务操作问题的通知》等。

4.1.2 股权投资法规环境的作用

股权投资法规环境对促进股权投资健康稳步发展发挥着重要作用，具体表现在以下方面：

（1）为股权投资发展提供法律保障。健全的法律法规能规范股权投资的运作，保护投资者的利益，减少投资的法律风险。虽然各国均没有针对股权投资专门立法，但一般会在证券法、证券交易法、基金法等法律中设立专门章节对股权基金资金募集、基金管理人基金注册条件以及基金份额转让等方面进行规范和管理。这些法律法规弱化了行政干预，确保股权基金按照市场机制运行。

（2）为股权投资发展提供税收优惠支持。我国《关于实施创业投资企业所得税优惠问题的通知》第一条规定，创业投资企业采取股权投资方式投资于未上市中小高新技术企业 2 年以上（含 2 年），凡符合规定条件的，可按其对中小高新技术企业投资额的 70% 抵扣该创业投资企业应纳所得税额。这一税收优惠解决了公司制股权基金从事创业投资的双重征税问题，促进了我国创业投资的发展。

（3）为股权投资发展创造良好的退出渠道。资本市场退出是股权投资最为关键的环节，资本市场发展程度直接影响股权投资市场发展。我国为帮助股权基金在多层次资本市场中能顺利退出而制定了系列法规，包括保障有限合伙制股权基金也能通过项目公司上市实现退出。

（4）为股权投资发展防范风险。股权投资一旦发生风险，其危害性虽不如公募基金，但会对金融秩序造成影响。股权投资法规环境一方面促进股权投资发展，另一方面防范股权投资风险，如非法募资以及金融欺诈等。

4.1.3 我国股权投资法规环境存在的问题

我国为促进股权投资健康发展，陆续出台了一系列与股权投资相关的法律法规，如《公司法》、《合伙法》、《信托法》、《私募投资基金监督管理暂行办法》、《证券法》、《外商投资创业投资企业管理规定》、《创业投资企业管理暂行办法》以及《关于促进股权投资企业规范发展的通知》等，法规环境体系在逐步完善。存在的问题主要有：一是虽然颁布了《私募投资基金监督管理暂行办法》，但只是把股权基金纳入私募基金中的一种进行统一监管，没有专门针对股权投资的核心法律；二是多个行政部门出台行政法规，相互之间缺乏协调统一；三是法规滞后于股权投资发展，如早期法规基本以创业投资为主题，不能涵盖现有股权股资的外延；四是法规市场化开放程度不足。

4.2 《公司法》与股权投资

所谓公司制股权基金就是依据《公司法》以及相关配套法规以公司制企业组织形式设立的股权基金。公司制股权基金有两种形式：一种是有限责任公司制股权基金，另一种是股份公司制股权基金。但前者更为常见，因为股份公司设立的门槛较高以及监管相对较严。

《公司法》自颁布后经过多次修订，修订后的《公司法》更加有利于股权投资的发展，特别是2005年《公司法》的修订对发展股权投资发挥了重要作用。2005年《公司法》修订（2006年1月实施）的主要内容有：一是降低了公司设立门槛，有利于创业。门槛的降低主要体现在两个方面：一方面有限责任公司的注册资金门槛由10万元降低为3万元，股份公司的注册资金门槛由1 000万元降低为500万元；另一方面新增股东为一个自然人或者一个法人的一人公司。设立公司门槛降低，意味着创业自由度大幅度提升，拓宽了创业投资发展空间。二是增强了公司对外投资权力，有利于投资性公司发展。修订前《公司法》规定，公司对外投资不得超过净资产的50%，修订后取消了这个限制，有助于投资性公司的设立与对外投资。三是增强了股东权力，有利于实业资本与智力资本结合。以往有关股东之间的一些硬性条款变为软性条款，如修订前《公司法》规定股东按照所持股份比例进行分红，但修订后强制性条款变为软性条款，附加“股东会决议另有规定的除外”，即分红可以由股东协商决定。四是降低了公司出资要求，提高了资金使用效率。修订前规定公司注册资本须一次性到位，修订后规定公司注册资金按照规定的比例在2年内分期缴清，首次出资不能低于注册资本的20%，而投资性公司可以在5年内缴足，从而提高了投资公司的资金使用效率。五是股份公司的发起人数变更为2～200人。

2014年3月开始实施的《公司法》的主要变化有五个方面：一是取消了注册资本最低额的限制，包括股份公司500万元最低注册额度限制；二是取消了有限责任公司货币出资不得低于注册资本30%的限制；三是注册资本由实缴登记制改为认缴登记制，取消了公司设立时股东（发起人）的首次出资比例和最长缴足出资期限的限制；四是公司实收资本不再作为工商登记事项；五是取消了验资程序。这次修订的主要目的就是进一步简政放权，构建公平竞争的市场环境，调动社会资本力量，促进小微企业特别是创新型企业成长，带动就业，推动新兴生产力发展。

4.2.1 基金设立规定

（1）基金法人地位

《公司法》第三条规定，公司是企业法人，有独立的法人财产，享有法人财产权。公司以其全部财产对公司的债务承担责任。有限责任公司的股东以其认缴的出资额为限对公司承担责任；股份有限公司的股东以其认购的股份为限对公司承担责任。所以，公司制股权基金享有独立的法人地位。

《公司法》第十五条规定，公司可以向其他企业投资；但是，除法律另有规定外，不得成为对所投资企业的债务承担连带责任的出资人。所以，公司制股权基金可以对外进行股权投资，而且不承担连带责任。

（2）基金股东出资

《公司法》第二十七条规定，股东可以用货币出资，也可以用实物、知识产权、土地使用权等可以用货币估价并可以依法转让的非货币财产作价出资；但是，法律、行政法规规定不得作为出资的财产除外。因投资业务要求，股权基金都以货币方式出资。

（3）有限责任公司制股权基金设立条件

《公司法》第二十三条、第二十四条规定，设立有限责任公司应当具备下列条件：①有限责任公司由50个以下股东出资设立；②有符合公司章程规定的全体股东认缴的出资额；③股东共同制定公司章程；④有公司名称，建立符合有限责任公司要求的组织机构；⑤有公司住所。

按照以上设立公司的5个条件规定，再根据各地工商及股权投资主管部门出台的相关规定，设立有限责任公司制股权基金应具备如下条件：①设立有限责任公司制股权基金，基金股东人数必须在50人以下；②基金注册资金最低限额，按照各地工商及监管部门规定，限额有所不同；③有全体股东签字、确认的基金公司章程；④有基金公司名称，如＊＊投资有限责任公司或＊＊投资管理有限责任公司等；⑤有专业管理团队，按照相关主管部门规定，公司制股权基金应具备一定数量的具有丰富经验的专业管理人员。

（4）股份有限公司制基金设立条件

《公司法》第七十六条至第八十条规定，设立股份有限公司，应当具备下列条件：①设立股份有限公司，应当有2人以上200人以下为发起人，其中须有半数以上的发起人在中国境内有住所。②股份有限公司的注册资本无具体要求，法律、行政法规对股份有限公司注册资本的最低限额有较高规定的，从其规定。股权投资主管部门或工商部门一般对股份公司制基金最低注册资金都会有要求。③ 股份发行、筹办事项符合法律规定。股权基金的资金募集采取私募方式，即不得以任何公开的方式，或者变相公开的方式，直接或间接向社会非特定投资人募集资金。④发起人承担公司筹办事务并签订发起人协议，明确各自在公司设立过程中的权利和义务，并制定公司章程。⑤有公司名称，建立符合股份有限公司要求的组织机构。⑥有公司住所。

（5）基金展期

《公司法》第一百八十一条规定，公司可以通过修改公司章程而存续，但前提是有限责任公司须经持有2/3以上表决权的股东通过，股份有限公司须经出席股东大会会议的股东所持表决权的2/3以上通过。所以，公司制股权基金可以通过股东大会展期。

4.2.2 基金治理规定

我国公司治理结构采用的是“三权分立”制度，即决策权、经理管理权、监督权分立，分属于股东会、董事会或执行董事、监事会或监事。通过权力制衡，使三个组织机构各司其职，又相互制约，保证公司顺利运营。

《公司法》第三十六条、第三十七条和第九十七条规定，公司设立股东会，股东会的职权包括：①决定公司的经营方针和投资计划；②选举和更换非由职工代表担任的董事、监事，决定有关董事、监事的报酬事项；③审议批准董事会的报告；④审议批准监事会或者监事的报告；⑤审议批准公司的年度财务预算方案、决算方案；⑥审议批准公司的利润分配方案和弥补亏损方案；⑦对公司增加或者减少注册资本作出决议；⑧对发行公司债券作出决议；⑨对公司合并、分立、解散、清算或者变更公司形式作出决议；⑩修改公司章程；⑪公司章程规定的其他职权；⑫查阅公司章程、股东名册、公司债券存根、股东大会会议记录、董事会会议决议、监事会会议决议、财务会计报告，对公司的经营提出建议或者质询。

《公司法》第四十四条、第四十九条以及第一百零八条规定，公司设立董事会或执行董事，其中有限责任公司的董事会成员为 3 ~ 13 人，股份公司的董事会成员为 5 ~ 19 人，董事会的职权包括：①召集股东会会议，并向股东会报告工作；②执行股东会的决议；③决定公司的经营计划和投资方案；④制订公司的年度财务预算方案、决算方案；⑤制订公司的利润分配方案和弥补亏损方案；⑥制订公司增加或者减少注册资本以及发行公司债券的方案；⑦制订公司合并、分立、解散或者变更公司形式的方案；⑧决定公司内部管理机构的设置；⑨决定聘任或者解聘公司经理及其报酬事项，并根据经理的提名决定聘任或者解聘公司副经理、财务负责人及其报酬事项；⑩制定公司的基本管理制度；⑪公司章程规定的其他职权。

《公司法》第五十一条和第一百一十八条规定，公司设立监事会或监事，其中股份公司的监事会成员不得少于 3 人，监事会或监事的职权包括：①检查公司财务；②对董事、高级管理人员执行公司职务的行为进行监督，对违反法律、行政法规、公司章程或者股东会决议的董事、高级管理人员提出罢免的建议；③当董事、高级管理人员的行为损害公司的利益时，要求董事、高级管理人员予以纠正；④提议召开临时股东会会议，在董事会不履行本法规定的召集和主持股东会会议职责时召集和主持股东会会议；⑤向股东会会议提出提案；⑥依照本法第一百五十二条的规定，对董事、高级管理人员提起诉讼；⑦公司章程规定的其他职权。

公司制股权基金虽然也采用股东会、董事会或执行董事、监事会或监事的治理结构，但在内部管理上与一般公司治理稍有不同：一方面，基金公司可以设立一个非常设机构，即投资决策委员会，专门负责基金的投资业务；另一方面，股东大会和董事会对投资业务的决策权较弱。

4.2.3 基金投资工具相关规定

股权投资的投资工具主要分为股权性投资工具、债权性投资工具和介于股权投资与债权投资之间的投资工具。股权性投资工具主要有普通股、优先股；债权性投资工具主要有普通债、公司债券；介于股权投资与债权投资之间的投资工具主要有可转换债，即附认股权债。《公司法》直接关系到普通股与优先股的法律地位，从而影响到投资策略的实施，如对赌协议、股权回购等。

普通股是指在公司的经营管理和盈利及财产的分配上享有的普通股东权利，是应用最广、最为重要的一种股权或股票。普通股在股权投资中存在一些不足：一是股权基金拥有的目标公司的股权可能被稀释，从而影响股权基金对目标公司的控制和收益；二是股权基金作为普通小股东一般不参与公司决策，如果投资失败，无法优先于原始股东分割企业剩余财产。所以，普通股难以满足股权基金控制风险、实现利益最大化的要求。

优先股是相对于普通股而言的，指在利润分红、剩余财产分配以及企业管理权等股东权利方面优先于普通股的股权或股票。优先股依据是否可以转换为普通股，分为可转换优先股与不可转换优先股，其中可转换优先股即允许优先股持有人在特定条件下把优先股转换成为一定数额的普通股。优先股是股权基金常用的一种投资工具。

可转换优先股的好处在于可大大降低企业与股权基金之间的信息不对称和不断讨价还价的交易成本，有效避免企业可能隐瞒盈利或在财务上弄虚作假等的短期投机行为，减少道德风险。同时，股权基金可以在持股期间对企业的经营、财务状况进行跟踪和了解，为今后转股选择提供依据。企业经营不好时，股权基金可以通过企业回购股票和优先股的清算来确保投资者获得一定的红利收益；企业经营好时，股权基金可以转换成普通股并上市来获得较好的投资回报。这会对企业管理者形成一定的压力和激励，使企业家尽力经营好企业，避免道德风险的发生。

我国《公司法》没有采取“优先股”概念，坚持“一股一票”、“同股同权”立法理念。虽然《公司法》第一百三十一条规定，国务院可以对股份公司发行《公司法》规定以外的其他种类股份另行作出规定，但股权投资的投资对象一般为有限责任公司。所以，股权基金在我国实施优先股和对赌协议等投资策略时，需要面对一些法律问题。

首先是股权估值重新调整问题。《公司法》对于股权估值重新调整并无实质性障碍。由于股权估值重新调整是在公司股东之间进行的，因此，如果全体股东无特殊约定，投资方和创始股东之间按照已有的约定实现股权估值重新调整不存在法律障碍。

其次是股权回购问题。《公司法》第一百四十二条规定，公司不得收购本公司股份。但是，有下列情形之一的除外：①减少公司注册资本；②与持有本公司股份的其他公司合并；③将股份奖励给本公司职工；④股东因对股东大会作出的公司合并、分立决议持异议，要求公司收购其股份的。因此，《公司法》没有完全否定股权回购。

第三是股东表决权问题。《公司法》第四十二条规定，股东会会议由股东按照出资比例行使表决权；但是，公司章程另有规定的除外。因此，全体股东也可以对享受优先分派股利的股东的表决权作出限制，甚至剥夺其表决权。因此，在有限责任公司中，这类优先股的存在并无障碍。相反，既有的法律规定在一定程度上为优先股的设计提供了法律上的弹性空间和可能，而且实践中对这类优先股股东享有的权利也是予以认可的。

第四是股东分红顺序问题。关于股东分配股利的先后顺序，《公司法》条文并未涉及。由于股利分配的顺序只涉及股东之间的利益安排，完全属于公司内部、股东之间的事务，不会害及第三人的利益，对于这种安排只要全体股东达成合意，法律并无禁止之理。故而，设置股利分配的先后顺序不存在法律上的障碍。[①]

第五是优先购买权问题。《公司法》第七十一条规定，有限责任公司的股东之间可以相互转让其全部或者部分股权。股东向股东以外的人转让股权，应当经其他股东过半数同意。股东应就其股权转让事项书面通知其他股东征求同意，其他股东自接到书面通知之日起满30日未答复的，视为同意转让。其他股东半数以上不同意转让的，不同意的股东应当购买该转让的股权；不购买的，视为同意转让。经股东同意转让的股权，在同等条件下，其他股东有优先购买权。两个以上股东主张行使优先购买权的，协商确定各自的购买比例；协商不成的，按照转让时各自的出资比例行使优

① 张志坡："优先股的立法、实践与启示"，《金陵法律评论》，2012年第1期。

先购买权。公司章程对股权转让另有规定的，从其规定。所以，优先购买权可以通过起草公司章程进行约定。

因此，目前我国在现行法律允许框架下，虽然没有明确优先股的法律地位，但同时也没有完全否认。所以，可借鉴优先股的契约设计原理，通过把投资协议的相关约定写入公司章程来合理合法地运用优先股等投资工具。

4.2.4 基金收益分配规定

《公司法》第三十四条规定，股东按照实缴的出资比例分取红利；公司新增资本时，股东有权优先按照实缴的出资比例认缴出资。但是，全体股东约定不按照出资比例分取红利或者不按照出资比例优先认缴出资的除外。所以，公司制股权基金的管理人股东可以通过全体股东之间的约定以业绩奖励方式额外获得大于自身出资比例的基金分红。

4.3 《合伙企业法》与股权投资

所谓有限合伙制股权基金就是依据《合伙企业法》以及配套法规以有限合伙制组织形式设立的股权基金。1997年我国《合伙企业法》的发布，标志着合伙企业成为我国一种新的企业组织形式。2006年我国对《合伙企业法》进行修订（2007年6月开始实施），又确立了有限合伙企业组织制度，为有限合伙型股权基金的设立与发展奠定了法律基础。事实上，在《合伙企业法》修订生效之前，地方政府就对有限合伙进行了立法尝试，如北京市2001年颁布《北京市有限合伙管理办法》、杭州市2001年颁布《杭州市有限合伙管理暂行办法》等。

新《合伙企业法》实施后，《合伙企业登记管理办法》、《企业登记程序》、《关于合伙企业合伙人个人所得税问题的通知》、《证券登记结算管理办法》、《合伙企业等非法人组织证券账户开立业务操作指引》等系列配套的行政法规、部门规章陆续修订或出台，有效地解决了有限合伙制股权基金的设立登记程序、税收以及IPO退出渠道的问题。2010年国务院还出台了《外国企业或者个人在中国境内设立合伙企业管理办法》、《外国投资合伙企业登记管理规定》，对外国企业或者个人在我国境内设立合伙企业作出了相关规定。

4.3.1 基金设立规定

（1）基金设立条件

《合伙企业法》第十八条、第六十一至六十三条规定，设立有限合伙企业，应当具备以下条件：①2 个以上 50 个以下合伙人设立，但是法律另有规定的除外，其中有限合伙企业至少有 1 个普通合伙人（GP）。因此，有限合伙人（LP）不能超过 49 人。②签订书面合伙协议。所有合伙人必须亲自签订合伙协议，但当有限合伙人数较多时，为了简便在实践中有限合伙人可以签署入伙申请书并授权普通合伙人代表其签署合伙协议。③有限合伙企业名称中应当标明“有限合伙”字样。如合伙企业名称中需加上“基金”两字，需满足当地工商部门颁布的规定并获当地股权投资主管部门审批。④合伙人必须认缴或实际缴付出资。为了彰显出资承诺的重要性，合伙人还要签署一份出资承诺书。⑤有限合伙企业有适当的生产经营场所。⑥法律法规规定的其他条件。

（2）基金设立主体

《合伙企业法》对有限合伙人没有规定要求，因为有限合伙人以其向合伙企业的出资额为限承担有限责任，不参与合伙企业的经营管理，其资质及资信问题不会对有限合伙企业的运营产生影响，所以从法律上看任何经营主体，包括自然人、法人和非法人，都可以成为有限合伙人。

但普通合伙人对合伙企业的债务承担无限连带责任，因此，出于对特定资产或利益的保护，《合伙企业法》第三条规定，国有独资公司、国有企业、上市公司以及公益性的事业单位、社会团体不得成为普通合伙人。也就是说，如果国有独资公司、国有企业、上市公司成为普通合伙人，就要以其全部财产对合伙债务承担无限连带责任，这不利于保护国有资产和上市公司股东的利益，因此，不适合成为普通合伙人。从事公益性活动的事业单位、社会团体，因其从事的活动涉及公共利益，其自身财产不宜对外承担无限连带责任，因此，也不适合成为普通合伙人。

（3）基金出资制度

《合伙企业法》对出资数额没有具体规定，并且对每位合伙人的最低出资额也没有规定。但第十七条规定，合伙人应当按照合伙协议约定的出资方式、数额和缴付期限履行出资义务，即实行承诺出资制度。因此，基金的出资只需通过合伙协议的约定，在约定期限内逐步到位即可，这样灵活的出资要求既缓解了 LP 的出资压力，又提高了资金的流动性，避免了资金闲置的弊端。另外，《合伙企业法》第六十四条、第六十五条规定，有限合伙人可以用货币、实物、知识产权、土地使用权或者其他财产权利作价出资。有限合伙人应当按照合伙协议的约定按期足额缴纳出资；未按期足额缴纳的，应当承担补缴义务，并对其他合伙人承担违约责任。但有限合伙人不得以劳务出资。也就是说，基金管理人作为 GP，可以仅以自身的劳务作为出资加入有限合伙企业，即以管理团队的专业化管理水平作为出资。这一法律规定大大降低了基金管理人的财产出资要求，以吸引更多具有丰富股权投资经验的管理团队投身股权投资领域。

4.3.2 基金内部治理规定

（1）合伙人的权利与义务

《合伙企业法》第二条规定，有限合伙企业由普通合伙人和有限合伙人组成，普通合伙人对合伙企业债务承担无限连带责任，有限合伙人以其认缴的出资额为限对合伙企业债务承担责任。管理团队以普通合伙人身份（GP）发起设立有限合伙制基金，承担无限连带责任，基金的投资人担任有限合伙人（LP），以其出资承担有限责任，符合股权投资运作中的权利与义务对等原则，将 GP 与 LP 有机结合起来，促使 GP 在进行基金管理以及股权投资的过程中时刻考虑到自己的无限连带责任，进而更加谨慎、忠实地履行其管理职责，更好地保护 LP 的投资安全。

（2）合伙人大会的权利与义务

由于有限合伙企业的执行合伙事务由普通合伙人执行，所以《合伙企业法》并没有像《公司法》那样明确股东大会的权利与义务，只有涉及不属于执行合伙的事务，如合伙人退伙、核心合伙人入伙、普通合伙人身份转变、转让权益以及清算等事项，才由合伙人大会决策，充分体现了合伙企业的专业化管理特点，并且有限合伙人对普通合伙人的行为进行约束主要通过《合伙协议》实现。所以，在有限合伙制基金里，《合伙协议》的约束力要大于合伙人大会，不同于公司制股权基金。

4.3.3 基金运营规定

（1）基金管理权归属于普通合伙人

《合伙企业法》第六十七条、第六十八条规定，有限合伙企业由普通合伙人执行合伙事务，有限合伙人不执行合伙事务，不得对外代表有限合伙企业。但有限合伙人以下行为不视为执行合伙事务：①参与决定普通合伙人入伙、退伙；②对企业的经营管理提出建议；③参与选择承办有限合伙企业审计业务的会计师事务所；④获取经审计的有限合伙企业财务会计报告；⑤对涉及自身利益的情况，查阅有限合伙企业财务会计账簿等财务资料；⑥在有限合伙企业中的利益受到侵害时，向有责任的合伙人主张权利或者提起诉讼；⑦执行事务合伙人怠于行使权利时，督促其行使权利或者为了本企业的利益以自己的名义提起诉讼；⑧依法为本企业提供担保。但第七十六条规定，当第三人有理由相信有限合伙人为普通合伙人并与其交易的，该有限合伙人对该笔交易承担与普通合伙人同样的责任。而且有限合伙人未经授权以有限合伙企业名义与他人进行交易，给有限合伙企业或者其他合伙人造成损失的，该有限合伙人应当承担赔偿责任。

《合伙企业法》第八十二条、第八十三条规定，除合伙协议另有约定外，普通合伙人转变为有限合伙人，或者有限合伙人转变为普通合伙人，应当经全体合伙人一致同意。有限合伙人转变为普通合伙人的，对其作为有限合伙人期间有限合伙企业发生的债务承担无限连带责任。

《合伙企业法》第三十一条规定，除合伙协议另有约定外，合伙企业的下列事项应当经全体合伙人一致同意：①改变合伙企业的名称；②改变合伙企业的经营范围、主要经营场所的地点；③处分合伙企业的不动产；④转让或者处分合伙企业的知识产权和其他财产权利；⑤以合伙企业名义为他人提供担保；⑥聘任合伙人以外的人担任合伙企业的经营管理人员。以上事务属于非执行合伙事务，需合伙人一致同意，但可以通过合伙协议另行约定，比如在合伙协议中明确普通合伙人有权聘请非合伙人担任基金职业管理人员。

但现阶段我国股权投资实践中，有限合伙人很少严格遵守“不参与有限合伙事务”的法律规定，而大部分情况下，有限合伙人参与基金的投资决策，如进入投资决策委员会，有的甚至拥有一票否决权。这与有限合伙企业专业管理的立法宗旨不符。从另一个方面也反映出两种情况：一是我国现有的普通合伙人无论是从专业上还是经验上以至于职业精神上都很难让有限合伙人放心；二是我国股权投资处于发展初期，合格的投资人较少，特别是由于国有投资人的大量存在，行政色彩较浓。

（2）新的基金合伙人入伙

《合伙企业法》第四十三条规定，新合伙人入伙，除合伙协议另有约定外，应当经全体合伙人一致同意，并依法订立书面入伙协议。可见，新合伙人入伙属于任意性条款，可通过合伙协议商定。在实践中，有限合伙人入伙一般是由普通合伙人决定，无需全体合伙人同意。这样符合股权基金私下募集资金的特点，提高资金募集效率。《合伙企业法》第七十七条规定，新入伙的有限合伙人对入伙前有限合伙企业的债务，以其认缴的出资额为限承担责任。普通合伙人入伙在实践中一般由全体合伙人同意。《合伙企业法》第四十四条规定，订立入伙协议时，原合伙人应当向新合伙人如实告知原合伙企业的经营状况和财务状况。入伙的新合伙人与原合伙人享有同等权利，承担同等责任，入伙协议另有约定的，从其约定。但新入伙的普通合伙人对入伙前合伙企业的债务承担无限连带责任。

（3）基金合伙人份额转让

《合伙企业法》第二十二条规定，除合伙协议另有约定外，合伙人向合伙人以外的人转让其在合伙企业中的全部或者部分财产份额时，须经其他合伙人一致同意。合伙人之间转让在合伙企业中的全部或者部分财产份额时，应当通知其他合伙人。《合伙企业法》第七十三条规定，有限合伙人可以按照合伙协议的约定向合伙人以外的人转让其在有限合伙企业中的财产份额，但应当提前30日通知其他合伙人。也就是说，在合伙协议中可以约定有限合伙人只要以提前30日通知其他合伙人的方式即可以转让其出资，而不需征得其他合伙人同意。这一规定给予了LP自由转让其出资的权利，使其可以根据自身的财务状况与投资计划及时进行资金调整。

《合伙企业法》第二十三条规定，合伙人向合伙人以外的人转让其在合伙企业中的财产份额的，在同等条件下，其他合伙人有优先购买权；但是，合伙协议另有约定的除外。可见优先购买权也是任意性条款，可以通过合伙协议进行商定，这为股权投资二级市场奠定了法律基础。

（4）基金合伙人退伙

《合伙企业法》第四十五条规定，合伙协议约定合伙期限的，在合伙企业存续期间有下列情形之一的，合伙人可以退伙（任意退伙）：①合伙协议约定的退伙事由出现；②经全体合伙人一致同意；③发生合伙人难以继续参加合伙的事由；④其他合伙人严重违反合伙协议约定的义务。

《合伙企业法》第四十八条规定，合伙人有下列情形之一的，视为退伙：①作为合伙人的自然人死亡或者被依法宣告死亡；②个人丧失偿债能力；③作为合伙人的法人或者其他组织依法被吊销营业执照、责令关闭、撤销，或者被宣告破产；④法律规定或者合伙协议约定合伙人必须具有相关资格而丧失该资格；⑤合伙人在合伙企业中的全部财产份额被人民法院强制执行。

《合伙企业法》第四十九条规定，合伙人有下列情形之一的，经其他合伙人一致同意，可以决议将其除名（除名退伙）：①未履行出资义务；②因故意或者重大过失给合伙企业造成损失；③执行合伙事务时有不正当行为；④发生合伙协议约定的事由。

《合伙企业法》第五十二条规定，退伙人在合伙企业中财产份额的退还办法，由合伙协议约定或者由全体合伙人决定，可以退还货币，也可以退还实物。

（5）关联交易

《合伙企业法》第三十二条规定，合伙人不得自营或者同他人合作经营与本合伙企业相竞争的业务。除合伙协议另有约定或者经全体合伙人一致同意外，合伙人不得同本合伙企业进行交易。合伙人不得从事损害本合伙企业利益的活动。《合伙企业法》第七十条规定，有限合伙人可以同本有限合伙企业进行交易；但是，合伙协议另有约定的除外。可见，法律对关联交易的规定也是任意性规定。在实践中，会通过合伙协议约定普通合伙人不准进行关联交易，对有限合伙人一般不会约定。

（6）同业竞争

《合伙企业法》第三十二条规定，合伙人不得自营或者同他人合作经营与本合伙企业相竞争的业务。除合伙协议另有约定或者经全体合伙人一致同意外，合伙人不得同本合伙企业进行交易。合伙人不得从事损害本合伙企业利益的活动。《合伙企业法》第七十一条规定，有限合伙人可以自营或者同他人合作经营与本有限合伙企业相竞争的业务；但是，合伙协议另有约定的除外。同样，法律对同业竞争的规定也是任意性规定。在实践中，会通过合伙协议约定普通合伙人不准进行同业竞争，对有限合伙人一般不会约定。

4.3.4 基金收益分配及税收规定

（1）基金收益分配规定

《合伙企业法》第六十七条、第六十九条规定，有限合伙企业由普通合伙人执行合伙事务。执行事务合伙人可以要求在合伙协议中确定执行事务的报酬及报酬提取方式。有限合伙企业不得将全部利润分配给部分合伙人；但是，合伙协议另有约定的除外。《合伙企业法》赋予了合伙企业自由分配利润的权利，这就使得 GP 与 LP 在制定利益分配机制时，可以充分考虑普通合伙人对外承担的无限连带责任以及其对基金进行经营管理所付出的辛劳，并根据实际的收益情况调整 GP 与 LP 之间的利益分配，这样的做法更加符合风险与收益相匹配原则。[①]

（2）基金税收相关规定

《合伙企业法》第六条规定，合伙企业的生产经营所得和其他所得，按照国家有关税收规定，由合伙人分别缴纳所得税。即有限合伙制基金在基金层面不缴纳企业所得税，只需在合伙人层面一次纳税，避免了公司制股权基金对所得税双重缴纳的弊端，提高了合伙人收益水平，也提高了基金投资人的积极性。

4.4 《信托法》与股权投资

所谓信托制基金就是依据《信托法》以及配套法规以契约形式设立的股权基金，其表现形式为信托计划。2001 年我国颁布《信托法》，随之先后出台《信托公司管理办法》、《信托公司集合资金信托计划管理办法》（以下简称《资金管理办法》），共同组成了我国信托业的“一法两规”。除“一法两规”之外，银监会还出台了《信托公司私人股权投资信托业务操作指引》（以下简称《操作指引》）等规定，确立了信托公司从事股权投资的基本原则。

信托制基金作为一种全新的风险收益灵活组合的信托，既能符合信托行业的功能定位，发挥信托公司运作领域广泛、手段灵活的业务特点，又能体现出股权投资行业高收益的特点。在实践中，由于 IPO 退出渠道的限制，信托型股权投资又衍生出其他的变形，如以信托计划资金出资，以 LP

---

① 李沈飞：“有限合伙制私募股权基金运作的法律解析”，《法制与社会》，2011 年第 27 期。

身份进入有限合伙企业，再通过有限合伙制基金投资目标公司的模式，或者信托公司成立 SPV（特殊目的公司），再通过 SPV 向目标公司投资的模式等。

4.4.1 基金设立规定

（1）基金设立条件

信托公司开展股权投资业务只能通过集合信托计划这一种形式。所以，设立信托制基金一方面信托公司需要具备一定的条件，另一方面设立信托计划需要具备一定的条件。

《操作指引》第二条对信托型股权投资的定义是："信托公司将信托计划下资金投资于未上市企业股权、上市公司限售流通股或中国银监会批准可以投资的其他股权的信托业务。"

根据《操作指引》第三条规定，信托公司从事股权投资信托业务，应当符合以下规定：①具有完善的公司治理结构；②具有完善的内部控制制度和风险管理制度；③为股权投资信托业务配备与业务相适应的信托经理及相关工作人员，负责股权投资信托的人员达到 5 人以上，其中至少 3 名具备 2 年以上股权投资或相关业务经验；④固有资产状况和流动性良好，符合监管要求；⑤中国银监会规定的其他条件。

《资金管理办法》第五条规定，信托公司设立信托计划，应当符合以下要求：①委托人为合格投资者；②参与信托计划的委托人为唯一受益人；③单个信托计划的自然人人数不得超过 50 人，合格的机构投资者数量不受限制，但单笔委托金额在 300 万元以上的自然人投资者和合格的机构投资者数量不受限制；④信托期限不少于一年；⑤信托资金有明确的投资方向和投资策略，且符合国家产业政策以及其他有关规定；⑥信托受益权划分为等额份额的信托单位；⑦信托合同应约定受托人报酬，除合理报酬外，信托公司不得以任何名义直接或间接以信托财产为自己或他人牟利；⑧中国银监会规定的其他要求。

（2）基金合格投资者

《资金管理办法》第六条规定，合格投资者是指符合下列条件之一，能够识别、判断和承担信托计划相应风险的人：①投资一个信托计划的最低金额不少于 100 万元人民币的自然人、法人或者依法成立的其他组织；②个人或家庭金融资产总计在其认购时超过 100 万元人民币，且能提供相关财产证明的自然人；③个人收入在最近3年内每年超过20万元人民币或者夫妻双方合计收入在最近3年内每年超过30万元人民币，且能提供相关收入证明的自然人。

（3）基金出资要求

投资一个信托计划的最低投资额为100万元人民币。同时，信托计划的出资人一般需要在信托计划要求的出资时间内将出资落实到位，否则视为放弃投资。并且信托计划运行期间实行封闭式管理，出资人不得要求退回出资，出资人按照信托计划享有相应收益或承担相应风险。

（4）设立报告制度

《操作指引》第十八条规定，信托公司设立私人股权投资信托应当在信托计划成立后10个工作日内向中国银监会或其派出机构报告。报告应当包括但不限于可行性分析报告、信托文件、风险申明书、信托财产运用范围和方案、信托计划面临的主要风险及风险管理说明、信托资金管理报告的主要内容及格式、推介方案及主要推介内容、股权投资信托团队简介及人员简历等内容。

4.4.2 基金运营规定

（1）基金管理权

信托制基金运营管理以契约为基础。《信托法》第二条规定，信托是指委托人基于对受托人的信任，将其财产权委托给受托人，由受托人按委托人的意愿以自己的名义，为受益人的利益或者特定目的，进行管理或者处分的行为。所以，委托人一旦委托，受托人即享有受托财产的经营权，而委托人享有受托财产经营产生的收益权。

（2）基金受托人责任

《信托法》第三十四条、第三十七条规定，受托人以信托财产为限向受益人承担支付信托利益的义务。受托人因处理信托事务所支出的费用、对第三人所负债务，以信托财产承担。所以，受托人以信托财产为限对受益人负有限清偿责任，信托财产有损失的，在信托终止时只将剩余财产交给受益人即可。而且受托人因信托事务处理而对外发生的债务只以信托财产为限负有限责任，债权人无权追溯受托人的其他财产。

（3）基金资产运营

《信托法》第十六条规定，信托财产与属于受托人所有的财产（以下简称“固有财产”）相区别，不得归入受托人的固有财产或者成为固有财产的一部分。受托人死亡或者依法解散、被依法撤销、被宣告破产而终止，信托财产不属于其遗产或者清算财产。所以，基金资产在运营过程中必须保持独立性。

（4）基金募集方式

《资金管理办法》第八条规定，信托公司推介信托计划时，不得有以下行为：①以任何方式承诺信托资金不受损失，或者以任何方式承诺信托资金的最低收益；②进行公开营销宣传；③委托非金融机构进行推介；④推介材料含有与信托文件不符的内容，或者存在虚假记载、误导性陈述或重大遗漏等情况；⑤对公司过去的经营业绩作夸大介绍，或者恶意贬低同行；⑥中国银监会禁止的其他行为。所以，信托制股权基金也只能采取私募方式。

4.4.3 基金收益分配规定

《信托法》第三十五条规定，受托人有权依照信托文件的约定取得报酬。信托文件未作事先约定的，经信托当事人协商同意，可以作出补充约定；未作事先约定和补充约定的，不得收取报酬。约定的报酬经信托当事人协商同意，可以增减其数额。《信托法》第二十六条规定，受托人除依照本法规定取得报酬外，不得利用信托财产为自己谋取利益。所以，信托公司管理股权基金，可收取管理费和业绩报酬，除管理费和业绩报酬外，不得收取其他任何费用。

《操作指引》第二十条规定，信托公司管理股权投资信托可收取管理费和业绩报酬，除管理费和业绩报酬外信托公司不得收取任何其他费用。信托公司收取管理费和业绩报酬的方式和比例须在信托文件中事先约定，但业绩报酬仅在信托计划终止且实现盈利时提取。

4.4.4 其他相关规定

（1）投资顾问

《操作指引》第二十一条规定，股权投资信托计划设立后信托公司应亲自处理信托事务，独立自主进行投资决策和风险控制。信托文件事先有约定的，信托公司可以聘请第三方提供投资顾问服务，但投资顾问不得代为实施投资决策。信托公司应对投资顾问的管理团队基本情况和过往业绩等开展尽职调查并在信托文件中载明。《操作指引》第二十二条规定，投资顾问应满足以下条件：①持有不低于该信托计划10%的信托单位；②实收资本不低于2 000万元人民币；③有固定的营业场所和与业务相适应的软硬件设施；④有健全的内部管理制度和投资立项尽职调查及决策流程；⑤投资顾问团队主要成员股权投资业务从业经验不少于3年，业绩记录良好；⑥无不良从业记录；⑦中国银监会规定的其他条件。

（2）基金投资领域

《操作指引》第十九条规定，信托公司管理股权投资信托应按照信托文件约定将信托资金运用于股权投资，未进行股权投资的资金只能投资于债券、货币型基金和央行票据等低风险高流动性金融产品。

4.5 《外商投资创业投资企业管理规定》与股权投资

我国资本市场没有完全对外开放，关于外商在我国从事股权投资至今没有颁布针对性的法律和法规。2003年3月以原对外贸易经济合作部为主联合多个部门出台了《外商投资创业投资企业管理规定》（以下简称《外商规定》）。《外商规定》从部门法规角度，对外商在我国从事创业投资的组织形式、出资要求、投资领域以及税收等进行了相关规定。当时股权投资还没有形成共识的概念，目前关于外商在我国从事股权投资的主要依据是《外商规定》。

4.5.1 基金设立相关规定

（1）基金组织形式

《外商规定》第四条规定，股权基金可以采用非法人制组织形式，也可以采用公司制组织形式。采用非法人制组织形式的基金出资人对基金的债务承担连带责任。非法人制基金的出资者也可以在合伙协议中约定在基金资产不足以清偿该债务时由基金管理人（必备投资者）承担连带责任，其他出资人以其认缴的出资额为限承担责任。采用公司制组织形式的基金的出资者以其各自认缴的出资额为限对创投企业承担责任。所以，外商从事股权投资可以设立公司制的股权基金，也可以设立有限合伙制的股权基金。设立公司制的基金既可以采用外商独资形式，也可以采用中外合资形式，并参照《外资企业法》和《中外合资经营企业法》等相关法律设立。如设立非法人制基金，参照《中外合作经营企业法》、《外国企业或者个人在中国境内设立合伙企业管理办法》和《外商投资合伙企业登记管理规定》设立有限合伙企业，但在实践中不同地区存在不同程度的操作障碍。

（2）基金设立条件

《外商规定》第六条规定，基金设立应满足以下条件：①基金出资人数在2人以上50人以下，且应至少拥有1个必备投资者。②非法人制创投企业投资者认缴出资总额的最低限额为1 000万美元；公司制创投企业投资者认缴资本总额的最低限额为500万美元。除必备投资者外，其他每个投资者的最低认缴出资额不得低于100万美元。外国投资者以可自由兑换的货币出资，中国投资者以人民币出资。③有明确的组织形式。④有明确合法的投资方向。⑤除了将本企业经营活动授予一家创业投资管理公司进行管理的情形外，创投企业应有3名以上具备创业投资从业经验的专业人员。⑥法律、行政法规规定的其他条件。《外商规定》第七条规定，必备投资者应当具备下列条件：①以创业投资为主营业务。②在申请前3年其管理的资本累计不低于1亿美元，且其中至少5 000万美元已经用于进行创业投资。在必备投资者为中国投资者的情形下，本款业绩要求为：在申请前3年其管理的资本累计不低于1亿元人民币，且其中至少5 000万元人民币已经用于进行创业投资。③拥有3名以上具有3年以上创业投资从业经验的专业管理人员。④如果某一投资者的关联实体满足上述条件，则该投资者可以申请成为必备投资者。本款所称关联实体是指该投资者控制的某一实体、或控制该投资者的某一实体、或与该投资者共同受控于某一实体的另一实体。本款所称控制是指控制方拥有被控制方超过50%的表决权。⑤必备投资者及其上述关联实体均应未被所在国司法机关和其他相关监管机构禁止从事创业投资或投资咨询业务或以欺诈等原因进行处罚。⑥非法人制创投企业的必备投资者，对创投企业的认缴出资及实际出资分别不低于投资者认缴出资总额及实际出资总额的1%，且应对创投企业的债务承担连带责任；公司制创投企业的必备投资者，对创投企业的认缴出资及实际出资分别不低于投资者认缴出资总额及实际出资总额的30%。

（3）基金审批

《外商规定》第八条规定，设立基金按以下程序办理：①投资者须向拟设立创投企业所在地省级外经贸主管部门报送设立申请书及有关文件。②省级外经贸主管部门应在收到全部上报材料后15天内完成初审并上报国家商务部。③审批机构在收到全部上报材料之日起45天内，经商务部同意后，作出批准或不批准的书面决定。予以批准的，发给《外商投资企业批准证书》。④获得批准设立的创投企业应自收到审批机构颁发的《外商投资企业批准证书》之日起一个月内，持此证书向国家工商行政管理部门或所在地具有外商投资企业登记管理权的省级工商行政管理部门申请办理注册登记手续。

4.5.2 基金运营规定

（1）基金投资领域

《外商规定》第五条规定，基金应遵守我国有关法律法规，符合外商投资产业政策，不得损害我国的社会公共利益。《外商规定》第三十二条规定，基金不得从事下列活动：①在国家禁止外商投资的领域投资；②直接或间接投资于上市交易的股票和企业债券，但所投资企业上市后，创投企业所持股份不在此列；③直接或间接投资于非自用不动产；④贷款进行投资；⑤挪用非自有资金进行投资；⑥向他人提供贷款或担保，但创投企业对所投资企业1年以上的企业债券和可以转换为所投资企业股权的债券性质的投资不在此列（本款规定并不涉及所投资企业能否发行该等债券）；⑦法律、法规以及创投企业合同禁止从事的其他事项。《外商规定》第三十九条规定，基金境内投资比照执行《指导外商投资方向规定》和《外商投资产业指导目录》的规定。《外商规定》第四十至第四十二条规定，基金投资于任何鼓励类和允许类的所投资企业，应向所投资企业当地授权的外经贸部门备案。当地授权的外经贸部门应在收到备案材料后15天内完成备案审核手续并向所投资企业颁发《外商投资企业批准证书》。所投资企业持《外商投资企业批准证书》向登记机关申请办理注册登记手续。登记机关依照有关法律和行政法规规定决定准予登记或不予登记。准予登记的，颁发《外商投资企业法人营业执照》。基金投资于限制类的所投资企业，应向所投资企业所在地省级外经贸主管部门提出申请，并提供相关材料。省级外经贸主管部门接到上述申请之日起45日内作出同意或不同意的书面批复。作出同意批复的，颁发《外商投资企业批准证书》。所投资企业持该批复文件和《外商投资企业批准证书》向登记机关申请登记。登记机关依照有关法律和行政法规规定决定准予登记或不予登记。准予登记的，颁发《外商投资企业法人营业执照》。基金投资属于服务贸易领域逐步开放的外商投资项目，按国家有关规定审批。

（2）基金税收缴纳

虽然《外商规定》规定外商投资企业可以享受税收优惠，但 2008 年新修订的《企业所得税法》实施后，内外资企业均适用同样的所得税率，即 25% 的税率。如果是非法人制基金，也是基金层面免收所得税。所以，税收优惠已经失去意义。

（3）基金外汇管理

由于我国对外资的监管存在外资审批、外汇管制、行业准入等多方面限制，因此外资在我国设立股权和创业投资企业将面临一系列特殊的问题，如外汇资本金结汇限制。

根据国家外汇管理局《关于完善外商投资企业外汇资本金支付结汇管理有关业务操作问题的通知》的规定，除另有规定外，外商投资企业资本金结汇所得的人民币资金不得用于境内股权投资。因此，基金只能将境外有限合伙人缴付的出资用于该企业自身的经营活动，例如写字楼租金、员工工资、差旅费等，但不得将境外有限合伙人交付的出资用于该企业在境内的股权投资。作为股权或创业投资基金，股权投资是其最基本的功能。因此，对基金投资构成了实质性障碍。

随后《关于外商投资创业投资企业资本金结汇进行境内股权投资有关问题的批复》对外汇管理进行了放松，规定外商投资创业投资企业可以在其经营范围内，以外汇资本金进行境内股权投资，但是该外汇资本金的结汇手续由被投资企业办理。换言之，只能在被投资企业层面办理结汇手续。根据国家外汇管理局《关于进一步明确和规范部分资本项目外汇业务管理有关问题的通知》规定，上述规则已扩展到“股权投资类外商投资企业”，使得外资参与的股权或创业投资基金面临的结汇难题得到了一定程度的解决。

但是，根据有关外汇管理规程，类似于有限合伙的非法人制企业不予开设资本金账户，在进行股权投资时只能将外资投资人开设的外国投资者专用账户内的外汇直接划入被投资企业账户。《外商投资合伙企业登记管理规定》也未就以投资为主要业务的外商投资合伙企业的资本金结汇资金能否用于境内股权投资问题进行明确规范。考虑到目前的经济形势和外汇监管政策，虽有上述对资本金结汇限制的放松，这类基金在资本金结汇问题上仍有可能面临困境。

4.6 《创业投资企业管理暂行办法》与股权投资

各国政府都对创业投资给予了支持。2005 年国家发改委联合其他部委出台了《创业投资企业管理暂行办法》（以下简称《暂行办法》），以推动我国创业投资发展。随后出台了《创业投资引导基金规范运作指导意见》等一系列针对创业投资的法规和政策。因为《暂行办法》是在 2006 年《公司法》修订前出台的，所以在当时对我国股权投资法规环境建设作出了重要贡献。

4.6.1 《暂行办法》制度创新

（1）规定国家与地方政府可以设立创业投资引导基金

创业投资引导基金通过参股和提供融资担保等方式扶持创业投资企业的设立与发展。以往对创业投资的支持方式主要是政府通过财政出资设立国有独资或国有控股性质的创业投资企业，这样在运作中不可避免地遇到政府干预等方面的问题。通过规范的政策性创业投资引导基金来扶持创业投资发展则能较好地克服政府直接从事创业投资的诸多问题，有效发挥政策性创业投资引导基金的杠杆放大作用。①

（2）明确对创业投资企业的税收扶持

一些创业投资业发达国家和地区一般都制定了创业投资的税收扶持政策。《暂行办法》明确规定，国家运用税收政策扶持创业投资企业发展，并引导其增加对中小企业尤其是中小高新技术企业的投资。

（3）提出积极推进多层次资本市场体系建设，拓展创业投资退出渠道

除适时推出创业板市场外，还要发展全国性的场外交易市场及区域性产权（股权）交易市场。考虑到有关部门对创业投资体制建设的认识都有个过程，《暂行办法》对创业投资的扶持政策没有采取毕其功于一役的做法，而是先将已经达成共识的三个方面扶持政策明确规定于《暂行办法》中，待《暂行办法》出台后再争取其他扶持政策。由于《暂行办法》的出台为研究制定其他方面配套政策提供了法律基础，国家发改委很快就与保

---

① 王波兰、马琨：“界定、对象、保护、扶持、备案、配套——刘健钧详解《创业投资企业管理暂行办法》”，《深圳特区科技》，2005 年第 12 期。

监会、证监会就“支持保险公司投资创业投资企业”和“允许证券公司开展创业投资业务”问题达成了共识，并在2006年2月14日发布的《国务院关于实施〈国家中长期科学和技术发展规划纲要〉若干配套政策的通知》中予以明确。

4.6.2 制定七项配套扶持政策

《暂行办法》力求通过制定一系列配套规章与政策，来逐步完善创业投资法规。这些配套规章与政策包括：①制定创业投资企业税收扶持政策，切实扶持创业投资企业发展并引导其增加对中小企业特别是中小高新技术企业的投资；②制定《创业投资引导基金管理规定》，鼓励有关部门和地方政府设立创业投资引导基金；③制定创业投资企业通过债权融资方式增强投资能力的有关规定；④研究尽快推动创业板市场建设的具体方案和促进区域性产权交易市场规范发展的政策，以拓宽创业投资的退出渠道；⑤制定《保险公司投资创业投资企业规定》，以支持保险公司在法律规定的范围内投资设立创业投资基金；⑥制定《证券公司开展创业投资业务规定》，以允许证券公司在法律规定的范围内，通过参股设立创业投资基金和创业投资管理公司，开展创业投资业务；⑦研究成立中国创业投资协会的具体方案，以便通过行业协会对创业投资企业进行自律管理，并维护本行业的自身权益。

4.6.3 提供九大法律保护

《暂行办法》遵循《公司法》等法律法规的基本原则，通过制度创新，主要为创业投资企业提供了以下九个方面的特别法律保护：①对投资者人数和单个投资者的投资金额作出规定，为创业投资企业以私募方式募集资金提供法律依据；②规定以公司形式设立的创投企业，可以委托管理顾问机构作为“经理”负责其投资管理业务，为实行委托管理提供法律保护；③规定创投企业可以实行承诺资本制度，若承诺实收资本不低于3 000万元人民币，首期到位资本只需1 000万元人民币，其余资本可在未来5年内补足；④规定创投企业可以以全额资产对外投资；⑤规定创投企业可以以股权和优先股、可转换优先股等准股权方式进行投资；⑥规定创投企业应当通过章程、委托管理协议等法律文件，事先约定管理运营费用或管理顾问费用的计提方式，为建立成本约束机制提供法律依据；⑦规定创投企业可以从已实现投资收益中提取一定比例作为对管理人员或管理顾问机构的业绩报酬，为建立对管理人的业绩激励机制提供法律依据；⑧规定创投企业可以事先设立有限的存续期，存续期一到即可清盘，从而有利于建立起对管理人的风险约束机制；⑨依据《贷款通则》中的“国家规定的除外”条款，规定创业投资企业可以在法律规定的范围内通过债权融资方式增强投资能力。

4.6.4 确立备案监管制度

尊重创业投资企业自主设立与运作，仅实行备案监管。在美国、英国和我国台湾地区，对给予政策扶持的创业投资企业一律实行前置审批和严格的事后监管。其目的，一是为了防止那些不具备基本资质的发起人一哄而起地设立旨在享受政策扶持的创业投资基金，从而损害创投行业的形象；二是确保创业投资基金真正投资于政策扶持目标所鼓励的创业企业，并防范出现行业性风险。但考虑到我国目前创业投资事业的主要问题是“发展不足”，为鼓励更多的投资者自主设立创投企业，《暂行办法》没有采用前置审批制度，而仅仅实行事后备案管理。备案管理的内容也仅仅限于三个方面：

（1）审查备案条件

①审查创业投资企业的经营范围。要求其仅限于以自有资本从事创业投资业务、代理其他创业投资企业等机构或个人的创业投资业务、从事创业投资咨询业务、为创业企业提供创业管理服务业务以及参与设立其他创业投资企业与创业投资管理顾问机构。②审查创业投资企业是否具有起码的最低资本额，要求实收资本不低于3 000万元人民币，或者首期实收资本不低于1 000万元人民币且全体投资者承诺在注册后的5年内补足不低于3 000万元人民币实收资本。③审查创业投资企业的管理团队资质。要求必须有至少3名具备2年以上创业投资或相关业务经验的高级管理人员承担投资管理责任。对委托其他创业投资企业、创业投资管理顾问企业作为管理顾问机构负责其投资管理业务的，也相应地要求管理顾问机构必须有至少3名具备2年以上创业投资或相关业务经验的高级管理人员对其承担投资管理责任，从而体现出与自我管理型创业投资基金在管理资质上的公平对待。

（2）依据投资限制条款，对投资运作进行检查

投资限制条款包括：①不得从事担保业务和房地产买卖业务，但是购买自用房地产除外。②对企业的投资，仅限于未上市企业。但是所投资的未上市企业上市后，创业投资企业所持股份的未转让部分及其配售部分不在此限。其他资金只能存放银行、购买国债或其他固定收益类的证券。③对单个企业的投资不得超过创业投资企业总资产的20%。从所有这些投资限制看，都不会导致对创业投资企业自主从事创业投资的干预，而仅仅是为了避免创业投资企业超范围经营，并与投资控股公司区别。

（3）对违规行为适当处罚

对未按《暂行办法》规定进行投资运作的，责令其在30个工作日内改正；未改正的，应当取消备案，并在自取消备案之日起的3年内不予受理其重新备案申请。对已经享受税收优惠政策的，应补缴应缴税额。对已经享受政策性创业投资引导基金参股支持的，应退还政策性创业投资引导基金的出资。

为降低备案成本、提高备案效率，《暂行办法》对创业投资企业实行国家和省（含副省级城市）两级备案管理。国家备案管理部门为国家发改委，省级备案管理部门原则上为省级发展改革部门。但考虑到在有些省级行政区，已经通过地方立法授予了科技部门对创业投资企业的管理职能，《暂行办法》规定，省级管理部门由同级人民政府确定，报国务院管理部门备案后履行相应的备案管理职责，并在创业投资企业备案管理业务上接受国家发改委的指导。为便于国家备案管理部门及时了解全国创投企业发展情况，并随时对省级备案管理部门的有关工作进行监督检查，《暂行办法》同时规定，省级管理部门应当及时向国务院管理部门报告所辖地区创投企业的备案情况，并于每个会计年度结束后的6个月内报告已纳入备案管理范围的创投企业的投资运作情况。

4.7 《证券法》与股权投资

《证券法》是针对资本市场的法律，表面上看与股权投资没有直接关系，但资本市场是股权投资的主要退出市场，如上市（IPO或三板市场）等，所以，《证券法》及相关配套法规，如《证券登记结算管理办法》，主要从股权基金退出方面影响股权投资的发展。

4.7.1 有限合伙制基金上市退出

《证券法》第一百六十六条规定，投资者委托证券公司进行证券交易，应当申请开立证券账户。证券登记结算机构应当按照规定以投资者本人的名义为投资者开立证券账户。投资者申请开立账户，必须持有证明中国公民身份或者中国法人资格的合法证件，国家另有规定的除外。因此，假如国家没有单独出台规定，非法人制的基金就不能从事证券交易，不能成为上市公司股东，也就是有限合伙制基金和信托制基金不能通过上市退出，大大限制了这类股权基金的退出渠道。但2009年修订后的《证券登记结算管理办法》第十九条规定，投资者开立证券账户应当向证券登记结算机构提出申请，投资者申请开立证券账户应当保证其提交的开户资料真实、准确、完整，投资者包括中国公民、中国法人、中国合伙企业及法律、行政法规、中国证监会规章规定的其他投资者，从此打通了有限合伙制股权基金上市退出渠道。

4.7.2 信托制基金上市退出

《证券法》第一百九十九条规定，法律、行政法规规定禁止参与股票交易的人员，直接或者以化名、借他人名义持有、买卖股票，责令依法处理非法持有的股票，没收违法所得，并处以买卖股票等值以下的罚款；属于国家工作人员的，还应当依法给予行政处分。因此，信托计划形式的股权基金必须在所投资的项目公司上市前将所持股权转让给信托计划背后的受益人或者其他合适的投资人。目前的法律法规下，信托制股权基金上市退出渠道存在法律障碍。

4.7.3 外资基金上市退出

我国在产业政策方面对外资市场准入有一定的限制，如发改委和商务部等部门联合发布《外商投资产业指导目录》，将外资企业项目分为鼓励类外商投资项目、限制类外商投资项目、禁止类外商投资项目。如果外资基金所投企业属于限制类和禁止类领域项目，就无法通过上市退出。

另外，《关于外国投资者并购境内企业的规定》对境外投资者参股或收购中方股权的行为进行规范，并规定由商务部牵头进行审批，对以红筹形式境外上市需由商务部和证监会双重批准，并设定了一年的上市期限，使得外资股权基金以红筹模式境外上市退出的难度加大。

4.8 股权投资监管制度

不同国家，由于金融制度、法律体系不同，对股权投资的监管方式也有所不同，但总体原则是放松监管，而且大多是以私募基金形式统一纳入证券监督机构进行监管。

美国证券交易委员会（SEC）负责私募基金监管，其监管理念是减少政府干预、豁免注册以及鼓励发展，坚持“法无禁止即许可”。尽管美国有《证券法》、《证券交易法》、《投资顾问法》以及《投资公司法》等有关证券监督法规，但对私募基金包括股权基金在内实行注册以及信息披露豁免。但投资者人数不能超过100人，不能以公开方式募集。这为私募基金的自由发展创造了很好的空间。

2008年金融危机后，为稳定美国金融市场秩序，2010年颁布《多得—法兰克法案》（Dodd - Frank Act），其中包括专门设立《私募基金投资顾问注册法》，加紧了对私募基金的监管，包括：①原私募基金注册备案的豁免条款被取消，现豁免窗口更小；②以衡量私募基金的系统性风险为由，要求注册的私募基金留存业务档案底稿，包括交易记录和客户背景，美国证监会可随时审查；③私募基金监管的权职划分上，联邦政府证券交易委员会管中大型、跨区域的私募基金，州政府管地方性小私募基金；④通过修改“可信投资人”和“合格客户”的定义，提高了私募基金的披露要求；⑤禁止银行控股公司设立私募基金（事实上没有严格执行到位，例如高盛）。另外，对“合格投资者”标准进行调整：一是调整自然人合格投资者的净资产标准，法案实施后合格投资者的标准将不再包含自然人常住居所的价值；二是法案正常实施4年后，调整100万美元的净资产标准；三是重新定义自然人合格投资者；四是每隔4年调整自然人合格投资者的标准。1933年《证券法》第三条规定，合格投资者包括富裕的自然人和机构，其中富裕的自然人指在近2年各种收入合计超过20万美元或者夫妻双方在近2年合计总收入超过30万美元，或者净资产超过100万美元；其中机构包括捐赠基金、养老基金、慈善基金、金融机构、各类投资公司等，最低净资产为500万美元。

但该法案对中小型私募基金如创业投资基金给予注册豁免，前提是要满足两个条件：一是仅通过私募获取资金；二是所管美国境内资产小于

1.5亿美元。但豁免注册私募基金仍要准备好各类业务存档记录，以备SEC现场检查。

英国相对来说要严格一点，其监管主体是金融服务局（FSA）。FSA对私募基金的设立实行市场准入监管，成立或运作的私募基金通常需要经FSA批准，由FSA对申请设立的私募基金条件进行实质审查，只有符合条件的私募基金才予以批准。

我国监管体系与美国等国家类似，也是以私募基金形式监管，但对私募证券投资基金与股权基金实行区别对待。我国股权投资监管现状为：一是除一些部门法规外，如国家发改委颁布的《暂行办法》和《关于促进股权投资企业规范发展的通知》（以下简称《规范通知》）以及证监会颁布的《私募投资基金监督管理暂行办法》（以下简称《私募办法》）等，我国目前没有针对股权投资专门立法。二是监管机构在逐步理顺。最初，国家发改委主导对创业投资基金以及股权基金进行备案。2013年中编办印发《关于私募股权基金管理职责分工的通知》，明确证监会负责私募股权基金的监督管理，实行适度监管，保护投资者权益；发改委负责组织拟订促进私募股权基金发展的政策措施，会同有关部门研究制定政府对私募股权基金出资的标准和规范；两部门要建立协调配合机制，实现信息共享。因此，从2014年起证监会要求私募基金包括股权基金到基金业协会进行备案。这样，我国基本形成了以证监会为主导，以国家发改委为辅助的监管体系，即国家发改委从扶持创业投资角度对创业投资基金进行备案监管，而证监会从资金私募角度对一般性股权基金进行备案监管。股权基金纳入证监会监管就意味着股权基金被正式确认为金融领域的一种新型投资行业。三是建立了较为完善的股权投资行业协会体系。除设有国家级行业协会外，如中国证券投资基金业协会、中国投资协会股权和创业投资专业委员会等，各级地方都设有相应的股权投资协会或创业投资协会。

我国股权投资监管的根本宗旨是：坚持适度监管，维护私募市场活力；坚持服务实体经济，促进私募基金行业规范健康发展。基本原则是：重在自律、底线监管和促进发展。具体来说要处理好以下六方面关系：一是共性监管与差异化监管的关系；二是原则监管与规则监管的关系；三是跨区域金融统一监管与减政放权的关系；四是自律管理与行政监管的关系；五是功能监管与机构监管的关系；六是一般监管规则与特别监管规则的关系。

4.8.1 《规范通知》

随着我国股权投资的发展，特别是2009年创业板开市以来，股权投资业出现了一些比较突出的问题：一是资本募集不规范，如一些基金管理人通过举办论坛和变相广告的方式进行募集，使一些不具备基本风险鉴别能力和承受能力的公众投资者也被卷入其中。二是管理运营不规范。股权基金业绩激励机制和风险约束机制普遍不够健全。三是投资运作不规范。一些股权基金介入了证券投资和房地产投资，蕴含了一定的潜在风险，有的甚至以变相贷款方式开展业务。

在这样的背景下，国家发改委2011年12月8日发布《规范通知》，对企业的募资方式、风险控制、备案管理等方面作出明确规定，将备案范围扩大至所有私募股权投资机构。《规范通知》确立了我国首个全国性股权投资企业监管规则，主要体现在：

（1）协调原则

当时我国对于股权投资的备案有两种：一种是2005年《暂行办法》要求创业投资企业进行备案；一种是2011年《规范通知》要求全国股权投资企业进行备案，最初是2008年6月在天津滨海新区和北京中关村科技园区试点。两类备案在适用上存在差异：一是备案企业范围不同。《暂行办法》的备案对象主要为创业投资基金，《规范通知》的备案对象为一般股权基金。二是备案义务的履行不同。《暂行办法》仅要求享受国家相关扶持政策的创业投资企业履行备案义务并接受备案监管。《规范通知》要求强制备案，股权基金根据基金规模向国家发改委和省级发改委进行备案。其中，资本规模（含投资者已实际出资及虽未实际出资但已承诺出资的资本规模）达到5亿元人民币或者等值外币的股权投资企业在国家发改委备案，资本规模不足5亿元人民币或者等值外币的股权投资企业在省级人民政府确定的备案管理部门备案。三是为避免重复监管，对已经遵照《暂行办法》规定履行备案手续的创业投资企业，可以不再备案。

（2）穿透原则

《规范通知》规定，股权投资企业的投资者人数应当符合《公司法》和《合伙企业法》的规定。投资者为集合资金信托、合伙企业等非法人机构的，应打通核查最终的自然人和法人机构是否为合格投资者，并打通计算投资者总数，但投资者为股权投资母基金的除外。可以看出，《规范通知》对母基金运作持开放态度，但是对实践中广泛存在的信托型基金，如采取的“信托+有限合伙”结构，影响非常大。

（3）信息披露原则

《规范通知》要求，股权投资企业除应当按照公司章程和合伙协议向投资者披露投资运作信息外，还应当于每个会计年度结束后4个月内，向备案管理部门提交年度业务报告和经会计师事务所审计的年度财务报告。股权投资企业的受托管理机构和托管机构应当于每个会计年度结束后4个月内，向备案管理部门提交年度资产管理报告和年度资产托管报告。

（4）风险控制原则

《规范通知》对股权投资企业的风险控制提出了新的要求：一是资本募集要求。《规范通知》要求股权投资企业的资本只能以私募方式，向特定的具有风险识别能力和风险承受能力的合格投资者募集，不得通过在媒体（包括各类网站）发布公告、在社区张贴布告、向社会散发传单、向公众发送手机短信或通过举办研讨会、讲座及其他公开或变相公开方式（包括在商业银行、证券公司、信托投资公司等机构的柜台投放招募说明书等），直接或间接向不特定或非合格投资者进行推介，也不得向投资者承诺确保收回投资本金或获得固定回报。二是对外担保要求。《规范通知》要求股权投资企业不得为被投资企业以外的企业提供担保。股权投资企业对关联方的投资，其投资决策应当实行关联方回避制度，并在股权投资企业的公司章程或者合伙协议以及委托管理协议、委托托管协议中约定。对关联方的认定标准，由股权投资企业投资者根据有关法律法规规定，在股权投资企业的公司章程或者合伙协议以及委托管理协议、委托托管协议中约定。三是资金托管要求。《规范通知》要求除所有投资者一致同意可以免于托管外，股权投资企业的资产应当委托独立的托管机构托管。受托管理机构为外商独资或者中外合资的，应当由在境内具有法人资格的独立托管机构托管该股权投资企业的资产。四是明确了股权投资管理机构的职责和义务。《规范通知》确立了各国股权基金立法中普遍采用的“利益冲突限制原则”，即股权投资企业的受托管理机构应当公平对待其所管理的不同股权投资企业的财产，不得利用股权投资企业财产为股权投资企业以外的第三人牟取利益。并且要求对不同的股权投资企业应当设置不同的账户，实行分账管理。

4.8.2 《私募办法》

2013年中编办印发《关于私募股权基金管理职责分工的通知》，明确证监会负责私募股权基金的监督管理后，2014年6月证监会颁布实施《私募办法》。

《私募办法》出台的意义在于：一是贯彻落实国务院相关精神，确立符合私募基金发展的制度，保障投资者合法权益；二是建立健全私募基金发展基础，为财税征收和工商登记奠定基础。

《私募办法》坚持以下几个原则：一是功能监管的原则；二是适度监管的原则；三是机构监管的原则。

《私募办法》明确了五项制度安排：一是明确了全口径登记备案制度。要求各类私募基金管理人均应当向基金业协会申请登记，各类私募基金募集完毕，均应当向基金业协会办理备案手续。二是确立合格投资者制度。从资产规模或收入水平、风险识别能力和风险承担能力、单笔最低认购金额三个方面规定了适度的合格投资者标准。养老基金等机构投资者和股权基金管理机构及其从业人员等具备专业能力，并能够识别和承担风险的，也被视为合格投资者。三是明确私募基金的募资规则。具体包括：不得向合格投资者之外的单位和个人募资，不得承诺本金不损失或承诺最低收益，须对投资者风险识别和承担能力进行评估，须对私募基金进行风险评级并选择匹配的投资者推介私募基金等。四是明确投资者应确保投资资金合法。具体包括：须制定并签订基金合同；依合同约定安排基金托管，或明确保障私募基金财产安全的制度措施和纠纷解决机制；建立防范利益冲突和利益输送的机制；私募基金管理人须如实向投资者披露信息等。五是确立了私募基金不同类别差异化管理安排。对创业投资基金，《私募办法》设专章进行特别规定，强调基金业协会对其采取差异化行业自律，并提供差异化会员服务，证监会及其派出机构对创业投资基金采取差异化监督管理。

4.9 股权投资税收与优惠政策

不同企业组织形式的股权基金的税收制度不同，如有限合伙制与公司制股权基金在我国实行完全不同的税收制度，而且不同类型的股权基金享受的优惠政策也不一样，如公司制创业投资基金可享受有条件的税收优惠政策。

4.9.1 有限合伙制股权基金税收政策

有限合伙制股权基金税收包含两个层面：一是基金层面即有限合伙企业，二是投资人层面即合伙人。关于合伙企业的基本税收政策，《合伙企业法》规定合伙企业免缴企业所得税。关于合伙人的所得税处理，《关于个人独资企业和合伙企业投资者征收个人所得税的规定》是我国首部规定合伙企业合伙人所得税缴纳的部门规章，它为有限合伙制基金的合伙人所得税缴纳提供了依据，即按照20%的投资收益税率缴纳投资所得税。关于合伙企业的个人合伙人的税收问题还适用《个人所得税法》，即个人合伙人按照投资收益税率缴纳个人所得税。此外，目前影响有限合伙制基金所得税政策的法律法规还有《关于企业股权投资业务若干所得税问题的通知》以及《企业所得税法》及其实施细则等，这些税收政策法规初步构成了我国有限合伙制股权基金的税收法规体系（详见表4-1）。

表4-1 我国有限合伙制创业投资基金的税收法规体系

序号	法规规章名称	生效日期	主要的税收规定	政策评析
1	《关于个人独资企业和合伙企业投资者征收个人所得税的规定》	2000年1月1日	第三条规定，合伙企业以每一个合伙人为纳税义务人。第四条规定，个人独资企业和合伙企业每一纳税年度的收入总额减除成本、费用以及损失后的余额，作为投资者个人的生产经营所得，比照个人所得税法的“个体工商户的生产经营所得”应税项目，适用5%～35%的五级超额累进税率，计算征收个人所得税	规定了合伙企业的纳税义务人、合伙人所得税的计算和缴纳以及计算个人投资者所得税的税率依据等
2	《关于企业股权投资业务若干所得税问题的通知》	2000年6月21日	《通知》就企业股权投资所得、股权投资转让所得和损失、企业以部分非货币性资产投资、企业整体资产转让、企业整体资产置换等的所得税处理作出了规定	明确了创业投资公司/基金股权投资所得、股权转让方式的所得税缴纳等问题
3	《外商投资创业投资企业管理规定》	2003年3月1日	创业投资企业应当依照国家税法的规定依法申报纳税。对非法人制创业投资企业，可以由投资各方依照国家税法的有关规定，分别申报缴纳企业所得税；也可以由非法人制创业投资企业提出申请，经批准后，依照税法规定统一计算缴纳企业所得税	明确了外商创业投资企业的所得税缴纳问题

续表

序号	法规规章名称	生效日期	主要的税收规定	政策评析
4	《关于外商投资创业投资公司缴纳企业所得税有关税收问题的通知》	2003年3月1日	（1）按照有关规定从事股权投资及转让，以及为企业提供创业投资管理、咨询等服务的创业投资企业，不属于税法实施细则第七十二条所规定的生产性企业范围，不得享受税法规定的生产性外商投资企业的有关税收优惠待遇	明确提出从事股权投资的外商投资创业投资公司不得享受税法规定的生产性外商投资企业的“两免三减半”的税收优惠待遇
			（2）组建为法人的创业投资企业，应以创业投资企业为纳税人，按照税法的规定，统一申报缴纳企业所得税	再次明确了组建为法人和非法人的创业投资企业的企业所得税申报缴纳问题
			（3）组建为非法人的创业投资企业，根据税法细则第七条的规定，可由投资各方分别申报缴纳企业所得税；也可以由创业投资企业申请，经当地税务机关批准，统一依照税法的规定，申报缴纳企业所得税	
5	《中华人民共和国个人所得税法》	2006年1月1日	第二条规定，利息、股息、红利所得等个人所得，应纳个人所得税	规定了个人投资者取得的股息、红利所得，应当按照20%的投资收益税率缴纳个人所得税
6	《中华人民共和国合伙企业法》（修订）	2007年6月1日	第六条规定，合伙企业的生产经营所得和其他所得，按照国家有关税收规定，由合伙人分别缴纳所得税	以法律的形式明确了合伙企业的所得税申报缴纳方法
7	《中华人民共和国企业所得税法》（修订）及其《实施条例》	2008年1月1日	居民企业直接投资于其他居民企业取得的股息、红利等权益性投资收益免征企业所得税，但不包括连续持有居民企业公开发行并上市流通的股票不足12个月取得的投资收益	规定了居民企业之间的股息、红利等权益性投资收益免交企业所得税

4.9.2 公司制股权基金税收政策

由于公司制股权基金具有法人地位，因此，在企业（基金）层面和投资人（股东）层面实行与有限合伙制不同的税收制度。在公司或基金环节，根据《企业所得税法》，公司制创投企业需按 25% 税率缴纳企业所得税。而在投资者环节，分机构投资者和个人投资者两种情况。如果是机构投资者，根据《关于企业股权投资业务若干所得税问题的通知》，公司制创投企业的机构投资者从公司制创投企业取得的所得按机构投资者所属税率与公司环节税率的差率计算所得税，如果在公司制创投企业环节中已按足额税率（25%）缴纳所得税，那么机构投资者就可免交所得税。如果是个人投资者，按照《个人所得税法》的投资收益税率 20% 纳税，综合考虑公司环节 25% 的税负后，个人投资者的最终实际总税负为 40% 左右。

4.9.3 创业投资基金税收优惠政策

国家为鼓励创业投资，《暂行办法》以及《关于实施创业投资企业所得税优惠问题的通知》（以下简称《优惠通知》）规定，公司制创业投资企业投资中小高新技术企业可享受投资额的 70% 抵扣应纳税所得额的优惠。

具体而言，创业投资企业采取股权投资方式投资于未上市的中小高新技术企业 2 年（24 个月）以上，凡符合以下条件的，可以按照其对中小高新技术企业投资额的 70%，在股权持满 2 年的当年抵扣该创业投资企业的应纳税所得额，当年不足抵扣的，可以在以后纳税年度结转抵扣：①经营范围符合《暂行办法》规定，且工商登记为“创业投资有限责任公司”、“创业投资股份有限公司”等专业性法人创业投资企业。②按照《暂行办法》规定的条件和程序完成备案，经备案管理部门年度检查核实，投资运作符合《暂行办法》的有关规定。③创业投资企业投资的中小高新技术企业，除应按照科技部、财政部、国家税务总局《关于印发〈高新技术企业认定管理办法〉的通知》和《关于印发〈高新技术企业认定管理工作指引〉的通知》的规定，通过高新技术企业认定以外，还应符合职工人数不超过 500 人，年销售（营业）额不超过 2 亿元，资产总额不超过 2 亿元的条件。2007 年底前按原有规定取得高新技术企业资格的中小高新技术企业，且在 2008 年继续符合新的高新技术企业标准的，向其投资满 24 个月的计算，可自创业投资企业实际向其投资的时间起计算。

中小企业接受创业投资之后，经认定符合高新技术企业标准的，应自其被认定为高新技术企业的年度起，计算创业投资企业的投资期限。该期限内中小企业接受创业投资后，企业规模超过中小企业标准，但仍符合高新技术企业标准的，不影响创业投资企业享受有关税收优惠。

创业投资企业申请享受投资抵扣应纳税所得额，应在其报送申请投资抵扣应纳税所得额年度纳税申报表以前，向主管税务机关报送以下资料备案：①经备案管理部门核实后出具的年检合格通知书（副本）；②关于创业投资企业投资运作情况的说明；③中小高新技术企业投资合同或章程的复印件、实际所投资金验资报告等相关材料；④中小高新技术企业基本情况（包括企业职工人数、年销售额/营业额、资产总额等）说明；⑤由省、自治区、直辖市和计划单列市高新技术企业认定管理机构出具的中小高新技术企业有效的高新技术企业证书（复印件）。

4.9.4 外资基金税收政策

《关于外商投资创业投资公司缴纳企业所得税有关税收问题的通知》将外资基金与生产性外商投资企业加以区分，外资基金不享受生产性外商投资企业的有关税收优惠。如果是法人形式的基金，缴纳25%的企业所得税；如果是非法人形式的基金，可以由各投资方分别申报，也可以由该基金申请统一缴纳。非法人分别缴纳税负的，如外方投资者在我国境内设有企业性质机构，则应缴纳企业所得税；反之，按照非居民申报企业所得税，即减按10%税率征收企业所得税。

《外商投资创业投资企业管理规定》以及《创业投资企业管理暂行规定》规定公司制外资创业投资基金如果符合内资公司制创业投资公司享受投资所得税的条件，同样可以享受投资总额70%的应纳所得税抵扣优惠政策。

4.9.5 全国各地股权投资优惠政策

为促进本地股权投资发展，各级政府纷纷出台一些优惠政策，特别是一些经济发达地区，如北京、天津、上海、深圳等。

北京出台的优惠政策主要包括《关于促进股权基金业发展的意见》、《关于促进首都金融产业发展的意见》、《关于促进首都金融产业发展的意见实施细则》和《北京市地方税务局转发国家税务总局关于实施创业投资企业所得税优惠问题的通知》。

天津出台的优惠政策主要包括《天津股权投资企业和股权投资管理机

构管理办法》、《天津经济技术开发区鼓励创业投资的暂行规定》及《天津市促进股权基金业发展办法》。

上海出台的优惠政策主要包括《关于本市股权投资企业工商登记等事项的通知（修订）》、《浦东新区促进股权投资企业和股权投资管理企业发展的实施办法》、《关于浦东新区促进股权投资企业和股权投资管理企业发展的意见》及《浦东新区集聚金融人才实施办法》。

深圳出台的优惠政策主要包括《关于促进股权基金业发展的若干规定》、《关于进一步支持股权基金业发展有关事项的通知》、《关于加强自主创新促进高新技术产业发展的若干政策措施》、《深圳经济特区创业投资条例》及《深圳市支持金融业发展若干规定》。

（1）税收优惠

①北京市政策。对经国务院或国家主管部门批准设立并在北京注册登记的产业投资基金的管理企业，或者发起设立的基金累计实收资本在5亿元以上的公司制股权投资管理企业，自其获利年度起，由所在区县政府前2年按其所缴企业所得税区县实得部分全额奖励，后3年减半奖励。2009年4月15日，北京市金融工作局、财政局、国税局等又发文对上述内容进行调整，规定对符合条件的公司制管理企业，所在区县政府可以根据该企业对区县所作贡献给予奖励，这意味着区县一级政府可以对股权投资管理企业实施更大力度的优惠。

②天津市政策。根据《天津经济技术开发区鼓励创业投资的暂行规定》，经认定的创业投资企业，自认定年度起5年内，对创业投资企业所缴纳的营业税和企业所得税开发区留成部分给予50%的扶持。根据《天津市促进股权基金业发展办法》，基金管理机构分别自缴纳第一笔营业税之日起和自获利年度起，前2年由纳税所在区县财政部门全额奖励营业税和企业所得税地方分享部分，后3年减半奖励营业税和企业所得税地方分享部分。股权和创业投资企业投资于天津当地企业可获得税收补贴。根据《天津经济技术开发区鼓励创业投资的暂行规定》，对创业投资企业引进并投资的中小型科技企业，自取得第一笔生产经营收入所属纳税年度起5年内，对其缴纳的增值税和企业所得税开发区留成部分给予50%的扶持。根据《天津市促进股权基金业发展办法》，股权基金投资于本市的企业或项目，由财政部门按项目退出或获得收益后形成的所得税地方分享部分的

60%给予奖励。

③上海市政策。对股权投资机构投资于浦东新区公布的鼓励投资产业目录下的企业或浦东新区鼓励发展的其他新兴产业项目，所获投资收益形成的新区地方财力，按50%的标准给予奖励。

④深圳市政策。对深圳市符合《关于促进股权基金业发展的若干规定》相关规定的股权基金管理企业，自《关于进一步支持股权基金业发展有关事项的通知》实施之日起，前2年按照营业收入形成地方财力的100%给予奖励，后3年按照营业收入形成地方财力的50%给予奖励；新注册成立的股权基金管理企业，按照其营业收入形成地方财力之日起计算。

（2）一次性奖励或补助

①北京市政策。对经国务院或国家主管部门批准设立并在北京注册登记的产业投资基金的管理企业，或者发起设立的基金累计实收资本在5亿元以上的公司制股权投资管理企业，参照金融企业，给予一次性补助。其中，注册资本10亿元人民币以上的，补助1 000万元人民币；注册资本5亿元人民币以上的，补助800万元人民币；注册资本1亿元人民币以上的，补助500万元人民币。

②天津市政策。根据《天津经济技术开发区鼓励创业投资的暂行规定》，对创业投资企业引进并投资的中小型科技企业在注册后3年内年度纳税总额达到200万元以上的，给予创业投资企业20万元的奖励，以及创业投资企业在开发区投资的中小型科技企业成功上市的，每成功上市一家给予创业投资企业100万元的奖励。

③上海市政策。以公司形式设立的股权投资企业，根据其注册资本的规模，给予一次性奖励：注册资本达到5亿元的，给予500万元奖励；注册资本达到15亿元的，给予1 000万元奖励；注册资本达到30亿元的，给予1 500万元奖励；对浦东金融业发展具有重大意义的，加大奖励力度。

④深圳市政策。以公司制形式设立的股权基金企业，根据其注册资本的规模，给予一次性奖励：注册资本达5亿元的，给予500万元奖励；注册资本达15亿元的，给予1 000万元奖励；注册资本达30亿元的，给予1 500万元奖励。股权基金投资于深圳市的企业或项目，根据其对深圳市的经济贡献，按项目退出或获得收益后形成的地方财力的30%给予一次性奖

励，每个项目奖励最高不超过300万元。

（3）办公用房补贴

①北京市政策。对经国务院或国家主管部门批准设立并在北京注册登记的产业投资基金的管理企业，或者发起设立的基金累计实收资本在5亿元以上的公司制股权投资管理企业，参照金融企业给予租购房补贴。其中，在金融街购买自用办公用房的，一次性补贴标准为每平方米1 000元人民币；租用办公用房的实行3年租金补贴，即第一年优惠50%，第二年优惠30%，第三年优惠10%，北京商务中心区和朝阳区也可参照执行。在金融功能区设立金融创新发展基地，对进入金融创新发展基地的中小金融机构，在其初创阶段可向金融创新发展基地申请周转办公用房，3年内免交租金；以及在金融街建设PE中心大厦，鼓励有条件的区县建设PE大厦，吸引和聚集股权基金及管理企业入驻发展，在购租房补贴上，参照金融企业给予支持。

②天津市政策。《天津市促进股权基金企业发展办法》规定，基金管理机构在天津市区域内，新购建自用办公用房，按每平方米1 000元的标准给予一次性补贴，最高补贴金额为500万元；租赁自用办公用房的，3年内每年按房屋租金的30%给予补贴；若实际租赁价格高于房屋租金市场指导价，则按市场指导价计算租房补贴，补贴面积不超过1 000平方米，补贴总额不超过100万元，补贴的幅度与北京较为接近，但实行总量控制。

③上海市政策。对入住陆家嘴功能区和张江功能区办公的股权投资机构，按租赁面积给予每年每平方米500元的房租补贴；或按购房房价给予1.5%的补贴。

④深圳市政策。股权基金企业、股权基金管理企业因业务发展需要新购置本部自用办公用房，按购房房价给予不超过1.5%的一次性补贴，最高补贴金额为500万元，享受补贴的办公用房10年内不得对外租售。股权基金企业、股权基金管理企业本部新租赁自用办公用房的，连续3年给予租房补贴，每年按房屋租金市场指导价的30%给予补贴，补贴总额不超过100万元。股权基金企业、股权基金管理企业以及私募证券投资基金管理企业纳入深圳市大企业便利直通车服务范围，并按市政府为深圳市大企业提供便利直通车服务的有关规定，为其提供优质、便利的服务。

CHAPTER 5

第5章 股权投资科技创新环境

科技创新是股权投资产生与发展的催发剂。科技创新催生科技企业，为股权投资提供优质的投资项目。反过来，股权投资又促进科技企业发展，从而推动整个科技产业发展。这一切源于技术资产可以获得技术垄断利润从而倍受股权基金的青睐。借助科技孵化器这个平台，股权投资与科技创新互为发展。科技企业、科技产业、科技孵化器是股权投资科技创新环境的重要组成部分，应营造良好的科技创新环境以确保足够的科技企业群以及完善的科技产业链条。

5.1 概述

5.1.1 科技创新

科技创新是原创性科学研究和技术创新的总称，即创造和应用新知识和新技术、新工艺，采用新的生产方式和经营管理模式，开发新产品，提高产品质量，提供新服务的过程。科技创新可以被分成三种类型：知识创新、技术创新和现代科技引领的管理创新。

科技创新这一概念最早源于美籍奥地利经济学家约瑟夫·阿罗斯·熊彼特（Joseph Alas Schumpeter）的“创新理论”。20世纪上半叶，对技术创新深入研究的经济学家寥寥无几，在多数经济学家建立的经济增长模型中，基本上都是将技术和制度视为外生变量，而熊彼特从马克思那里得到启发并首次提出“创新”概念。1912年，熊彼特在其以德文发表的《经济发展理论》一书中，提出“经济发展是一个以创新为核心的演进过程”，开创了用“创新理论”解释经济发展的先河。他认为，“创新”就是建立一种新的生产函数或供应函数，即企业家把一种从来没有过的生产要素和生产条件的新组合引入生产体系。“创新”不仅指科学技术上的发明创造，而更是指把发明的科学技术引入企业之中，形成一种新的生产能力。经济之所以不断发展，是因为在经济体系中不断地引入创新。科技创新对经济发展的促进作用具体表现在：

（1）科技创新是经济增长取之不尽的源泉。经济增长是人类赖以不断改善生活水平的基本条件，因此，古今中外都对经济增长十分重视。经济增长的基本因素是劳动、资本、科技进步和制度创新，而科技进步对经济增长的贡献是通过科技创新实施的。一项成果的科技创新，通过大面积的技术扩散，必然会导致产业结构、市场结构、外贸结构等方面的变化，同时又牵动新一轮的科技创新。如此循环往复，就会推动经济可持续发展。因此，科技创新是经济增长取之不尽的源泉。科技创新对经济增长的贡献率随着科技水平的提高呈现递增趋势。目前，在一些工业发达国家，以科技创新为核心的科技进步对经济增长的贡献率已达到60%以上。①

（2）科技创新是优化产业结构的主导力量。各国工业化的进程表明，任何一个国家经济的持续、稳定、协调发展，都依赖于该国产业结构的升级。产业结构的升级意味着高新技术的产业化，传统技术得到适当的更替和改造；意味着劳动生产率和产出投入比例的不断提高。产业结构的升级，以科技创新为前提和动因，因为每当有科技创新出现和创新不断扩散到生产领域的各个方面，劳动对象、生产手段、生产结果都会发生质的变化，生产要素、生产条件、生产组织都要重新组合，其结果会进一步形成积累效应，必然造就、培育出新的高新技术组合，或者取代某些传统部门，从而使一个国家的产业结构趋于高级化。

（3）科技创新可以抹平经济危机的周期。一项新的技术及其产品都有

---

① 贾永莉：“科技创新对经济可持续发展的促进作用”，《经济视野》，2014年第2期。

一定的周期性，要经过引入期、成长期、成熟期和衰退期。对于一个国家或整个社会而言，随着技术周期的出现，其经济也相应地出现一个增长曲线，从成长、高峰、衰退直至经济危机。但是，在市场机制的作用下，企业为了自己的生存和发展，在前一个产品还处于成熟甚至成长期的时候，就拿出销售额的5%～15%，投入新技术、新产品的研究与开发，新的产品又从引入期、成长期开始上升。以此类推，一条条增长曲线相交，减缓了经济增长走向低谷的趋势，抹平了经济危机的周期。所以说，在市场机制的作用下，科技创新抹平了经济危机的周期，把经济危机的周期变成了经济增长的波动，变成了经济发展的节奏。①

5.1.2 股权投资与科技创新的关系

股权投资作为一种新的金融工具和制度安排，能够激励创新，分担技术创新风险、提供资金和促进技术创新成果产业化。股权投资在促进科技创新的同时，自身也得到快速发展。所以，股权投资与科技创新之间存在着互为发展的关系。

首先，股权投资的产生离不开科技创新，特别是20世纪以数字技术和互联网技术为代表的高新技术发展加速了股权投资发展。ARD之所以成为现代股权投资的标志，重要原因之一就是1957年投资于数字设备公司（DEC）并大获成功，从此改变了股权投资的未来。20世纪80年代，随着电子、医药、计算机、互联网等新兴产业持续发展，美国股权投资领域产生了很多高科技的成功案例，例如思科、甲骨文、微软等。股权投资不断投资于生物科技、新能源、电子信息等产业，促使这些先导行业成为美国新的经济增长点。美国的股权投资集中于高科技行业，在计算机软硬件、生物技术、医药、通讯等行业的投资占其总投资的90%左右。

其次，科技创新带来的技术垄断利润迎合了股权投资盈利模式。股权投资的盈利模式不同于传统投资的盈利模式，股权投资的盈利模式为投资基础上的投机。投机收益是股权投资的主要利润来源，也就是股权投资的投资对象不仅要给股权基金带来投资收益，更为重要的是还要有利于股权基金退出从而获得股价利差。由于科技创新产生的知识产权能给科技企业带来技术垄断利润，促使企业快速增长，从而给投资者带来很高的预期收

---

① 贾永莉：“科技创新对经济可持续发展的促进作用”，《经济视野》，2014年第2期。

益，财务投资者能够抓住机会成功退出从而获得高额的股价利差回报。[①]

第三，科技创新促使股权投资运作模式不断创新。一方面科学技术的发展促使了股权投资运作模式在不断创新，如随着互联网的发展，股权投资借助互联网平台发展了众筹模式，对传统的线下股权投资进行了有益的补充；另一方面，由于科技创新模式不断发展，也促使了股权投资运作模式的发展，如科技孵化器包括专业产业园是除科研机构和大学之外的另一种科技创新模式。科技孵化器的快速发展也带动了股权投资运作模式的创新，如孵化创投模式以及各类孵化基金。另外，由于科技创新，股权投资领域不断拓宽，投资方式不断丰富与完善，投后增值服务不断提高。

第四，科技创新带动的多层次资本市场发展促进了股权投资发展。为了解决科技企业直接融资需求，各国建立了以主板、创业板以及三板为主要内容的多层次资本市场体系，满足处于不同发展阶段的科技企业上市要求，如1971年美国纳斯达克开市为高新技术企业上市提供方便。随后其他国家也相继开设创业板，如2009年我国创业板开市。多层次资本市场一方面为高新技术企业上市提供了渠道，另一方面拓宽了股权基金退出渠道，大大促进了股权投资发展。

反过来，股权投资作为一种新的金融工具和制度安排，能够为科技创新提供资金，分担科技创新风险，促进技术创新成果产业化。世界知名的苹果电脑公司、英特尔公司、戴尔公司等都是在创业投资的支持下发展壮大起来的。

首先，股权投资为科技创新提供资金支持。科技企业都面临资金瓶颈，他们却很难从传统银行等金融机构融资。一方面，科技企业资信等级低，贷款的高风险性与传统银行等金融机构的稳健经营和追求安全性流动性的原则相悖；另一方面，假如银行等金融机构对其投资，这类科技企业的实物资产很少，经营失败的概率大，一旦违约，就会造成银行等金融机构的坏账。科技企业的贷款规模一般比大型企业小，形不成规模效应，对于原本不太熟悉科技企业业务的银行等金融机构来说，这无疑会增加银行的边际成本。传统金融机构以利差为盈利来源，造成收益与风险不匹配。因此，银行等金融机构不愿意对科技企业进行债权方式投资。股权投资以

---

① 朱奇峰：“中国私募股权基金发展论”，厦门大学博士学位论文。

其独特的投资方式，有效地解决了收益与风险不对称问题，为科技企业的技术创新活动提供了巨大的资本支持，促进科技创新。

其次，股权投资通过权益性制度安排，分担科技创新风险。科技创新风险具体可分为七大风险：一是技术风险。技术风险是指高新技术开发过程中，存在着新产品能否开发出来的不确定性，即技术上有无必胜的把握，会不会出现技术失败而造成损失，它是高新技术企业面临的首要风险。二是产业化风险。产业化风险是指高新技术产品开发成功后，也存在着这些高新技术产品能否批量投入生产的不确定性，而应用研究正是工业化进程中的关键环节，一项科技成果在实验室里开发成功并不等于可以直接进行大规模生产，还必须进行中试，以解决批量生产的一些技术问题。三是市场风险。市场风险是指市场上能否接受以及何时能够接受这种技术创新的产品，即高新技术产品投入批量生产后，产品在销售过程中存在能否打开市场、销售出去的风险。四是经营管理风险。经营管理风险即经营机制和管理方法能否适应高新技术产业发展所具有的风险性。高新技术产业的高投入、高产出、高收益决定了它在发展过程中必然要求与这些特点相适应的、更加灵活的经营机制和管理方法。五是企业扩展风险。企业扩展风险是指高新技术企业的产品销售出去并获取利润后，企业能否进一步扩大发展所存在的风险。六是地域风险。区域选择是高新技术产业成功的关键，高新技术产业群应拥有良好的交通条件、现代化的通讯条件、应靠近劳动力等生产要素市场，尤其应靠近大学、国家实验室、图书馆和智力及信息密集地区，具备完善和先进的基础设施。因此，高新技术企业的选址十分重要。七是资金风险。科技创新需要大量资金支持，如购买仪器设备、聘请研发人员等。

科技创新过程中，分散和转移风险的方式主要有两种：一是财务型风险转移；二是控制型风险转移。财务型风险转移是指投资者向保险公司投保，以交纳保险费为代价，将风险转移给保险公司承担，获得一定时间内风险损失的保险保障，但并不转移发生风险的因素。通过保险方式转移风险必须具备以下条件：其一，必须是纯粹风险，即只有损失机会而无获利机会的风险，如各种自然灾害、意外事故等。对利率、汇率、股市变动等风险不能用保险转移法。其二，风险的发生具有偶然性，且对正在发生或已经发生的风险不能投保，如正在发生的风灾、火灾等风险。其三，风险的发生不是投保人的故意行为造成的，风险的发生会导致重大的经济损失。

控制型风险转移，是通过委托开发、联合开发、股权性投资等形式将技术创新的一部分风险因素以及一部分损失由风险的原承担主体转移到另一承担主体，从而减轻原承担主体所承受的技术创新风险。控制型风险转移是科技创新转移风险的主要手段。股权投资主体要能够在不影响技术创新主体对其投资公司控股权的前提下参与投资并分散技术创新主体所承担的部分风险，且能够以其承担的风险获得对称的收益，从而最大限度地调动技术创新主体的积极性。① 股权投资这一投资方式正好满足技术创新主体的要求，成为市场经济中分散技术投资主体风险的最佳选择。

第三，股权投资提供投后增值服务，提高科技创新的成功率。股权基金作为专业的金融资本投资主体，除资本优势之外，还具备为项目公司提供投后增值服务的能力，包括财务、法律、人力资源、企业管理方面的培训以及为企业提供各种资源，包括市场开拓资源、科研资源以及再融资资源等。由于科技型企业在企业管理方面缺乏经验，在股权基金入资的同时，带来增值服务，大大提高了科技型企业的成功概率。

5.1.3 科技创新环境建设的内容

科技创新环境除以股权投资为主的融资环境，还包括技术市场体系、科技企业发展环境、科技产业发展环境以及创新创业机制。

首先，构建以技术转移为核心的现代技术市场体系。技术资产作为一项无形的经济资源，在转移过程中一方面要解决技术资产的交移，另一方面要解决技术资产在转移过程中的资本化，即技术资产入股。后者对于股权基金投资科技型企业以确保知识产权完整非常重要。所以，构建现代技术市场体系就是在制度建设上有利于技术资产进行交易和资本化，包括公职人员所掌握的知识产权能够合理合法地进行交易和资本化。

其次，营造适合科技企业发展的环境。科技企业由于其独特的发展规律，在其发展过程中外来资源的支持起着非常重要的作用，特别是在早期阶段需要政府为主导的支持环境使科技型企业渡过“死亡谷”，保证有足

① 肖辉赞：“资源枯竭地区经济增长点培育与风险规避机制研究”，辽宁工程技术大学硕士学位论文。

够的股权基金对科技企业进行投资。营造适合科技企业发展的环境就是除了要营造创新文化外，还要构造有利于科技企业发展的社会外来环境，包括科技企业的注册、孵化与税收优惠政策等。

再次，打造科技产业发展的环境。发展科技企业的目的是发展科技产业，只有构建科技产业体系才能形成区域经济发展动力，股权投资才能持续发展，特别是有助于发展行业股权基金。从现代产业体系发展来讲，对现代企业制度、产业信息化、产业高端服务、产业国际化、产业园建设以及产业研究等各方面提出了更高的要求。

最后，要培育创新创业机制。无论发展科技企业，还是培育科技产业，基础是创新创业。创新创业主要针对科研人员、大学生和年轻人，这些人群与一般创业者不同，拥有技术但缺乏资金和创业经验，需要建立创新机制，如构建创新孵化器，促进创新创业。

总之，应通过科技创新环境的建设，确保足够的科技企业群以及完善的科技产业链条。

5.2 技术资产

5.2.1 定义及表现形式

技术资产即技术型无形资产，指企业拥有或控制的、与技术相关并且具备获利能力的权利。技术资产对科技企业的重要性除在生产领域发挥重要的作用外，还在企业融资方面发挥重要的作用，如科技企业债权融资其实质就是技术资产信用化，而科技企业股权融资其实质就是技术资产证券化。

技术资产有别于传统的知识产权，在外延上有重叠交叉，表现形式主要有以下几方面：

（1）技术产权。技术产权即技术成果类知识产权（创造性成果权利），如专利权、植物新品种权、集成电路权以及软件著作权等。技术产权是科技企业在融资中运用最多的技术资产，如科技贷款中的专利权质押贷款等。①

① 谭祖卫、郝江培、赵昌文：“基于科技金融的技术资产金融分析”，《科技进步与对策》，2014年第9期。

（2）科技产品称号。科技产品称号即技术含量高的产品称号，一般要通过政府或专业机构进行认定。为了鼓励与扶持科技创新，政府对享有科技产品称号的产品实施政府采购等优惠政策。

（3）科技企业称号。科技企业称号即以高新技术作为企业核心竞争力的企业称号，一般要通过政府或专业机构进行认定。通过国家认证的高新技术企业，其所得税减按15%征收，研发费用可以在计算应纳税所得额时加计扣除，特定合同享受免征营业税等优惠政策。

（4）科技人才称号。科技人才称号即掌握某项高新技术人员的人才称号，一般要通过政府或专业机构进行认定。如获得中组部认定的“千人计划”科技人员可享受中央财政每人人民币100万元的一次性资助，有关地方提供配套支持；国家和地方科技型中小企业技术创新基（资）金给予优先支持；可承担国家重点科技、产业、工程项目任务，其产品符合要求的可纳入政府采购目录等优惠政策。

5.2.2 技术资产特征分析

技术资产除拥有传统知识产权的一些特点外还具备自身的以下特征：

（1）专属性。一项技术一般仅限于所属领域使用，在使用过程中往往还需要其他配套技术，因此，技术资产的价值只有在特定的领域和环境里才能体现出来，从而制约了其市场价值和交易性。

（2）依附性。技术资产无法独立存在，无论是技术产权或相关称号都必须依附于人、设备和工具等特定固体载体，例如一项技术发挥作用需要有特定的机器设备或仪器，导致技术产业化过程中难以评估技术资产的贡献率，因而估值比较困难。另外，某种技术人才、产品和企业称号需要依附特定的人、产品和企业，导致交易非常困难。

（3）虚拟性。技术资产不同于传统的固定资产，看不见摸不着，主要以语言、文字、图像以及视频等其他方式存在，容易复制，难以确保其唯一性，因而其商业价值和交易都会受到影响。

（4）垄断性。拥有或掌握一项技术往往需要长时间的技术积累和大量的资金投入，因而技术资产在使用过程中必然产生技术壁垒，技术壁垒的存在则必然导致技术资产在未来会带来超额垄断收益。

（5）溢出性。如上文所述，技术资产的虚拟性导致技术资产容易不断被复制；另一方面，技术资产在使用过程中很容易有意识或无意识地被传播，具有准公共产品特性。因而技术资产的价值还取决于外界知识产权的保护力度，导致其市场价值容易受到影响。

（6）时效性。技术资产的时效性包括两方面：一是随着新技术的出现，旧技术就要失去其技术价值和经济价值；二是技术资产存在一定的保护期，如我国发明专利保护期限是20年，实用新型专利和外观设计专利保护期限是10年，随着保护期临近，其价值在逐步缩水，最终成为社会公共产品。

（7）预期性。技术资产在形成过程中，如在技术研发或技术产业化过程中，容易被预期未来会形成技术壁垒，从而获得高额垄断收益。由于其预期性，技术资产在估值过程中容易被高估而造成风险。

5.2.3 技术资产信用化

所谓技术资产信用化是指科技企业以其拥有的技术资产作为信用基础资产进行债权融资，融资途径具体表现为科技贷款、科技担保等。

银行等传统金融机构由于受自身盈利模式限制，对可以信用化资产在公用性、变现性、保值性以及可估性方面具有较高要求，这与技术资产的专属性、依赖性、时效性以及虚拟性等特征刚好相抵触。因此，技术资产在信用化过程中常常会遇到诸多问题：一是评估难。技术资产的虚拟性、依附性等特征导致其在价值评估时独立性差，可复制性强，在选择参数时主观因素影响较大，因而量化结果难以体现其公允性。二是变现难。技术资产具有专属性、依附性等特征，在信用化过程中表现为不易变现、交易性差，导致银行等金融机构对其质押贷款的积极性不高。三是保值性差。由于技术资产具有时效性，科技企业在利用技术资产进行质押时金融机构担心技术资产随时贬值的可能性，严重制约了技术资产信用化。

为解决上述难题，技术资产在信用化过程中要体现出以下特点：

（1）需要有专业的贷款机构或部门，如科技支行和小贷公司，并实行专门的运营机制：一是对技术资产实行更为专业的价值评估和风险评估，二是解决收益与风险不对称问题。以北京银行中关村支行为例，专门为科技企业量身定做创新金融产品，如“小巨人发展计划”、“创融通”、“及时予”、“信保贷”、“助业桥”等系列金融产品，内涵文化创意企业贷款、知识产权质押贷款、“融信宝”信用贷款、中国节能减排融资项目贷款、小额担保贷款等49种融资产品，全面解决处于创业、成长、成熟期等各阶段科技企业的融资需求。

（2）寻求专业的第三方担保或再担保机构。由于技术资产质押风险较大，需要寻求专业的第三方担保机构，通过其专业性来分散风险，如中关村科技担保公司就是一家专为科技企业融资提供担保的金融机构。

（3）实行联合贷款互保或联保机制，一是解决科技企业融资规模小、融资成本高的问题，二是解决由技术资产专属性带来的交易问题，即同一技术领域的几家企业共同贷款并且相互之间进行互保或联保。

5.2.4 技术资产证券化

所谓技术资产证券化是指科技企业基于技术资产在资本市场通过发行证券方式进行融资，如发行股票和债券。

证券作为金融工具具有投机性、偿还性、收益性、流动性和风险性特征，而技术资产的虚拟性、垄断性和预期性特征很容易导致证券市场走向两个极端：一方面技术资产收益的预期性和垄断性容易造成证券估值泡沫，另一方面技术资产的虚拟性容易造成证券价值低估。最为典型的是我国的创业板和新三板两种截然相反的走势。我国创业板上市首日平均市盈率达到111倍，随后其平均市盈倍数一直处于高位运行。2013年5月15日创业板平均市盈率达到42倍，远远高于同期沪市主板11倍、深市主板20倍和中小板31倍的市盈率。反观新三板，即中关村科技园区非上市股份公司代办转让系统，也就是刚升级的全国中小企业股份转让系统，从2006年试点以来出现交易清淡、流动性差等状况。截至2013年5月29日，全国中小企业股份转让系统实有挂牌公司仅达到212家，总股本58.19亿股，融资金额89966.19万元。新三板升级为全国性场外交易市场，目的是通过入市制度、交易制度、披露制度以及监管制度等方面的完善，活跃市场，促进科技企业股权融资。建立多层次资本市场和发展股权投资是促进技术资产证券化的主要措施，也是科技金融促进科技企业融资的主要目标。然而目前我国创业板、新三板以及产权交易市场由于其市场制度包括入市制度、交易制度以及监管制度等，与技术资产证券化存在偏差，导致这些市场运行效果并不理想。为解决这一问题，可以借鉴美国为科技企业融资服务的纳斯达克股票市场的制度建设，包括做市商交易制度等活跃新三板市场。同时，创业板应进一步完善退市制度和监管制度等。

5.3 科技企业

所谓科技企业是指以科技人员为主体，由科技人员领办和创办，主要从事高新技术产品的科学研究、研制、生产、销售，以科技成果商品化以及技术开发、技术服务、技术咨询和高新产品为主要内容，以市场为导向，实行“自筹资金、自愿组合、自主经营、自负盈亏、自我发展、自我约束”的知识密集型经济实体。简而言之，科技型企业是以创新为使命和生存手段的企业。只有足够的科技企业群才能满足股权投资的需求。[①]

科技企业因持续创新和知识密集等具有与传统企业明显不同的特征。科技企业与传统企业相比有以下不同之处：

（1）行业环境不同。高科技企业所处行业环境变化快，产品更换周期短，行业环境可能在一夜之间完全扭转局面，这种变化绝大多数是由技术进步造成的。而传统企业所处行业环境一般比较稳定，技术的成长与进步比较缓慢，两者对比鲜明。

（2）竞争程度不同。高科技企业之间竞争非常激烈，往往一种新产品上市或一个制造程序的开发，就使得市场占有率大为改观。传统企业由于技术开发较慢，产品业已为大家所熟悉，各个企业已有自己占有的市场份额，因此它们主要在控制成本方面集中力量，降低成本推销产品。

（3）产品性质不同。高科技企业的产品附加值高，技术含量高，技术难度也大。传统企业的产品相对来说技术附加值低，产品生命周期较长，一般要经过投入期、成长期、成熟期和衰退期四个阶段。

（4）产品市场不同。高科技产品通常能迎合多种不同市场或顾客的需要，企业难以预测市场需求和许多产品的发展可能。而传统企业的产品需求稳定，企业易于采用传统的方法对产品进行市场预测和评估。

（5）产品推销不同。高科技产品通常价格较高，产品非一般人所熟悉，消费者在购买决策上属于理性思考购买型。而传统企业的产品和价格已为广大消费者所熟悉，推销也有模式可循。

（6）决策方式不同。高科技企业往往在作出决策时列入一项基本假设：某种新产品会改变行业的竞争结构和本企业在产业内的地位。而传统

---

① 王雪岩、宋奇慧：“试论科技型中小企业财务的管理特征”，《现代商业》，2013 年第 23 期。

企业决策之前通常要长期地搜集资料，以作为评估和预测的参考。

（7）授权程度不同。高科技企业的发展取决于每一位专业人士创新的努力，把真正的权力授予参加研究开发计划和处于市场前沿的每一个人。而传统企业是相当程度的集权式管理。

（8）企业气氛不同。高科技企业一般情况下有三四代产品并存，即投入一代，改进一代，研究一代，开发一代。而传统企业对于产品开发一般采取被动和等待态度。

5.3.1 科技企业的特点

科技企业是一种以高新技术为主要投入，以技术生产、创造和利用为主要形式，以组织网络化和资源外取为主要模式，强调特殊人力资源的积累和运用，并追求持续创新的新型智力密集型企业。科技企业的兴起在本质上体现了资源相对稀缺性的变化对企业运行模式的深刻影响。①

技术资产是科技企业的特有资产，创新是发展的动力。科技企业的产品开发需要高投入，科技企业具有高成长性，高风险且高回报，无形资产占比较大，阶段性较为明显。科技企业的主要特征体现在以技术资产为核心、资源外取和组织结构网络化两方面。

（1）技术资产为核心。科技企业是一种以技术资产为核心进行资源配置的组织模式，它将高新技术作为一种独立的生产要素纳入资源配置体系，知识、技术不再是外生变量，而是内生于企业组织之中，不但直接决定企业产出，而且还影响着其他要素的边际贡献。

（2）资源外取和组织结构网络化。科技企业作为知识型企业，其资源配置并非封闭的体系，而是一个将内外部资源统筹、优化的系统。由于企业不可能拥有其发展必需的所有资源，因此需要以某种形式与外部进行资源交易、融合和共享，进而整合形成自身的核心能力。这样，资源外取就成为知识型企业的另一重要特征。各种网络化组织、战略联盟、虚拟组织成为其重要的表现形式，这不但降低了市场交易成本，也模糊了传统企业的组织边界。②

---

① 赵霞："高科技企业研发人员激励方案设计"，东北大学硕士学位论文。

② 叶陈刚、王辉："知识型企业激励、代理成本与人力资源绩效"，《会计研究》，2006 年第 4 期。

科技企业还有一些其他的特征，如对创新文化和速度经济的强调、内部组织结构的扁平化、与风险投资的紧密结合、超越客户导向的经营理念等，这些共同改变了传统企业的运行方式。科技企业这种重知识资本、重企业文化、高风险投资的非传统企业运作方式，使得研发人员成为企业的重要资源，也使得对研发人员的激励研究越来越有必要。①

5.3.2 科技企业融资特性

技术资产是科技企业主要资产，其资产特性决定了科技企业以股权融资为主要的融资方式。根据企业生命周期理论，科技企业成长过程也大致分为种子期、初创期、成长期、成熟期以及衰退期五个阶段，其融资阶段主要是前四个阶段，并且每个阶段的融资特征各不相同，主要是因为各个阶段技术资产在整个企业总资产中的比重在不断变化。②

企业在种子期，技术资产几乎是整个科技企业的总资产，决定了这一时期科技企业只能以股权融资为主，因为传统的债权融资必须以固定资产作抵押为前提。其主要融资特征为风险高、资金需求量不大、资金需求时效性强。科技企业的种子期也被称为创业前期，是科技人员提出高新技术创意设想，并通过其创造性的探索研究，形成新的理论、方法、技术、发明或进一步开发的时期。这一阶段企业的主要活动是论证技术和商业化的可行性，并进行前期的市场调研、寻求合作者、制定市场计划等。此阶段具有强烈的知识创新特征，核心的投入要素是科技人员的智力和技能。企业在种子期面临的风险较高，主要面临三方面的风险：一是技术开发失败的技术风险，新技术、新产品能否开发成功具有很大的不确定性；二是技术能否转化为产品并被市场所接受的市场风险，市场对新技术新产品的接受也存在着很大不确定性；三是经验缺乏的管理风险。美国统计数据表明，在创业前期从创意提出到开发成功具有一定商业前景的项目仅占5%左右，约有60%的企业在此阶段遭遇失败。但在种子期科技企业的资金需求量不大，企业的支出主要集中于技术研发费用及市场调研费用，没有什么生产和管理费用，也几乎没有经营收入。然而种子期科技企业对资金需

---

① 赵霞："高科技企业研发人员激励方案设计"，东北大学硕士学位论文。

② 马小晶、陈华雄："高科技企业研发空间需求与科技城空间组织——以青山湖科技城概念性规划为例"，2012中国城市规划年会。

求时效性强。由于市场机会瞬息万变，对科技企业把握市场机遇和时效的能力也提出了相应要求，如果资金无法短期内筹集，企业占领市场的难度会增加。①

企业在初创期，技术资产在科技企业总资产中也占据重要的位置，决定这一时期仍主要以股权融资为主。其主要融资特征为风险较高、资金需求量逐渐增大、资金需求频率高。初创期也被称为孵化期，是科技创业人员或机构将其经过种子期研究所形成的具有商业价值的项目成果，通过产业创业来实现科技成果向产业转变的阶段，是中小高新技术企业创立形成的阶段。这个阶段不仅涉及科技人员将实验室成果向工业生产环节转化的技术行为，而且涉及科技创业者把原来较为松散自由的科研团体转化为具有生产经营职能和严密组织结构的经济实体的企业家行为，是取得、运用、整合技术、人才、资金等各种经济资源并创立企业的过程。初创期科技企业的工作任务主要是市场开拓和生产扩建，市场开拓包括资金市场的开拓和商品市场的开拓。处于初创期的中小型高科技企业面临的风险仍然较高，此阶段的风险更多地表现为创业风险，即在科技成果产业化过程中所产生的各种经营风险、技术风险、产品风险、市场风险等。技术风险主要表现在两个方面：一是新产品生产要素组合的不确定性。企业要测试各种工艺、材料供应、配套零部件及设备供应能力，并在此基础上确定新产品生产要素的最佳组合。如果不能较快地确定适合新产品生产的各种要素组合并形成生产能力，则生产计划、市场开发就会受阻。二是新产品技术效果的不确定性。新产品能否满足社会的需求往往需要通过较长时间的观察才能确定。初创期科技企业已经开始有固定资产的投入，企业虽有部分营业收入（试销收入），但远远不能满足其资金需求，企业的投入加大，对资金的需求量大。相对于种子期而言，初创期的高科技企业对外部资金的需求更为强烈。在初创期，科技企业需要持续投入资金，以保证企业的正常运转及市场开拓，对资金的需求频率高。②

企业在成长期，技术资产在科技企业整个资产中的比重开始下降，所以在这个时期往往债权融资与股权融资相结合。其主要融资特征为风险较

---

① 杨娅婕、杨颖婕："基于生命周期的中小高新技术企业融资特征分析"，《时代金融（中旬）》，2011年第6期。

② 王淑臣："中小型高科技企业面临的风险及对策"，《财会月刊（综合版）》，2006年第8期。

低、资金需求量较大。成长期是科技企业作为一个自主经营、自负盈亏的经济实体，经过艰苦创业，实现科技成果向工业化生产的转化，开始进入其正常的成长发展的时期。此阶段企业营业收入年平均增长率在 20% 以上，生产规模向规模经济发展，市场由企业独占或只有少数同行，竞争一般不十分激烈。处于成长期的科技企业的技术风险、市场风险大为降低，主要的风险是管理风险和由于规模化生产而形成较大资金需求缺口的风险。其主要表现为：一是企业快速发展，但其组织结构的调整、管理人员的扩充都需要一定的时间；二是多数创业者精于技术而不擅长管理，财务和法律知识欠缺；三是在成长期初期，企业生产能力的扩大和广告支出依然需要外部资金的支持，财务风险依然很大，但较种子期、初创期已大大降低。在这一时期，科技企业的产品已为市场所接受，开始批量生产，单位制造成本下降，企业利润不断增加，财务状况大为好转。进入成长期，企业要进一步扩大销售渠道，扩大市场份额，对资金的需求较前两个时期有了大幅提高。[①②]

企业在成熟期，技术资产在科技企业总资产中的比重较小，决定了这一时期主要以债权融资为主。其主要融资特征为风险较低、资金需求量稳定。成熟期企业已经完成了某项技术的产业化，企业规模和利润大幅扩大并趋于稳定，经营日趋规范，企业声誉逐步建立起来，核心竞争力已经形成，技术、财务和市场风险相比前三个阶段已经大大降低，融资承担能力增强。科技企业在成熟期面临着转型的压力，不仅仅表现在规模由中小型企业向大型企业转变，更重要的是表现在其品质内涵上的转变，即高科技业务水平和档次、企业的组织结构、人才素质、营销服务、信息管理、设备技术等各方面都发生深刻的质变。这种转型蜕变成功与否，是中小高新技术企业进一步成长壮大或成熟衰亡的转折点。这一阶段的风险主要是转型风险，如开发新技术、业务多元化、转型过程中资源要素的重组风险等。成熟期企业的经营风险降低，利润上升空间不大，但利润稳定，同时企业需要培育新的利润增长点，在新技术、新产品研发及业务多元化中，

---

① 杨娅婕、杨颖婕：“基于生命周期的中小高新技术企业融资特征分析”，《时代金融（中旬）》，2011 年第 6 期。

② 王淑臣：“中小型高科技企业面临的风险及对策”，《财会月刊（综合版）》，2006 年第 8 期。

企业对资金的需求比较稳定。①

5.4 科技产业

高新技术是对一般传统技术而言的新兴尖端技术。第二次世界大战以来，现代科学技术高度分化和高度综合的发展特点，产生了以电子信息技术、生物技术、新材料技术、新能源技术和航天技术为代表的高新技术群。以高新技术产品开发和生产为主导的产业称为科技产业，它是指研究开发投入高、研究开发人员比重大，用当代尖端技术（主要指信息技术、生物工程技术和新材料技术等）生产科技产品，发展速度快、对其他产业渗透能力强的产业群。

科技产业是高度知识密集型产业，以先进技术为主导，生存与发展的根本途径是企业的核心竞争能力。在科技产业中，人的创造力（知识要素）或思路被认为是生产者参与竞争的根本要素。很多生产商在创造与发展新思路（技术创新）和发挥人的能力（知识创新）上投入巨大资本，这也是对这一概念的一个印证。确认是否是科技产业，主要是依据在研究和开发方面的投入是否超过一般产业，或支付给科学家和工程技术人员的工资是否超过一般产业，或者两者都超过，体现出以高新技术产品开发和生产为主导。

5.4.1 科技产业的特点

科技产业是知识密集、技术密集的产业。科技产业以高新技术为基础，从事一种或多种高新技术及其产品的研究、开发、生产和技术服务活动。一般来讲，科技产业的主导技术必须属于所确定的高新技术领域，而且必须包括高新技术领域中处于技术前沿的工艺或技术突破。根据这一标准，目前科技产业主要包括信息技术、生物技术、新材料技术三大领域。②

科技产业的竞争力在于技术创新，发展的关键要素是技术资产而不是固定资产。科技产业发展快，对其他产业的渗透能力强，与传统产业相比，其发展有以下几大特点：

---

① 杨娅婕、杨颖婕："基于生命周期的中小高新技术企业融资特征分析"，《时代金融（中旬）》，2011年第6期。

② 吕晓娜："高新技术产业领先战略研究"，《时代经贸》，2011年第35期。

（1）知识、技术、人才高密集性。科技产业建立在最新科学研究成果基础上，是综合多门科学研究的结晶。科技产业知识和技术密集，科技人员的比重大，职工文化、技术水平高，凝聚众多知识和先进技术，并以大量的投资作为保障。

（2）不断创新，强渗透、扩散性。科技产业中技术资产尤其重要，但不是对已有技术的重复和综合，而是在广泛运用多种现代科学技术成果基础上，通过不断的研究探索，发展新的知识领域，在技术上不断得到创新，并向其他产业渗透、扩散。

（3）高附加值、高增长性。科技产业对资源、能量消耗少，产品多样化、软件化，批量小，更新换代快，附加值高。高新技术的本质是一种全新的创新活动，那么，采用高新技术的设计、工艺和手段所制成的产品，将能大幅度增加产品的性能，显著地提高劳动生产率、资源利用率和工作效率，从而为创业者带来巨大的社会效益和经济效益。科技产业的不断创新性，决定了其产品可在较长一段时间内保持垄断地位，因此高新技术产品一般都有较高的附加值。①

（4）高综合效益。传统产业技术发展宗旨是尽可能多地利用自然资源，以获取最大利润，不考虑或极少考虑环境效益、生态效益和社会效益。而科技产业把科学与技术融为一体，反映了人类对自然界与人类社会的科学而全面的认识。科技产业的指导思想是科学、合理、综合、高效地利用现有资源，同时开发尚未利用的富有自然资源来取代已近耗竭的稀缺自然资源，符合科学发展观的思想。②

（5）高回报和高风险性。高新技术的研究开发不仅需要耗用大量的人力、物力、财力和时间，而且大多处于当代科学技术的前沿，具有明显的超前特点。因此，任何一项高新技术计划，从技术原理的探索构思到技术开发的组织实施，都具有很多难以预料的不确定性。另外，高新技术的研究开发是和经济、市场紧紧捆在一起的，能否抓住市场需求的有利时机，在激烈的市场竞争中开发出产销对路的产品，取得市场的成功，都具有明显的风险性。然而，风险和收益并存，成功的科技投资会带来丰厚的回

① 金明："基于3G标准建设方式分析的我国移动通信产业政策研究"，天津大学硕士学位论文。
② 王小燕："可持续发展与知识经济"，《经济师》，2002年第4期。

报。科技产业赖以生存的根本是高新技术，而其所拥有的高新技术往往开发难度很大，但一旦开发成功，便具有高于一般产业开发所得到的经济效益和社会效益。

（6）高投入性。高新技术的研究开发，需要有大量的资金投入，这是由高新技术的知识密集型和人才密集型特点以及由科技产业的市场风险所决定的。由于科技产业的技术等级高、设备投资巨大，而且高新技术的快速更新又对设备更新造成巨大压力，因此更增加了资金投入的需要。另外，由于高新技术产品生命周期短，企业为尽快形成规模经济，以高价垄断市场，一般总是争取尽早投入大批量生产，因而必然需要快速、大量投资。①

（7）战略性。由于高新技术以其特有的科学形态所显示出的实力，能直接对一个国家的政治、经济、国防和在世界格局中的地位产生不可忽视的影响，高新技术实际上已成为衡量一个国家的经济、政治、军事实力，即综合国力的重要标志之一。发展高新技术无疑是国家的一项重大战略决策。面对21世纪的国际竞争，人们越来越意识到，只有掌握高新技术这个竞争中的制高点才能掌握战略主动权，增强在国际上的竞争力。②

（8）聚集性。科技产业发展的生态环境是产业集群。在科技产业中，小企业非常活跃。但高新技术小企业的发展与大企业不同，它们的资产规模小，运作资源的能力小，让高新技术小企业集群是提高小企业创新能力的一个有效的解决方案。所谓集群，是指产品和信息在若干企业之间有较高的流动率。这种制造商、客户和竞争者之间的有效联系可促进单个企业的效率，促进专业化。集群的一个重要形式是地理位置接近，通过集群建立起有效的资金网络、人才网络和各种服务网络。

（9）融合性。科技产业的发展在于各种资源的快速流动和结合。效率是科技产业的生命。在一个产品寿命周期或价格变化仅以半年或几个月为阶段的情况下，只有各种资源要素的快速组合，才能使高新技术成为有效益的商品。这包括资金与技术的结合，供应商与制造商、用户的快速结合，从产品构思到产品的最终使用，各个环节要尽量少。对于科技产业，

① 金明：“基于3G标准建设方式分析的我国移动通信产业政策研究”，天津大学硕士学位论文。
② 同①。

只有各种资源及时、有效地结合在一起，才能产生效益。[①]

5.4.2 科技产业与股权投资的关系

股权投资与科技产业之间存在着天然的有机联系。股权投资与科技产业互相依赖，共同促进、共同成长。股权投资对科技产业发展的推动作用主要表现在以下几个方面：

（1）股权投资为科技产业发展配置资源。股权投资市场的功能之一是优化配置资源，即把货币资本、人力资源、社会资源以及技术资源等有机地结合起来，使社会经济资源在时间及空间上实现转移。在股权交易市场上，资本是稀缺的。为了实现自身经济利益的最大化，股权投资参与主体要审时度势，通过市场竞争作出最优选择。股权投资者希望将资本投向最有利可图的环节和项目，从而决定其资金和其他经济资源的走向。一般来说，资本总是流向最有发展潜力、能够为投资者带来丰厚利益的企业。这样，通过股权市场的作用，有限的资源就能够得到合理的配置，资金从低效率的部门转移到高效率的部门，从而实现稀缺资源的优化配置。

（2）股权投资有利于促进科技产业升级。科技产业是经济持续增长的支柱，是当今世界各国竞争的制高点。发展和促进高新科技产业化将带来我国经济的可持续发展和产业结构的优化升级。科技产业升级，一方面离不开技术创新，另一方面离不开金融资本的支持，特别是股权资本的支持，股权投资是科技产业升级的“发动机”。

（3）股权投资有利于科技产业跨越式发展。股权投资市场具有市场化的优胜劣汰的选拔机制，从而推动科技产业的跨越式发展。在股权投资市场上，具有广阔的市场前景与能够形成自主品牌的科技成果可以迅速、不断地获得所需资金的支持；反之，没有市场前景的科技成果则很容易被市场淘汰出局。与此同时，股权投资市场自身就具有对科技创新和科技成果转化的制度性激励作用。可以说，股权投资市场为高科技产业的创新和发展提供了持续动力。通过发挥股权投资的主观能动性，加速科技企业的科技成果向现实的生产力转化，借助股权投资市场预支科技创新的远期利润作为近期研发的投入，实现未来价值的资本化，从而可激活科技创新的当前存量，增加全社会科技创新成果的供给量。在股权投资引导下，科技产

---

① 徐俊辉：“高新科技园区的规划设计研究”，武汉理工大学硕士学位论文。

业发展模式不同于传统产业，可实现跨越式发展。[①]

股权投资在推动科技产业发展的同时，科技产业的发展也促进股权投资发展，主要表现在以下几方面：

（1）科技产业发展为股权投资可持续发展提供保障。单个科技企业的发展难以支撑整个股权投资可持续发展。一方面，股权投资退出运作模式决定了需要连续不断的优质企业作为投资对象，而且这些优质投资对象具有上下游产业链关系可以降低股权投资风险。另一方面，科技产业的发展有利于产生聚集效应，同时，股权投资作为科技产业的主要资金供给方之一，必然带动股权投资业的聚集，从而也产生聚集效应，形成股权投资自身的生态发展环境。例如，美国硅谷科技产业处于世界前列，带动该地区成为全世界股权投资最为发达的地区；北京中关村是我国科技产业较发达的地区，该地区股权投资业的发展水平在我国也处于领先水平。

（2）科技产业发展丰富了股权投资基金类型。投资领域偏好是股权投资策略之一，即股权基金一般会集中某一两个行业作为自己的主投对象，而且战略新型产业是股权投资的主要投资对象，如移动互联网股权基金、生物医药股权基金、新能源股权基金、数字多媒体股权基金等科技产业基金。另外，科技产业发展为并购基金发展拓展了空间。传统产业相对成熟，企业并购需求较弱，而科技产业快速发展的原因之一就是企业并购的运用，如研发性公司并购生产性公司、技术相关企业的合并等等。

（3）科技产业发展为股权投资风险防范提供配套环境。首先，科技产业与传统行业相比具有产品周期短和更新换代速度快的特点，这些特点有利于股权资本的快速退出和增值。这样，资本投入的不确定性风险就会越低。其次，成功的科技产业投资项目会在业内产生示范效应，能够为股权基金管理者在未来的投资决策过程中提供有价值的参考，可以帮助股权投资基金有效地降低风险。最后，科技产业一般具备良好的配套环境，如科技孵化器，不仅能够为科技企业提供便利，而且有利于降低股权投资风险，特别是创业投资，因为创业投资基金与孵化器结合可减少与防范投资风险。[②]

---

① 李靖："私募股权投资与高新技术产业的互动关系研究"，《海南金融》，2013年第2期。

② 李靖："私募股权投资与高新技术产业的互动关系研究"，《海南金融》，2013年第2期。

5.5 科技孵化器

5.5.1 定义及类型

科技孵化器是股权投资和科技创新的结合平台。科技孵化器是一种孵化机构，所谓孵化机构是指为培育科技企业创新发展提供孵育空间和专业服务，以促进科技成果转化与产业化、培养高新技术企业和企业家为宗旨的各类机构的统称。其主要类型包括：科技企业孵化器、大学科技园、留学人员创业园、科技企业加速器及相关管理和中介机构等。科技孵化器也称高新技术创业服务中心，主要功能是以科技企业为服务对象，为入孵企业提供研发、中试生产、经营场地和办公方面的共享设施，提供政策、管理、法律、财务、融资、市场推广和培训等方面的服务，以降低企业的创业风险和创业成本，提高企业的成活率和成功率，为社会培养成功的科技企业和企业家。[①]

科技孵化器是一种资源能力的集合，这种能力的集合应该包含以下三类：第一类应该包括所有实物，如房屋、机器、设备等有利于企业成长的资源；第二类就是看不见的软件服务，包括如何进行工商注册、如何进行管理、如何提高企业的核心竞争能力等；第三类是资源提供，包括市场资源、技术资源、政府资源的提供。

常见的科技孵化器有大学科技园、留学人员创业园、科技企业加速器和科技创业苗圃。

大学科技园就是以具有较强科研实力的大学为依托，将大学的综合智力资源优势与其他社会优势资源相结合，为高等学校科技成果转化、高新技术企业孵化、创新创业人才培养、产学研结合提供支撑平台和服务的机构。

留学人员创业园就是专门为留学归国人员创新创业提供专业孵化服务的孵化器。

科技企业加速器就是一种以快速成长科技企业为主要服务对象，通过服务模式创新，充分满足企业对空间、管理、服务、合作等方面个性化需

---

① 高宁："政府主导型科技企业孵化器发展研究"，上海交通大学硕士学位论文。

求的新型空间载体和服务网络，具有较强的集群吸引力和创新网络形态。[①]

科技创业苗圃就是为创业科技企业预孵化的机构，主要服务于开始创业或正准备创业的大学生和科研人员。

科技孵化器的建立呈现出创办主体多元化、优势资源组合化的特点。多种资源优势相结合，一方或两方为主体，产权明晰，实行企业化运作。因此按照创办主体和投资主体划分，分为政府主办型、学研型和产业型三种。

政府主办型孵化器是成立最早的一批孵化器，多为老牌传统孵化器，并以事业单位形式存在，经过多年的发展及相关政策的引导，此类孵化器逐步完成由传统综合型孵化器向专业复合型孵化器的转变，具有相当强的示范和带动效应。北京市以北京高技术创业服务中心、海淀创业服务中心为典型代表。

大学、科研院所主办型（学研型）孵化器可充分依托大学、科研院所的技术、科技条件优势，为在孵企业提供技术咨询服务，有利于初创型科技企业发展过程中技术的攻关，为企业的发展壮大提供强大的技术支撑。此外，学研型专业孵化器的创办，有利于大学、科研院所各项研究成果的产业化，加速了科技成果转化的进程。

企业主办型（产业型）孵化器分为国企和民营企业、投资机构创办两种。这种类型专业孵化器更加以市场为导向，积极调动各方资源，与大学、科研院所及其他社会中介机构建立广泛的联系，通过机制的不断创新，整合各方资源，为在孵企业提供市场化服务。

5.5.2 科技孵化器的作用

科技孵化器具有带动区域创新创业、促进高科技产业聚集、吸引高端人才聚集、合理配置政府资源以及集聚创新资源、推进自主创新、为产业技术水平提升提供支撑的作用。

（1）带动区域创新创业。随着我国市场化体系不断完善，科技企业在未来经济发展中将扮演越来越重要的角色。由于科技企业存在的前提是高新技术的创新，没有高新技术的发明创造，新技术企业就失去了存在的基础。企业只有开发出满足市场需要的新产品，凭借新产品的新颖性和高新

---

① 李志远："孵化器与现代企业加速器"，《中国高新区》，2007年第9期。

技术特性迅速占领市场，才能获得经济效益。然而，企业不可避免地存在开发失败的风险，20% ~30%的高新技术企业的巨大成功是以70% ~80%的企业失败作为代价的。因此这种独特的成长路径，必须由科技孵化体系为高科技企业发展提供重要保障。构建与完善科技孵化体系，就是扶持高科技企业成长，促进科技研发活动及科技成果转化，促进区域创新创业。

（2）促进高科技产业聚集。社会网络理论是理解孵化器加速形成小企业集群，实现技术创新外部规模经济的理论解释之一。与市场和企业相比，社会网络在沟通和获取信息，降低不确定性，防范机会主义行为、低经济行为的风险方面具有明显的优越性。并且单个企业不可能拥有技术创新的全部资源，而必须跨越自身边界，在企业之间实现资源共享和优势互补。孵化器内部企业集聚的网络效应形成和企业集群有相似的效果，并且成为小企业联结当地产业集群的纽带。一方面，孵化器接纳数量众多的初创企业入住，可以在内部形成和企业集群相似的企业群落，同样能够降低运营风险，提高企业竞争力。另一方面，孵化器同样还可以成为小企业联结当地产业集群的纽带。孵化机构通过为高科技企业提供物理空间和基础服务，为高科技产业在物理空间上的聚集创造了条件，从而形成产业集聚效应。产业集聚能够产生一定的知识溢出性，进而带动该产业链上下游企业发展，带动周边地区经济发展，形成产业集群。孵化机构不仅有助于形成高科技产业集群，同时还可以成为区域产业结构调整中培育战略性新兴产业的重要载体。①

（3）吸引高端人才聚集。科技孵化体系包含完善的人才服务体系，形成“吸引人才、培育人才、激励人才、用好人才”的环境，吸引高端人才创新创业，包括千人计划、海聚工程、高聚工程等高端留学归国人员，以及具有创新创业精神、掌握变新技术的科研院所的科研人员、教师以及学生等。政府依托科技孵化体系出台一系列针对激励高端人才的优惠政策，为他们提供技术交流、经验交流的平台，增加知识溢出效应，提高知识向产能转化的效率。

（4）合理配置政府资源。在构建与完善科技孵化体系的过程中，政府

① 陈粟：“企业孵化器与技术创新——作为一种政策工具的企业孵化器的研究”，厦门大学硕士学位论文。

不仅可以提供土地以及相关基础设施扶持，还可以出台一系列资金、税收等相关扶持政策支持孵化机构不断发展，使之成为各类创新要素有效整合的平台。

（5）集聚创新资源，推进自主创新，为产业技术水平提升提供支撑。科技企业孵化器集聚科技、人才、资金、信息等各种创新要素，以科技孵化企业为载体，通过转化科技成果、开发各类新技术新产品，有力地推动了原始创新、集成创新和引进消化吸收再创新，为产业技术水平提升提供支撑。

（6）完善科技创新体系，促进科技成果转化和产业化，推动产业技术升级。科技企业孵化器以当地的资源为依托，通过其所创建的局部创新环境，优化整合和配置当地的资源，促进科技成果转化与产业化，成为区域科技创新体系的重要一环。科技企业孵化器培育出的高新技术企业和企业家，向周边地区辐射，有力地推动了产业技术升级。

5.5.3 科技孵化器孵化模式

科技孵化器的孵化模式是指孵化器在依据自身专业特色资源、整合外部专业资源基础上为在孵企业提供高效益、高质量的服务方面以及自身发展方面所形成的稳定的、推动孵化器正常运转的体系结构。科技孵化器的孵化模式大致分为物业支持模式、综合服务模式、专业孵化模式以及投资孵化模式。

物业支持模式就是科技孵化器主要为在孵企业提供物理空间，包括办公用房及生产用房，并为这些物理空间提供物业服务以及为企业提供一些简单的运营服务，包括公司注册、法务以及财务服务等。这是最传统的孵化模式，我国目前还有少量科技孵化器处于这一阶段。

综合服务模式就是以物业支持为基础，增加了咨询、培训、中介以及融资等一些增值服务。这类孵化模式已经成为目前我国科技孵化器的主流。单纯提供物业支持，创业企业孵化成功概率较低。企业成长需要一个良好的平台，这个平台能较好地为企业解决一些企业发展的外部问题，如市场开拓、人力资源服务以及扶持政策解读等。

专业孵化模式就是科技孵化器利用自身的专业技术资源包括技术平台以及技术团队针对某一个或几个行业的企业进行孵化，包括技术转移型、技术服务型以及产业链型等。技术转移型就是以技术转移为特色，辅之以投融资功能，发挥服务联盟的优势，加强产学研的紧密结合，可简化为：技术转移 + 投融资 + 服务联盟。这类专业孵化器主要是依托大学、科研院所建立，将自身系统的科技成果进行成果转化，如我国各大学以及科研院所科技园。技术服务型就是结合在孵企业的技术需求，建立专业技术平台，对企业开展测试、化验、技术培训等多种技术服务。在这类孵化器中，专业技术服务平台发挥了非常突出的作用。如北京中关村聚集了大量数字技术、移动互联网、生物医药等专业性科技孵化器。所谓产业链型就是依托大公司的背景资源，对一个技术领域内上下游资源进行整合，进而形成对研发、中试、生产、销售等整个产业链的孵化。这种孵化模式基本锁定了在孵企业的市场风险，有利于在孵企业快速形成产业化，用公式表示即：专业技术平台 + 生产基地 + 市场网络。这种孵化器模式是大型企业建立孵化器的比较典型的模式。①

投资孵化模式就是科技孵化器具备投资功能，除对在孵企业进行综合服务外，还可对在孵的优秀企业进行股权投资，使科技孵化器成为在孵企业的参股公司。投资型孵化器有三个先决条件：一是孵化器具备雄厚的资金实力和较强的融资能力；二是孵化器具备股权投资的专业人才；三是孵化器能够吸引足够多的优秀企业入驻。这种孵化模式被视为孵化器未来的发展趋势。

随着互联网技术的发展，一些创新型的科技孵化器正在逐步成长与发展，如虚拟孵化器、云孵化器等等。

5.5.4 科技孵化器与股权投资

科技孵化器作为股权投资和科技创新的结合平台，主要与创业投资关系紧密，因为入驻科技孵化器的企业大都是初创期的科技型企业，是创业投资基金的主要项目源。

除孵化器为创业投资基金提供优质项目外，关键是两者通过深度合作可以构建创业孵化投融资体系，即孵化资源与金融资本通过股权方式进行结合，如科技孵化器与创业投资基金共同组建孵育基金或者创业投资基金参股科技孵化器等。创业孵化投融资体系的优势有：一是借助孵化器，降低股权投资风险。一方面孵化器管理人员对孵化项目有较长时间的了解，

---

① 赵江敏：“专业技术企业孵化器入孵和毕业筛选机制研究”，天津大学博士学位论文。

与创业者有密切接触，故可以帮助投资方选择优质项目；投资方借助孵化器可以对企业、技术、市场和管理等有较多的了解。在这种情况下进行投资，可以减少逆向选择的影响。另一方面孵化器中的入孵企业与孵化器的管理者几乎朝夕相处，便于孵化器管理者了解企业家的人品、业务活动、技术的先进性、产品的市场潜力、经营团队的管理能力和创新精神等诸多方面情况。股权投资者与孵化器合作投资于孵化器的在孵项目，可以降低其监督成本和投资风险。因此，孵化器可以作为股权投资的配套措施。二是升级孵化模式，提高创业成功率。科技孵化器的主要功能是为已经慎重选拔进入企业孵化器的新建企业提供具有丰富服务内容的孵化空间和各种企业及项目相关信息，帮助企业制定产品开发、市场营销、人力开发等企业发展计划，组织必要的咨询与培训以提高创业者的各种技能，促进企业快速成长，使孵化企业能在几年内离开企业孵化器独立经营。如果科技孵化器与创业投资基金合作，可以由传统的服务型孵化模式提升为投资型孵化模式，提高创业成功概率。①

① 陈粟：“企业孵化器与技术创新——作为一种政策工具的企业孵化器的研究”，厦门大学博士学位论文。

CHAPTER 6

第6章　股权投资文化环境

文化是指人类活动的模式以及给予这些模式重要性的符号化结构。股权投资文化在合伙文化的基础上发展而来，即股权投资在发展过程中形成的以市场机制为基础、以互信态度、契约精神、专业思想、风险意识、投机理念以及创新精神为特征的投资行为规范、思维方式和价值观念等。它是股权投资一种内在的、自觉的人文环境，建设股权投资文化有利于激发股权投资内在动力。

6.1　概述

6.1.1　文化基本理论

在西方，“文化”一词出自拉丁文 culture，其原意是耕种、栽培和教育。引申意为：文化是生活方式，文化是人类特有的文明现象的总和，文化是人的价值观、知识水平和劳动技能的载体。英国人类学之父泰勒的文化定义为：文化或文明就其广泛的民族学意义来说是包括全部的知识信仰、艺术道德、法律风俗以及作为社会成员的人所掌握和接受的任何其他的才能和习惯的复合体。①

中国古代把文化解释为“以文教化”，即用儒

① 霍桂桓：“论判断文化是否先进的方式——兼论以‘社会个体生成论’为判断依据的现实可能性”，《河南社会科学》，2008年第2期。

家的诗书礼乐启迪人、教育人。“以文教化”的目的是：懂礼仪，守规范。人文是文明与野蛮区别的标志，是人之所以为人的标志。区别于自然，有人伦之义；区别于神理，有精神教化之义；区别于质朴、野蛮，有文明、文雅之义；区别于成功、武略，有文治教化之义。

现代社会，广义文化指人类在改造自然和改造社会过程中所创造的物质财富和精神财富的总和。狭义文化包括两个方面内容：一是心理型文化层面：由各种社会心理构成的，包括风俗习惯、思维方式、感觉认识、价值观念、道德情操、宗教情绪、审美意识、民族性格等直观、感性的社会意识形式；二是知识型文化层面：由各种社会思维体系构成，包括艺术、文学、宗教、道德、教育、科学、哲学、法律、政治等系统理论的社会意识形式。

文化在发展过程中表现出以下特征：

（1）文化是某一特定人群的生存式样。文化离不开特定的人群，总是在特定人群的相互交往、相互影响的过程中产生和发展。不同文化的差别主要是不同人群生存式样的差别，也就是他们的价值观、风俗习惯、语言、艺术、信仰以及制度等的差别。

（2）文化具有广泛的认同性。文化体现了特定的人群共同的思维方式、行为模式和心智模式，能够得到群体中的个体广泛的认同。这种认同，使得个体在相互交往的过程中，能够相互在一定程度上预期对方的行为，减少了交往的不确定性，有助于人们的交往和社会生活的发展。

（3）文化具有可传播性。文化通过个体自觉或不自觉的态度和行为影响着群体中的个体，文化又影响着群体中新生的个体，把群体的生存样式、行为模式和心智模式一代代地传下去。同时，不同的群体发生相互交往时，一个群体的文化在一定程度上会对另一个群体的生存式样、生活方式和行为习惯、价值观念及制度等产生影响，在一定程度上使受影响的群体接受、认同、模仿施加影响的群体文化。这样，人们通过相互交往，使得不同的文化在纵向和横向上不断地传播开来。

（4）文化具有可培育性。文化是在人们的相互交往中产生的，受人们的生产方式、生活方式和社会的生产力水平的制约。在不同的社会历史环境中，先后产生了游牧文化、农耕文化和商业文化。当来自不同群体的人们由于某种原因组成新的群体时，在新的群体中就会培育出新的文化，如北美的移民文化。

（5）文化对群体成员具有约束性。文化反映了特定群体共同的行为模式、思想价值观念和生活习惯等，群体中的个体行为总是自觉或不自觉地受到该群体文化的约束。这种约束分为内在约束和外在约束。内在约束是指个体通过认同群体共同的价值观念、风俗习惯、伦理规范等，自觉地或在潜意识中无意地表现出群体的行为特征。个体通过这种内在约束所表现出的行为特征使得个体能得到群体的认可。外在约束就是正式的制度安排，要求群体中的每一个成员都遵守这种制度安排，并对违反这种制度的人加以经济上或是肉体上或是人身自由方面的处罚。外在约束通过长期执行，如果得到群体成员的认可，会转变为内在约束。

6.1.2 合伙文化

合伙文化是在合伙制度下，人们在合伙工作、生活中以相互信任和协作为基础的行为规则和这些规则作用下的行为模式、行为特点以及行为结果的总和，是一种组织文化。由于合伙制度的核心是人合，所以合伙文化具有以下特征：

（1）诚信是合伙文化的核心价值观。新制度经济学认为，市场交易的行为主体具有有限理性，市场存在信息不对称。市场交易的主体双方都不是具有完备知识的人，他们掌握知识的能力和所掌握的知识有限，交易的双方所拥有的信息不对称。所谓信息不对称，就是交易的一方比另一方更具有信息优势，一方所拥有的一些特定的信息并不为另一方所拥有。在信息不对称的条件下，一方在利己主义（机会主义）的作用下，对另一方可能采取欺骗手段而获利，做出损人利己的事情。而另一方为了不被欺骗，就必然想方设法获得有关交易的信息。由于合伙存在信息不对称，就要求合伙人之间讲求诚信。诚信可以使合伙双方产生信任，彼此对对方的行为形成稳定的预期，大大减少了信息收集成本，也就减少了交易成本，从而促进了合伙的顺利运行。

（2）合伙文化坚持人本价值观。所谓人本价值观就是要不断提高人的价值，发挥智力资本作用。知识经济社会里，由于关键资源是知识、技术和信息，而人是创造知识和应用知识的主体，因此，知识经济时代的关键资源实质上是人力资本。合伙的本质是人合，即人力资本在合伙事业中将发挥越来越重要的作用。

（3）合伙文化注重激励约束机制。合伙制度的核心是人合，人的主观因素直接影响合伙事业的成功与否。激励约束，即激励约束主体根据组织目标、人的行为规律，通过各种方式去激发人的动力，使人有一股内在的动力和要求，迸发出积极性、主动性和创造性，同时规范人的行为，朝着激励主体所期望的目标前进的过程。激励与约束有着不同的功能，两者又是相辅相成的，缺一不可。但首先是激励，没有激励就没有人的积极性，而没有积极性，合伙事务无从谈起。同时，每个合伙人要对他的行为负责任，也就是说，他的行动要受到约束。在实际合伙事务中，要具体情况具体分析，在偏重激励或者约束之间适当地作出选择。只有把两者很好地结合起来，才能调动经营者的积极性，并与所有者利益一致，实现激励与约束兼容。①

6.1.3 股权投资文化

股权投资由于其产生原因、发展背景、运作模式以及投资理念等综合因素，在产生发展过程中融合合伙文化逐渐形成了自己独有的文化。所谓股权投资文化就是在股权投资业发展过程中形成的以市场机制为基础，以互信态度、契约精神、专业思想、风险意识、投机理念以及创新精神为特征的股权投资行为规范、思维方式和价值观念等。它是股权投资的一种内在的、自觉的人文环境，体现出股权投资发展的内在推动作用。

6.2 股权投资文化内容

6.2.1 投资人行为准则

股权基金投资人之所以委托基金管理人管理基金，是由于股权投资专业性强，需要专业的经理人负责运营，包括拥有投资决策权，投资人一般不参与基金日常管理特别是基金投资业务，包括不以基金名义对外进行任何经营或代表股权基金对外签署文件。但由于信息不对称，存在逆向选择和道德风险，为了控制风险，投资人行为规则就是知情、监督，不干涉股权基金管理人的正常管理。具体来说，投资人行为主要包括：（1）组建顾问委员会，对基金事务向基金管理人提出意见或建议；（2）合伙协议或委

① 秦德连：“浅谈激励、约束机制在管理工作中的应用”，《魅力中国》，2011年第17期。

托协议的修改；（3）决定股权基金与另一经济组织的合并、分立或者变更组织形式；（4）决定股权基金的中止、终止或解散；（5）决定股权基金目标总认缴出资额的增加或者减少；（6）决定股权基金的期限及展期，包括投资期的延长；（7）决定股权基金投资策略；（8）变更股权基金的名称和注册地址；（9）决定股权基金新增投资者；（10）变更管理人及其权益转让；（11）决定涉及利益冲突的关联交易；（12）聘请股权基金的独立审计师和律师；（13）协助选择股权基金托管银行以及参与资金划拨；（14）定期监督基金财务状况及运营状况，并提出完善建议。

合格的股权基金投资人不仅要有投资实力和鉴别风险、抵抗风险的能力，还要遵守投资人行为准则。投资人要遵守投资行为准则，就要充分理解股权投资，确保基金管理人充分实现专业管理。

6.2.2 管理人行为准则

信誉是基金管理人的最大资产，即基金管理人的信用来源于信誉资产。基金管理人受人之托管理基金，源于管理人的敬业精神和专业能力。因此，其行为准则为诚信、专业，不侵犯投资人资产并为投资人带来投资回报。基金管理人行为以《合伙协议》或《公司章程》为基础，主要包括：（1）以私募方式面向合格投资人募集资金并向投资人真实反映管理人相关信息，包括过往业绩；（2）向投资人告知股权基金未来有可能面临的风险；（3）组建基金管理团队并保持其稳定性；（4）构建完善的基金内部管理制度；（5）建立有效的基金风险控制机制以及约束激励机制，包括资金托管；（6）建立基金投资策略和投资风格；（7）建立高效、民主、专业的投资决策机制；（8）积极寻找优质、潜在投资项目并完成投资任务；（9）注重投后管理，包括投后监管、增值服务以及回收资金；（10）主动接受基金委托人的监督；（11）及时与基金委托人进行信息共享。

由于基金存在一定的存续期，基金管理人与基金投资人之间注定不是一次性博弈，而是多次连续博弈。基金管理人遵守行为准则，不仅是减少和规避道德风险的有效保障，也是基金管理人自身增加信誉的根本保障，确保在连续博弈中取得投资人的信任。

6.2.3 监管机构监管准则

股权投资主要采取私募方式募集资金，相对于公募方式而言，投资者具有较高风险识别能力和承受能力，不宜实行严格监管。而且股权基金重在内部自治，监管应相对宽松。股权投资坚持原则监管与规则监管结合、行业自律与行政监管相结合的适度监管准则。规则监管比较清晰，便于市场主体遵循，但灵活性不够，而原则监管则给市场机构更多的自由和灵活度。

原则监管主要体现在：（1）在市场准入环节，不对基金管理人和股权基金进行前置审批，而是基于登记备案信息，进行事后行业信息统计、风险监测和必要的检查；（2）在基金托管环节，不强制要求基金财产进行托管；（3）在信息披露环节，不要求进行公开信息披露，仅对需要向投资者披露的重大事项进行了规定，其他事项均由相关当事人在基金合同、公司章程或者合伙协议中自行约定；（4）在行业自律环节，充分发挥行业协会作用，进行统计监测和纠纷调解等，并通过制定行业自律规则实现会员的自我管理。

规则监管主要体现在募资监管上，具体表现在：（1）不得向合格投资者之外的单位和个人募集资金，不得通过公众传播媒体或者讲座、报告会、分析会和布告、传单、短信、微信、博客和电子邮件等方式向不特定对象宣传推介；（2）不得向投资者承诺资本金不受损失或者承诺最低收益；（3）要求对投资者的风险识别能力和风险承担能力进行评估，并由投资者书面承诺符合合格投资者条件；（4）要求基金管理机构自行或者委托第三方机构对基金进行风险评级，选择向风险识别能力和风险承担能力相匹配的投资者推介基金；（5）要求投资者如实填写风险调查问卷，承诺资产或者收入情况；（6）要求投资者确保委托资金来源合法，不得非法汇集他人资金投资私募基金。

适度监管准则是在“投资者自慎”原则前提下，防范私募基金管理人利用信息不对称侵害投资者权益的必然要求；同时是在“风险自担”原则的前提下，防范私募基金风险外溢的必然要求。

6.2.4 投资思维准则

股权投资不同于传统的投资手段，主要在于其盈利模式为建立在投资基础上的投机。因此，在投资思维方面，一是股权基金投资人坚持财务投资理念，二是股权基金坚持投机理念。

财务投资是相对于战略投资而言的。具体来讲战略投资就是指具有资金、技术、管理、市场、人才优势，基于自身发展战略投资对方，并能够帮助对方发展，以期获得长期利益回报。相对于战略投资者而言，财务投资者更注重短期经济上的获利，对项目公司所处行业、地域以及长期发展不太注重，即对投资的具体项目不太关心，只要能带来经济利益即可。

投机是相对于投资而言的，此时的投资指狭义的，即指以创造剩余价值为盈利手段。而投机则是以价差为盈利手段，即低买高卖。在股权投资中投机就是以较低的股权价格投入，然后以较高的股权价格退出，从而获得资本利差。这就要求股权基金以投资退出为原则评估企业，而且首选资本市场退出。

6.3 股权投资文化特征

6.3.1 互信态度

互信态度是股权投资文化的基础。股权投资的典型特征之一就是私下交易，存在严重的信息不对称，主要表现在两方面：一方面是股权基金主要采取私募方式募集资金，基金出资人一般不参与基金经营管理，基金管理人具有信息优势，而基金投资人处于信息弱势地位，只有在互信的环境下基金出资人才能放心委托基金管理人，从而减少基金设立成本以及基金后期管理和监督成本；另一方面是股权基金主要投资私人股权，股权基金一般作为小股东不参与企业日常经营管理，项目公司具有信息优势，而股权基金处于信息弱势地位，只有在互信的环境下股权基金投资企业时才能降低谈判成本和未来投后监督成本。如果有母基金参与，还会再增加一层信息不对称交易，即母基金内部出资人与管理人之间的信息不对称。这样，在股权投资产业链条上就会形成一个商业信任链。

商业信任链是为了实现商业价值供给而相互合作或可能相互合作的企业、政府、个人之间的显在与潜在信任关系结构。商业信任链基于组织与个人的信任需求而形成和发展。它能赋予企业优势竞争力量，对促进组织间相互沟通、减少交易费用、提高信任链整体的创新能力和形成产业链的竞争优势具有重要的现实意义。商业信任链是产业链的基石与核心。

6.3.2 契约精神

契约精神是股权投资文化的核心。“契约”一词源于拉丁文，原义为交易，其本质是一种契约自由的理念。所谓契约精神是指存在于商品经济社会，而由此派生的契约关系与内在的原则，是一种自由、平等、守信的精神。契约精神本体上存在四个重要内容：契约自由精神、契约平等精神、契约信守精神、契约救济精神，其中契约信守精神是契约精神的核心精神，也是契约从习惯上升为精神的伦理基础。在契约未上升为契约精神之前，人们订立契约源自彼此的不信任，契约的订立采取的是强制主义；当契约上升为契约精神以后，人们订立契约源于彼此的信任。当契约信守精神在社会中成为一种约定俗成的主流时，契约的价值才真正得到实现。在缔约者内心之中存在契约守信精神，缔约双方基于守信，在订约时不欺诈、不隐瞒真实情况、不恶意缔约，履行契约时完全履行，同时履行必要的善良管理、照顾、保管等附随义务。①

委托理财是股权投资的主要特征之一，如股权基金出资人委托基金管理人。委托行为产生的核心在于信任，信任的保障在于契约。所以，契约精神贯穿于整个股权投资，尤其是对基金管理人而言。

6.3.3 专业管理

专业管理是股权投资文化发展的保障。股权投资经过近80年的发展，有别于其他传统的投资手段，已经发展成一个新的投资行业，并形成一套自身较为完善的理论体系，包括盈利模式、投资理念、投资决策、企业评估、投后监管、风险控制以及激励机制等。所以股权投资专业化越来越明显，即专业人才的价值越来越得到体现，金融资本与智力资本的结合越来越紧密。正因为如此，专业化的基金管理人产生而且发展成为一种独立的职业。基金管理人已经成为股权投资的重要标志。

基金管理人市场发展直接影响股权投资业的发展，主要表现为以下几方面：一是基金管理人队伍专业水平和敬业精神直接影响基金出资人的积极性；二是基金管理人队伍的适当规模，鉴于股权投资特殊的投资理念和投资模式，股权基金数量不会太多，但是如果基金管理人数太少，缺乏竞争，则不利于行业发展；三是基金管理人的流动性，基金管理人作为专业人才，只有通过适当流动才能充分发挥其市场价值，从而推动股权投资业的发展。

---

① 刘颖：“公民教育的法制教育及其价值研究”，武汉理工大学硕士学位论文。

6.3.4 信誉机制

信誉机制是股权投资文化的价值取向。基金投资人与基金管理人之间连续博弈决定了这一切。

所谓信誉机制是指管理人过往的经验和业绩、诚信等体现为信誉的无形资产，可以给管理人带来未来长期的超额收益，并由此对管理人的决策和行为产生影响。在信誉机制的作用下，只有那些有较高的专业技能、优良的投资记录和信誉卓著的管理人才能顺利地募集资金和进一步开展投资业务，而那些没有卓著信誉的管理人将在市场上寸步难行。信誉机制也是一种积极的约束机制，且约束的成本较低。这一机制可以有效地约束管理人注意累积和维护自己的信誉，诚信对待投资人。由于基金出资人数量不多而且相对稳定，管理人的信誉信息传播速度快，因此通过信誉机制更加容易约束管理人的行为，从而建立良好的行业自律水平。正因为如此，管理人非常重视自身的信誉，视信誉为职业生命。

6.3.5 投机理念

投机理念是股权投资文化的发展动力。股权投资盈利模式决定了投机理念。一方面，基金出资人作为财务投资人，其投资理念就是通过资本利差获得经济利润；另一方面，基金管理人受人之托管理资金，只有通过高额的资本利差回报才有可能获得出资人的信赖。所以，无论从基金出资人角度，还是从基金管理人角度，投机理念贯穿于整个投资过程。

投机理念在股权投资过程中的主要表现为：一是股权基金一般都有存续期，确保资金到期回收；二是股权基金在投资项目、评估项目时把投资退出作为评价核心点，包括与项目方签订回购协议等；三是退出市场的发展，尤其是证券市场的发展直接影响股权投资发展，如美国的纳斯达克推动了美国股权投资业的发展以及我国创业板的开市直接促进了我国股权投资业的发展。

6.4 股权投资文化形成与发展

6.4.1 股权投资发展

股权投资文化的形成是建立在股权投资发展的基础上，即股权投资发展是股权投资文化形成与发展的土壤。

从哲学角度来讲，先有物质后有意识，物质决定意识。人类其他领域文化的形成与发展也是如此，如西方文化的形成与发展是建立在工业发展的基础上，东方文化的形成与发展是建立在农业发展的基础上。同样，高科技产业的发展促进了创新文化的形成与发展，反过来，创新文化又促进了高科技产业的发展。

从20世纪中期开始，现代股权投资的发展，包括股权基金规模、从业人员数量的增加以及股权投资对社会经济发展的重要性日益提高，为股权投资文化发展奠定了基础。一方面，股权基金规模和从业人员数量的不断增加，确保了股权投资文化有足够的参与主体；另一方面，股权投资在促进社会经济发展中的重要性日益提高，确保了股权投资文化发展得到社会广泛关注与支持。

6.4.2 市场机制发展

股权投资文化的核心就是市场机制，即通过市场配置资本与智力，使这些资源通过结合发挥更高的效率。因此，市场发展直接影响股权投资文化的内核。

市场机制本质就是自由交易与公平交易。契约是市场机制下买卖双方达成交易的主要方式，契约精神是股权投资文化的主要特征之一。股权投资文化最先在市场成熟的国家形成，如美国和欧洲。发展中国家市场机制的不成熟限制了股权投资文化的形成与发展。进入21世纪后，随着市场体系不断完善，我国股权投资运作模式逐渐与市场机制接轨，同时，股权投资文化也在不断发展。

6.4.3 有限合伙制产生与发展

合伙制是一种古老的企业制度，这种制度早在公元前18世纪古巴比伦的《汉谟拉比法典》中已有规定。我国在春秋时期，就已有了合伙制度的雏形，《史记》中所载的“管鲍之交”即为其例。到古罗马时代，合伙已成为一种制度成熟、形式多样的个人联合体。早期的合伙制主要是一种简单的契约关系，即两人以上相约出资，经营共同事业，共享利益、共担风险的合同。随着社会经济的发展、尤其是海陆贸易的需要，一种新型的商业经营方式“康孟达”于11世纪晚期在意大利、英格兰和欧洲的其他地方逐渐用于当时兴起的海上贸易。根据这种康孟达契约，一方合伙人（出资人 stans）将商品、金钱、船舶等转交于另一方合伙人（企业家 tractor）经营。冒资金风险的合伙人通常获得 3/4 的利润，且仅以其投资为限承担风险责任。从事航行的企业家独立从事航海交易，可获得 1/4 的利润，并对外承担经营的无限责任。① 这就是现代合伙制——有限合伙制的前身，与普通合伙相比，已经具有如下的特点：

（1）适应海上贸易中高风险的投资需要。由于中世纪海上贸易尤其是远洋贸易是当时风险最大但同时也是利润丰厚的贸易，有足够资本的投资者希望进行投资来获取高额利润，但是他们却不愿意承担高风险带来的无限责任，船主则往往苦于缺乏足够的资金来造船、购货，于是产生了船主企业家和银行投资家之间的新式联合——康孟达契约。康孟达和海上合伙所具有的极大好处是投资者的责任被限于他们最初投资的数额，在这方面它很像近代的公司，而且投资者还可以把他们的钱分散在几个不同的康孟达之中以减少风险，而船方承担无限责任，获取资金，双方各自得到了经济上的满足。而同时代的陆上合伙，则往往是由同一个家庭成员组成的联合体，最终被外人加入。因此，陆上合伙人都负无限责任，其中最根本的原因应当是相对于海上贸易来说，陆上贸易的风险要小得多。②

（2）康孟达的短期性为投资者的退出提供了便捷通道。康孟达是一种短期联营，在完成了特定航行之后就解除了。而陆上合伙，则在相当一段时间里从事多种多样的贸易活动。从两者的时间性可以看出，康孟达的短期性可以使投资者在获得利润之后迅速地退出以回收投资，而陆上合伙（或称普通合伙）则更倾向于营业的持久性，投资者的投资较为稳固。③

（3）管理结构的不同需求。由于当时的教会法禁止利息，因此采用投资的方式进行收益成为许多具有资本的人的选择，但与普通合伙人相比，有限合伙人（投资者）可能并没有愿望参与经营，其单纯地希望从投资中获得利润。而普通合伙人则往往是对经营较为精通的人士，希望通过经营管理基金获得更大的利润。双方对管理结构的不同需求在有限合伙中都能得到确实的满足。④

---

① 赵长明："试论中国的有限合伙理念"，《科技资讯》，2006 年第 32 期。
② 郭红艳："有限合伙法律制度研究"，复旦大学硕士学位论文。
③ 王晖："有限合伙研究"，山东大学硕士学位论文。
④ 同②。

1976年美国修订《统一合伙法》，现代有限合伙制正式产生，实现出资人可以获得短期高额利润以及管理人通过管理才智同样可以获得高额利润，充分体现了金融资本与智力资本的融合。一方面，有资金实力者出于谨慎，不愿投资于需要承担无限责任的普通合伙企业，而公司制中所有权与经营权分离可能导致的经营者道德风险也令其望而止步。另一方面，拥有投资管理能力或技术研发能力者往往缺乏资金，愿意以承担无限连带责任为代价取得资金管理权，在承担较高风险的同时，在项目成功以后，获取高于其出资额数倍以至十倍以上的高额利润。有限合伙制度完全契合了这两种市场需求，确保了资本和管理能力的最佳组合，实现了效益最大化。[①] 有限合伙制在股权投资实践运用过程中的主要优势有：

（1）独特的多重约束机制。一是普通合伙人（基金管理人）承担无限责任；二是由于合伙期一般只是一个投资期，对于需要不断筹集新资金的管理人来讲信誉可谓至关重要，因此，不断提高业绩和保持良好信誉成了一种外在的激励和约束；三是有效的监督制度，由投资者组成的顾问委员会实施监督，限制普通合伙人损害投资者利益。

（2）灵活的运作机制。以有限合伙协议为基础，很多方面可以由合伙人协议决定，创新运作机制，如监督机制、激励约束机制、民主决策机制以及风险控制机制，保护投资者利益。创业投资存在多重委托代理，信息不对称，风险大，必须有一个比较灵活的运作机制，以应对各种风险，减少损失。

（3）优惠的税收政策。因为有限合伙制无需缴纳企业所得税，只缴纳合伙人所得税，避免了公司制下双重所得税的弊端，有效降低了经营成本。[②]

（4）便捷的退出机制。有限合伙人转让其合伙份额不会影响有限合伙企业的继续存在，这为基金投资者提供了除基金解散之外的又一条退出渠道。

6.4.4 多层次资本市场发展

投机是股权投资文化中的投资思维模式。募、投、管、退是整个股权

---

① 田小菊："论有限合伙制度"，《长沙大学学报》，2010年第3期。

② 孙颖："有限合伙中的劳务出资法律问题研究"，复旦大学硕士学位论文。

投资运作的四大步骤，其中“退”即投资退出，是决定股权投资成功与否的关键一步。不同的退出渠道，也就是在不同的市场退出，股权基金盈利水平差别很大。股权投资的盈利模式决定于资本市场，尤其是证券市场是股权基金最理想的退出市场。资本市场的发展决定股权基金投机理念能否实现，尤其是多层次的资本市场发展。

1971 年美国纳斯达克证券市场开板，丰富了美国多层次资本市场，并且拓宽了股权基金的退出渠道，鼓舞了股权基金出资人的积极性。随着纳斯达克的发展，一些股权基金投资的高新技术企业在纳斯达克陆续上市，股权基金通过二级市场成功退出并获得高额的资本利差。正因为如此，纳斯达克的开市极大推动了美国乃至世界股权基金的发展。同样，2009 年我国创业板开市大大促进了我国股权投资发展。多层次资本市场的发展进一步强化了股权投资的投机思维方式。

6.4.5 监管制度完善

股权投资坚持原则监管与规则监管结合、行业自律与行政监管相结合的适度监管准则。采取行业自律为主的监管制度，确保了股权投资文化内容围绕市场机制不断完善，从而确保股权投资有更大的发展空间。

股权投资运作形式相对灵活，投资人具有一定风险识别和承受能力，而且股权基金不公开向公众募集，外部风险较小，因而行业自律有助于股权基金依照市场机制完善日常管理和投资运作。所谓行业自律并非是一种契约型、合同型约束，而是市场所有参与者所遵守的惯例。其主要包括两个方面：一方面是指在行业内对国家法律、法规政策的遵守和贯彻；另一方面是在行业内制定行规行约，通过各市场主体之间的内部治理及互相监管来制约自己的行为。从欧美等国家成熟的股权投资运作经验来看，股权基金常规信息披露、利益冲突、内部治理和运营等都保持在行业自律的框架内。

股权投资行业协会的发展是股权投资行业自律的组织保障，如全美创业投资协会（NVCA）和欧洲创业投资协会（EVCA）。这些股权投资行业协会是由行业内不同机构的自愿联合而形成，属于真正意义上的行业自律组织，其目的是谋取和增进本行业共同利益，主要是通过建立统一标准、规范机构行为、维护行业秩序等手段谋求市场利益，与政府部门沟通，防止更严厉的监管措施出台。

6.5 国内外股权投资文化发展现状

6.5.1 美国股权投资文化发展现状

美国是现代股权投资产生地，同时也是股权投资文化发展最为完善的国家。美国股权投资文化发展成熟主要表现在以下几方面：

（1）合伙制发展成熟。美国早在立国之初便存在大量的合伙制企业，美国的合伙制度继承于英国的普通法原则，但其关于合伙的有影响的成文法的出现则是近百年的事。美国作为联邦制国家，其关于企业主体（包括但不限于合伙）的立法权限属于各州的立法机关。因此，由“美国统一州法全国委员会”制订的适用于普通合伙和有限责任合伙的《统一合伙法(1914)》与《修订统一合伙法（1994)》、适用于有限合伙和有限责任有限合伙的《统一有限合伙法（1916)》与《修订统一有限合伙法（1985)》以及适用于有限责任企业的《统一有限责任企业法（1994)》等有关合伙性质企业的“统一法”并不具有法律效力，而是作为示范法的意义存在。但必须肯定的是这几部示范法对美国各州的合伙制企业立法产生了巨大的推动作用。目前，几乎所有的州都参照相关的示范法制定了本州的各类合伙企业法。合伙制企业的生命力就体现在其灵活性上，在最初的普通合伙企业（General Partnership）的基础上，欧美各国逐步衍生出有限合伙(Limited Partnership)、有限责任合伙（Limited Liability Partnership)、有限责任有限合伙（Limited Liability Limited Partnership)、有限责任企业（Limited Liability Company）等各类合伙性质的企业。它们之间既相互联系又存在着微妙的差别，其中有限合伙的企业组织形式被广泛用于各类股权投资的经营运作中。股权投资基金中，投资人以出资额为限对合伙企业债务承担有限责任，而基金管理人以普通合伙人的身份对基金进行管理并对合伙企业债务承担无限责任。这样既能降低投资人的风险，又能促使基金管理人为基金的增值而勤勉谨慎服务。[①]

（2）美国私募基金包括股权基金监管实行一定的豁免制度。证券的公募要经过监管部门的核准（注册），受到严格监管，符合条件的私募可以

① 沈四宝、郭丹：“美国合伙制企业法比较评析及对中国法的借鉴”，《甘肃政法学院学报》，2006年第2期。

豁免注册，这是各国证券法通行的规则。美国对私募监管主要依靠四大联邦法律：1933 年《证券法》、1934 年《证券交易法》、1940 年《投资公司法》和《投资顾问法》。由于私募高杠杆、缺乏流动性在金融危机中引发系统性风险，美国于 2010 年通过了《华尔街改革和消费者保护法》（又称多德—弗兰克法案），该法案中包含了《2010 私募投资顾问注册法案》，也被称为《私募基金法案》（Private Fund Act），改变了 1940 年《投资顾问法》中有关投资顾问豁免注册的规定，加大了对私募的监管力度，显示出金融危机之后对私募监管趋严的态度。在私募基金登记注册方面，美国证券交易委员会（SEC）注册的基金管理人须完全遵循《投资顾问法》的相关要求，尤其是在基金托管、道德规范、市场推广、管理费用、账簿记录、商业计划等方面的规定，并要求基金管理人必须指定专门的管理人员负责此类合规性及信息报告工作。同时 SEC 对其保存的相关记录可以进行定期和不定期的检查。但美国对包括股权基金在内的三类私募基金进行了豁免注册：①豁免风险投资类私募。由于股权投资基金一般不涉及杠杆，而且投资锁定期较长，在次贷危机中没有爆发较大风险，故对风险投资类基金作出注册豁免。②中小型投资顾问类私募。如果基金管理顾问管理的资产规模在 1.5 亿美元以下，而且纯粹由私募获得，则可豁免注册。不过此类私募仍要准备好分类业务存档记录，以备 SEC 现场检查。③外国私募投资顾问。即在美国无经营场所、在美国拥有的客户或投资者少于 15 人且其资产管理金额低于 2 500 万美元、未向美国公众公开表明自身为投资顾问，同时也未担任美国共同基金或业务拓展公司的投资顾问。①

（3）造就了一批国际上久负盛名的基金管理品牌。如黑石基金、凯雷投资集团、华平投资集团、德州太平洋集团、汉鼎亚太以及贝恩资本等。其中，黑石集团堪称华尔街上最知名的私募基金；凯雷投资集团管理资金总额 390 亿美元，位列世界私募基金公司前茅，业务遍及世界各地。这些基金品牌已经成为美国股权投资文化的符号。

6.5.2 我国股权投资文化发展现状

1985 年，中共中央在《关于科学技术体制改革的决定》中首次引入了

① 伍李明、蔡佳林：“借鉴国际经验规范发展我国 PE 基金的探讨”，《中国国情国力》，2011 年第 9 期。

“创业投资”的提法，同年 9 月国务院正式批准成立了我国第一家创业投资公司——中国新技术创业投资公司，标志着我国股权投资开始起步。在近 30 年的发展过程中，股权投资文化也在逐步形成，但与欧美国家相比存在较大差距。

（1）行政干预产生股权投资腐败。典型的股权投资腐败是 2010 年前后在我国出现的 PE 腐败。PE 腐败是指一些股权基金或其他投资人通过各种关系特别是行政关系得到企业临上市前的投资机会，企业上市后通过二级市场退出快速获得高额资本利差，或者拿到企业上市前的投资额度，然后把额度加价卖给其他投资人。通常把这种股权基金称为伪股权基金。2009 年随着创业板的推出，股权投资在国内迎来了高速发展时期，股权基金数量从 10 年前的几十家一下子增长到了当时的 1 200 多家。截至 2010 年 1 月 18 日，在已上市的 42 家创业板公司中，有 33 家创业板公司的股东中有股权基金出现。当时创业板的高市盈率所隐含的 PE 暴利空间，也导致了大量伪股权基金的涌现。与传统的股权基金以专业投资能力和风险承担不同，伪股权基金更热衷于拟上市公司项目，即在企业上市前快速介入，解禁后退出，整个投资周期 2～3 年。他们之所以能在上市前快速介入，往往依靠的是特殊的关系资源或政治威慑力，而这种关系资源在 IPO 审核制度下具有相当的诱惑力。应该说，资本市场是拥有权力、信息优势的投资者掠夺其他投资者利益的理想场所，而拟上市公司则是实现这一目的的理想手段。首先，与内幕交易和股价操纵相比，拟上市公司在法律上是干净的，没有法律风险。其次，由于首次公开募股机会的稀缺性（与巨大需求相比），拟上市公司与拥有特殊能力的股权基金可以实现“双赢合作”，股权基金帮助企业运作上市，而企业则让渡一部分股份给股权基金。再次，动辄高达 100 倍的市盈率，使这种寻租的放大效应发挥到了极致。最后，“拟上市公司式”寻租非常隐蔽，可以通过复杂的股权架构或者代持股份等途径，使权力拥有者“运筹于帷幄之中，决胜于千里之外”。

由此，股权基金也逐渐成为一些具有隐性行政权力人士最热衷的领域。从 20 世纪 80 年代的贸易、钢材，到 90 年代的房地产和股市，再到 21 世纪的股权投资热，一些隐性权力人士经商始终是引人关注的敏感问题。2011 年 1 月 5 日，华锐风电 90 元/股的发行价，刷新了 A 股史上最高的发行价。更令人瞩目的是，站在华锐风电背后的股权基金 5 年获得了超过

500倍的回报。

（2）基金管理人不成熟，专业水平不高，敬业精神欠缺。一方面基金管理人打着股权投资的旗号，进行非法集资。以天津为例，2013年全国有近6 000家股权基金，其中2 000多家在天津注册，使天津成为国内股权基金注册、发展、运营的基地和中心。“错过了深圳，错过了浦东，不要错过天津滨海！”一句响亮的口号，曾是天津发展股权投资的招牌，天津也一度成为了股权投资天堂。不过，才仅仅几年时间，这个美誉就成了“烫手山芋”，不少公司和个人以私募投资的名义，涉嫌从事向社会公众承诺高额回报的非法集资活动。① 这一现象引起天津市政府部门高度注意并成立了专案组，涉嫌非法集资的股权基金近40余起，涉案金额近200亿元人民币，比较典型的案件有盛世富邦和日盛昌非法集资案。另一方面，基金管理人急功近利，同时管理多支基金的现象较为普遍。业绩奖励本应是基金管理人的主要利润来源，由于对自身的专业水平缺乏自信加上基金存续时间较长，基金管理人就采取同时管理多支基金从而获得更多管理费方式的，对业绩奖励反而不关心。这样有损基金出资人利益，不符合股权投资文化中的专业管理和契约精神。同时，基金管理团队核心人员随意离职，另起炉灶。我国现阶段基金管理团队核心成员往往因为激励不足、利益分配失衡或业绩不佳等各种原因随意离职，这样很容易对基金造成损失，这也是股权投资文化不成熟的表现。

（3）基金投资人不成熟，直接参与基金管理以及投资业务。2009年我国创业板开市极大促进了股权投资发展，同时，PE腐败现象的出现，使基金出资人看到了暴富的机会，没有意识到股权基金运作需要专业的管理团队管理。另一方面，我国股权基金管理团队发展不成熟，不仅规模有限而且专业水平有限，所以，基金出资人参与基金管理和投资业务的现象非常普遍。基金出资人参与基金管理与投资业务的主要模式有：一是基金出资人既是出资人同时也是基金管理公司的股东；二是基金出资人，特别是主要出资人，加入基金投资决策委员会。在我国，基金出资人与基金管理人自基金设立之初就一直在博弈，直至基金结束。这样，有悖于股权投资文化中的专业管理思想。

---

① 张兴军：“破产潮流中的十大行业”，《中国经济信息》，2013年第20期。

CHAPTER 7

第7章　股权投资运营机制

股权投资运营机制是指股权基金内部各种运行制度、运行程序、运行组织以及相互间关系的总称，以确保基金安全、高效运行。股权投资运营机制主要包括投资决策机制、激励约束机制、风险控制机制以及内部治理机制这四个方面。

7.1　概述

7.1.1　运营机制

运营机制，是指在人类社会有规律的运动中，影响这种运动的各因素的结构、功能及其相互关系，以及这些因素产生影响、发挥功能的作用过程和作用原理及其运行方式；是引导和制约与人、财、物相关的各项活动的基本准则及相应制度，是决定行为的内外因素及相互关系的总称。各种因素相互联系，相互作用，要保证社会各项工作的目标和任务真正实现，必须建立一套协调、灵活、高效的运营机制，如市场运营机制、竞争运营机制、企业运营机制等。

企业运营机制是企业的经营系统、技术创新系统、财务系统等运行过程中各环节内部以及各环节之间本质的内在的相互关联、相互制约的工作方式的总和。运营机制是企业经营过程中的主体机制。企业的经营活动是个连续不断的过程，运营机制研究运行过程中各生产要素之间的相互联系和作用及其制约关系，是企业经营运行自我调节的方式。运营机制可以使企业经营活动协调、有序、高效运行，增强内在活力和对外应变能力。

7.1.2 股权投资运营机制

股权投资运营机制是指股权基金内部各种运行制度、运行程序、运行组织以及相互间关系的总称。股权投资运营机制是以股权投资文化为核心，以股权基金运作模式为基础建立起来的一整套有关投资决策、风险控制、激励约束以及内部控制等的一系列基金内部管理制度。

如第 6 章所述，股权投资文化是股权投资在发展过程中形成的以市场机制为基础，以互信态度、契约精神、专业思想、风险意识、投机理念以及创新精神为特征的投资行为规范、思维方式和价值观念等，它是股权投资一种内在的、自觉的人文环境，其主要内容包括基金投资人行为准则、管理人行为准则、监管机构监管准则以及投资思维准则等。而整个股权投资运营机制都是围绕股权投资文化建立的。

股权投资运作模式以委托代理和专业管理为特征，主要包括基金募集、投资项目、投后管理以及投资退出四个主要流程。股权投资运营机制就是以股权基金运作模式为基础，确保股权基金能安全、高效运营，并获得高收益。

股权投资运营机制主要包括投资决策机制、激励约束机制、风险控制机制以及内部治理机制这四个方面。

7.2 投资决策机制

7.2.1 概述

投资决策贯穿于整个投资过程。狭义的投资决策指决定投资项目，包括投资项目收集、筛选、评估以至最后决策的整个过程。广义的投资决策指从确定投资项目一直到投资变现，也就是还包括投后管理决策和投资退出决策。投资决策由一系列连续的决定组成，其中最终决定权是核心。

投资决策机制是一系列决策制度、组织机构、决策过程以及相互之间关系的总和，其宗旨就是确保决策高效化、专业化以及民主化。决策高效化就是决策程序简洁、机构设置合理，确保投资决策在尽可能短的时间内完成。因为在股权投资市场优秀的项目竞争大，投资效率低易造成失去投资机会。另外，决策效率低易造成项目方错过最佳资金使用期，从而产生抵触情绪，不利于投后管理。决策专业化就是所有参与决策的人员必须是专业人员，因为股权投资高度专业化，特别是参与最终决策的人员，如投资决策委员会组成成员，必须是专业人员。决策民主化就是由决策机构实行民主决策，避免一人独裁决策。因为股权投资不确定因素多，投资风险大，应充分利用集体智慧把风险降到最低。

7.2.2 投资决策机制的内容

狭义的投资决策机制，其主要内容包括项目投资前决策程序、决策依据及机构组成、表决制度设计等。广义的投资决策机制，其主要内容还包括投后重大事件决策制度以及退出决策制度。但对于一般股权基金来说，投后重大事件决策以及投资退出决策一般也由投资决策机构负责。

（1）决策程序。项目选择决策程序一般采取逐级决策，主要包括项目筛选、项目立项以及项目确定三个主要步骤（见图7-1）。项目筛选的主要任务就是从收集的项目库中筛选出符合股权基金投资偏好的项目以便立项。基金投资偏好比较容易掌握，所以项目筛选比较简单，一般由投资业务员就可决定。项目立项就是以投资业务部等集体形式对通过筛选的项目作出是否立项的决定，立项依据主要来自项目方提供的商业计划书。通过立项后项目才可进入尽职调查阶段，也就是说基金准备花费一定的人力与财力对项目进行实地调查。立项表决权相对宽松，有的股权基金赋予投资总监、高级投资经理或投资经理立项权。在整个决策程序中最为关键的是最终投资决定权，即项目确定。在整个决策程序中最终决定权安排最能体现决策机制的科学性。最终决定权安排主要表现为投资决策机构组成、决策依据设计以及表决制度设计等。

（2）决策依据。在不同阶段决策依据不同，项目筛选的决策依据主要是股权基金投资偏好，项目立项的决策依据主要是项目方的商业计划书，最终决策时主要依据尽职调查报告以及在此基础上出具的投资建议书等。

（3）决策机构设计。根据基金发展比较成熟的国家的经验，要想实现基金决策的民主化、高效化和专业化，一般要建立一个专职的投资决策机构。在项目筛选、项目立项时没有专门的决策组织，只有到了最终决策时才会设置专门的决策机构，如投资决策委员会或股东大会等。决策机构拥

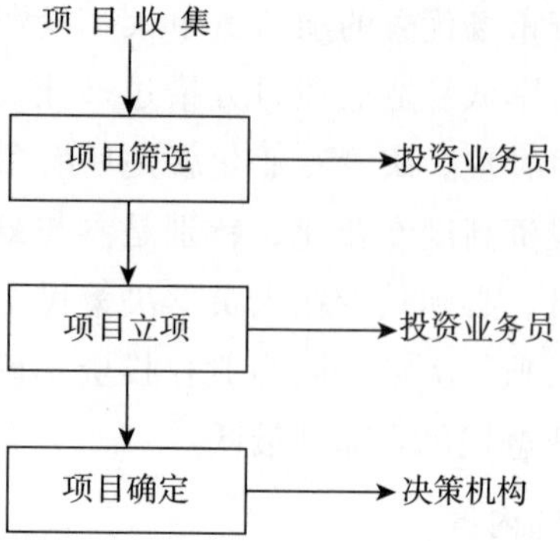

图 7－1　股权基金投资决策程序

有投资最后决定权。不同的决策机构设置决定了不同的决策机制，除选择不同的决策机构形式外，还包括决策机构组成人员的安排设计。原则上决策机构人员组成体现股权基金最高专业水平。有的决策机构属于基金非常设机构，如投资决策委员会，有的则属于基金常设机构，如董事会。

（4）表决制度设计。表决制度设计指决策机构有关表决时的相关制度设计，包括表决方式、通过方式等。一般情况下采取现场开会表决，也可通过现代通信方式如电子邮件以及电话会议方式进行表决。通过方式主要有以下四种：①全票通过，即在决策某一项目时需决策机构全体人员一致同意方可通过；②多数通过，即在决策某一项目时需决策机构 2/3 以上人员同意方可通过；③半数通过，即在决策某一项目时需决策机构一半以上人员同意方可通过；④一票否决权，即在决策某一项目时决策机构中某个或某些特殊人员拥有一票否决权，只有这些特殊人员投了赞成票才有可能获得通过。不同的投票制度会产生不同的结果，这取决于股权基金内部管理。

7.2.3　投资决策机制模式

根据最后决策权安排方式不同，特别是决策机构设计不同，投资决策机制模式主要有投资决策委员会（以下简称“投委会”）模式、董事会模式、行政模式以及混合模式，其中投委会模式最为常见。

（1）投委会模式

所谓投委会模式，即在遵守国家有关法律法规、条例的前提下，投委会拥有对所管理基金的各项对外投资事务的最高决策权。投委会属于基金非常设机构，也就是说投委会一般不参与基金的日常管理。

有限合伙制股权基金一般都采用投委会模式。《合伙企业法》规定基金投资事务由普通合伙人负责，为了提高决策效率与专业化水平，普通合伙人通常会以普通合伙人为基础组建投委会实行民主决策。为了明确投委会的合法权利，《合伙协议》专门规定投委会职责及组成。投委会职责主要有审议股权基金对外投资、审议投后重大事件以及审议投资退出。投委会主要由普通合伙人或其代表、基金高管如投资总监、外聘专家如行业专家等人员组成。投委会相关法律责任由普通合伙人承担，投委会成员不承担合伙事务无限连带责任。但如果有限合伙人或其代表成为投委会成员，特别是当有限合伙人在投委会中具有一票否决权时，其身份及其承担的责任在法律上存在争议。因为《合伙企业法》规定不具有事务执行权的合伙人擅自执行合伙事务，给合伙企业或者其他合伙人造成损失的，依法承担赔偿责任。

如果普通合伙人是一个有限责任公司时，此时基金管理公司的董事会不能替代投委会，该董事会只负责基金管理公司内部经营管理，或者基金管理公司不设董事会，只设执行董事，以免两个经营决策机构职责不清。

（2）董事会模式

所谓董事会模式，即在遵守国家有关法律法规、条例的前提下，董事会拥有对所管理基金的各项对外投资事务的最高决策权。董事会属于基金公司常设机构，由全体股东选举的董事组成，其成员为 3 人至 13 人。董事会模式是公司制股权基金常见的决策机制。《公司法》规定董事会决定公司的经营计划和投资方案。

董事会决策一般是以投票表决方式进行群体决策，董事个人需要对自己的投票和选择承担相应的个人决策责任。在董事会会议讨论重大事项的决策中，凡未按法定程序经董事签字的书面决议，即使每一位董事都以不同方式表示过意见，亦不具有董事会决议的法律效力；董事会的决议违反法律、行政法规或者公司章程、股东大会决议，致使公司遭受严重损失的，参与决议的董事承担赔偿责任；对经证明在表决时曾表明异议并记载于会议记录的，该董事可以免除责任；对在讨论中明确提出异议但在表决中未明确投反对票的董事，不得免除责任。

董事会模式的不足之处在于董事一般由股东担任，也就是基金出资人很容易参与基金投资业务决策，而且基金管理人出资比例很小，虽然董事会实行一人一票，但基金管理人在董事会中的人数及话语权很弱，难以体现出股权基金的专业化管理特征，基金管理人的智力资本价值也难以体现出来。而投委会模式能充分体现基金管理人的价值。所以，一些公司制股权基金也实行投委会模式。

公司制股权基金如采取投委会模式有两种情况：一是公司制股权基金自我管理情况下采取投委会模式，这时要处理好投委会与基金公司董事会之间的关系，并在《公司章程》中明确各自的权利与义务。此时，基金公司董事会在涉及基金投资业务时只是形式上的董事会。二是公司制股权基金委托管理情况下采取投委会模式，这时要处理好投委会与基金公司以及基金管理公司董事会之间的关系，在《委托管理协议》中明确投委会的组成、权利与义务。此时，基金公司的董事会只是形式上的董事会，而基金管理公司董事会只负责基金管理公司内部业务。

（3）行政模式

所谓行政模式就是股权基金各项对外投资最终决定权由行政会议集体行使，如专门设立基金管理委员会。这种模式一般用于政府类基金甚至一些国有股权基金，如政府引导基金。由于政府类基金的出资主要是财政出资，所以，基金投资决策通常采用行政手段。基金管理委员会成员主要由行政官员组成，也包括少量外聘专家。行政模式是政府基金管理由行政主导向市场化管理转变的过渡模式。随着政府基金管理模式的成熟，市场化决策模式会逐渐替代行政模式。

行政模式的不足之处主要表现在：一是非专业化，因为基金管理委员会成员主要由非专业人士的行政人员组成，缺乏专业性；二是效率低，因为行政人员的主要工作不是管理基金，召开决策会的时间难以确定；三是领导个人意识强，召开基金管理委员会时，领导个人意识很容易主导集体决策。

（4）混合模式

混合模式指含两种或以上的决策模式，如投委会模式与董事会模式同时存在。这时投委会模式往往起着专业化决策的作用，但最终决定权还在董事会或基金管理委员会。采取混合模式的主要是一些公司制股权基金或政府类基金。混合模式容易造成决策效率低下。

7.2.4 影响投资决策机制的因素

不同股权基金，其投资决策机制不同，主要表现在最后决策权安排上的不同。影响股权基金投资决策机制的主要因素有基金投资偏好、核心管理人地位、基金资金来源、基金企业组织形式、基金内部权益结构以及合格投资人情况等。

基金投资偏好主要体现在投资阶段、投资地域、投资行业等方面。其中投资阶段影响决策机制较为明显，主要表现在：一是作为早期决策的依据，如项目筛选主要依据投资偏好；二是影响表决制度，早期投资基金，如天使投资与创业投资基金，表决制度设计上半数通过甚至一票通过即可，而后期投资基金一般要多数通过或全票通过。

核心管理人地位指投委会中有一个核心人物，其投资经验以及融资能力等各方面具有明显的优势，在表决制度设计上有可能会设计一票否决制。这种情况在中小基金容易出现，在大型基金中一般不易出现。

人民币基金资金来源从性质上划分主要有两种：一种是政府资金，也包括国有企业资金；另一种是民间资本。如果基金资金全部来源于政府财政资金或国有企业资金，决策机制一般采用行政模式。如政府财政资金参股民间股权基金，政府一般会委派行政人员直接或间接参与投委会。但随着政府资源市场化运营趋势的发展，行政模式以及委派行政人员参与投委会的情况越来越少。

基金企业组织形式会直接影响到决策机制，如有限合伙制股权基金一般都采用投委会模式，信托制股权基金一般也采用投委会模式，而公司制股权基金一般采用董事会模式，但投委会模式逐渐被公司制股权基金采纳。

所谓基金内部权益结构指基金出资人的权益结构。如果基金内部权益结构不平衡，会影响合理的决策机制形成。这时，基金主要出资人很有可能会通过进入投委会或其他方式直接或间接干预基金对外投资。

合格投资人除具备投资实力和识别风险能力外，还要有一点就是不干预基金管理人对基金的日常管理和对外投资决策。专业的机构投资人一般容易成为合格投资人，所以，基金投资人中机构投资人占多数的情况下，投资人一般不会干预基金管理人的运营管理。

7.3 激励约束机制

7.3.1 概述

激励约束，即激励约束主体根据组织目标、人的行为规律，通过各种方式去激发人的动力，使人有一股内在的动力和要求，迸发出积极性、主动性和创造性，同时规范人的行为，朝着激励约束主体所期望的目标前进的过程。

激励与约束有着不同的功能，两者又是相辅相成的，缺一不可。但首先是激励，没有激励就没有人的积极性，而没有积极性，一切经济发展就无从谈起。同时，每个人要对他的经济后果负责任。也就是说，他的行动要受到约束。在实际工作中，要具体情况具体分析，在偏重激励或者约束之间适当地作出选择。只有把两者很好地结合起来，才能调动经营者的积极性，并与所有者利益一致，实现激励约束兼容。

激励约束方式多种多样，根据不同的标准，可以划分为不同的类型。激励方式分为：①物质激励，主要包括年薪、福利和津贴等短期激励，以及经营者持股、股票期权等长期激励；②精神激励，主要分为事业激励、声誉激励、地位激励、荣誉激励、权力激励、晋升激励等。而约束方式主要包括企业内部约束、市场约束、法律约束、银行约束等等。

建立股权投资激励约束机制的主要目的就是解决股权基金委托代理问题，即基金出资人与基金管理人之间的委托代理问题，同时也包括基金管理人之间的激励约束问题。

7.3.2 基金出资人与管理人之间的激励与约束

（1）激励机制

现代契约论认为，剩余索取权和剩余控制权的对称性结构是降低代理成本的方法之一。在股权基金中，基金管理人负责日常的投资运营管理，应当拥有较大份额的剩余收益索取权，否则难以有动力尽心尽力为基金工作。

常见的基金管理人收益包括：①投资收益。通常情况下，基金管理人会投入基金总规模的2%左右的资金，因此，基金管理人可以获得相应比例的基金投资收益。②管理费。管理费是固定的，通常是每年按照基金总规模的2%左右提取，随着基金投资进度的变化，管理费的费率也会相应发生变化。这部分费用通常用于基金的日常支出，如房租、差旅费、工资等。管理费的高低与管理人的管理水平和过往业绩有关。③业绩报酬。业绩报酬是最重要、最能吸引基金管理人的分配方式，其确定智力资本参与基金收益分配。目前行业内的通常做法是基金收益的20%左右用于奖励基金管理人。

以上激励手段一定程度上能促使基金管理人审慎经营基金，但为了使基金管理人与基金出资人的利益更加一致，一般会增加以下措施丰富激励机制：①采用收益分成账户法确保基金出资人收回出资成本。收益分成账户法要求基金管理人从每个投资项目获取的投资收益中取出一定比例存入到基金账户中（又称为收益分成账户）。收益分成账户中的资金一方面用于确保基金出资人收回其全部实缴出资，另一方面用于弥补亏损项目。当基金的收益与利润分配要求存在距离时，基金管理人需将收益分成账户中的资金回拨给基金，由基金出资人按照实缴出资比例分配，直至基金出资人全部收回实缴出资。倘若基金存续期限届满时，基金出资人仍未能全部收回实缴出资，基金管理人应将其从基金中获取的其他收益回拨。②设定基础收益率，保证基金出资人优先获得一定比例回报。在基金管理人提取报酬之前，应保证基金出资人优先获得一定比例的回报，也叫基础回报率。假如基础收益率为8%，基金管理人的附属权益为20%时，基金利润分配大致方案是：当基金年收益率小于8%时，基金收益全部分配给基金出资人；当基金年收益率大于8%而小于10%时，8%分配给有限合伙人，超过8%的部分则分配给基金管理人；当基金年收益率大于10%时，基金收益的80%分配给基金出资人，20%分配给基金管理人。③引入基金管理人利益分配的分阶段兑现机制，即不同阶段设置不同的兑现比例，兑现比例逐渐提高，直至基金结束才可以全部兑现。如约定投资回收后的资金占基金规模的一定比例后才可获得业绩奖励，而且获得的比例随着基金收益率的增加而增加。

（2）约束机制

基金管理人负责基金日常运营及对外投资，为了防止基金管理人损害基金出资人的利益，基金一般会采取以下措施来约束基金管理人的行为：①投入资本的限制。要求基金管理人必须投入一定比例的资本，通常是要求基金管理人投入基金资本总额2%的资本，旨在使基金管理人既是要素投入者，又是剩余索取者，以使基金管理者成为自己资产的代理者，自行承担部分代理成本。②信义义务的限制。在委托管理协议等相关法律文书中通常会包含无利益冲突条款，即基金管理人自身的利益与基金的利益不能冲突；无盈利规则条款，即基金管理人不能以其职位牟取不正当的利益；保密义务条款，即基金管理人不能为了自身或他人的利益而使用在行使职责时获得的秘密信息。③投资限制。约定基金的投资阶段、投资额度、投资领域以及投资方式等等。例如明确约定基金只投资于成熟期的Pre－IPO项目，对单个企业的投资不得超过基金成立时认缴出资总额的一定比例，不得从事房地产领域的投资和向他人贷款或者为他人提供担保，不得对外举债以及不得循环投资等等。④转让财产的限制。在基金存续期间，基金管理人一律不得向其他合伙人或任何第三人转让其在合伙基金中的财产。⑤对募集新基金的限制。募集新的基金虽然会增加基金管理人的收入，但也会分散他们对现有基金的关注程度。因此，通常会限制基金管理人在该基金的资金投出一定比例如70%前不得募集新的基金。⑥会议报告的限制。每年至少举行一次由基金管理人与基金出资人组成的基金会议，汇报基金投资经营情况。同时，基金管理人必须定期向基金出资人报告所投资企业的经营状况、资产负债变动等情况。⑦利润分配的约束。通常情况下，基金出资人收回投资成本以及达到一定的投资回报率后基金管理人才能参与分配。在此之前基金管理人只能收取管理费，管理费以委托管理协议中约定的固定数额为准。⑧存续期限的制约。股权基金的生命周期通常为5～10年。具体的存续期间由基金出资人与基金管理人共同协商加以规定，期满后经各方协商同意也可以延长，但一般最多只能延长2年，到期必须对基金进行清算。

除以上常规的约束措施外，还会增加一些措施，如：①明确基金管理人和基金出资人的资质。除明确担任基金管理人应当具备的专业知识、金融投资和资本运作能力、企业管理经验和过往业绩等方面的资格条件外，应当要求其具备一定的经济能力，以承受股权投资风险，特别是当基金管理人由自然人担任时，更应严格限制，因为其承担风险的能力更弱。同时，为避免基金出资人通过股权投资从事洗钱活动，除了要求基金出资人承诺保证出资的资金来源合法外，还应要求其必须提供相应的证据加以证明。②设立特别咨询委员会。特别咨询委员会一般由基金出资人组成，以此作为不参与基金投资事务和过度介入基金投资决策的折衷，以形成对基金管理人的有效约束。特别咨询委员会的职责是就关联交易、利益冲突或对外投资超限等事项进行决策，并就基金管理和执行中的主要问题向基金管理人提出建议。③重视外部约束机制。对股权基金的外部监督主要是充分发挥声誉机制的监督作用。股权基金对基金管理人的选择主要是通过市场进行，基金管理人只有具备良好的市场声誉才能获得有限合伙人的青睐，并取得更多管理基金的机会，获得更多的回报。因此，要重视基金管理人市场的约束和声誉机制的作用。

7.3.3 基金管理层内部的激励与约束

股权基金激励与约束机制除要解决基金管理人与基金出资人之间的委托代理问题，同时还要解决如何充分发挥基金管理层员工的主观能动性以及降低业务操作风险的问题。所以，基金管理层内部激励与约束机制也是股权基金激励约束机制的重要组成部分。

股权投资是一项高度智力活动，需要每一位员工都充分发挥自己的专业水平才有可能减少投资失误与提高投资收益。工作人员的尽职与偷懒难以从表面上甄别，只有通过激励约束机制以确保每位员工勤勉尽职。所以，必须在基金管理层制定激励约束制度，让每位职业经理都能分享业绩奖励。基金管理层激励约束机制主要有：自主跟投权、基金管理公司期权、投资奖励以及与基金管理人共同分享基金业绩奖励等。

所谓自主跟投权就是在被投项目方允许的情况下，职业经理团队可以根据自身判断决定是否用自有资金同时跟进投资本基金投资的项目。为了防止侵蚀基金利益，一般会限制跟投比例，即跟投规模不能超过本基金投资规模的一定比例，如5%。

所谓基金管理公司期权就是当基金管理人为法人时，为了稳定管理团队特别是基金高管，基金管理公司让出一定期权，使职业经理人以股东身份直接参与分享业绩奖励，使其具有归宿感，可以长期为基金服务。

所谓投资奖励就是职业经理团队成员挖掘投资项目且基金最终投资该项目后，基金将给予一定奖励，鼓励职业经理人广泛收集优秀的投资项目。

所谓与基金管理人共同分享基金业绩奖励，就是基金管理人拿出一定比例的业绩奖励与职业经理团队共同分享，充分调动管理团队的积极性。

7.4 风险控制机制

7.4.1 概述

风险控制机制是各经济、社会单位在对其生产、生活中的风险进行识别、估测、评价的基础上，优化组合各种风险管理技术，对风险实施有效的控制，妥善处理风险所致的结果，以期以最小的成本达到最大的安全保障的过程。

随着社会的发展和科技的进步，现实生活中的风险因素越来越多，无论企业还是家庭，都日益认识到进行风险管理的必要性和迫切性。人们想出种种办法来对付风险，但无论采用何种方法，风险管理的一条基本原则是：以最小的成本获得最大的保障。对风险的处理有回避风险、预防风险、自留风险和转移风险四种方法。

股权基金风险机制狭义上指专门的风险制度、风险组织以及风险控制运营过程等，但广义上指股权基金风险控制体系，包含股权基金整个投资过程中有关风险控制的方方面面，因为股权基金每一项业务都离不开风险控制。

7.4.2 风险分析

股权投资属于代客理财，从资金募集到位、项目收集、项目筛选、项目投资到项目退出实现盈利需要经历一个长久的过程，在整个项目运作过程中存在很多风险，如募集风险、治理风险、投资风险以及政治风险等，其中既包括基金投资人、基金管理人面临的风险，也包括股权基金面临的风险。

（1）募集风险。募集面临的风险主要有法律风险、基金管理人的信誉风险以及信息披露风险等。①法律风险。基金管理人在向基金投资人募集资金时要签订《基金认购合同》。签合同时基金管理人要谨言慎行，避免向基金投资人作出基金投资回报方面的保证。同时，要保证基金投资人具备合格投资人资格，避免非法集资嫌疑。②信誉风险。股权基金在资金募集阶段，基金募集的成功与否在很大程度上取决于基金投资人的风险偏好以及基金管理人的信誉与信息披露情况。基金投资人要选择适合的基金管理人，对基金管理人的团队经验、资格的可靠性以及以往业绩等信誉因素都要进行严格的考察。③信息披露风险。基金管理人要充分保障基金投资人的利益，及时披露股权基金的所有相关信息，以便于投资人准确了解股权基金可能存在的安全风险。

（2）治理风险。治理风险主要是由委托代理问题引发的。股权基金中主要有两层委托代理关系：第一层是基金管理人与基金投资者之间由于信息不对称形成的委托代理问题，其风险主要表现为基金管理人侵害基金投资人的利益；第二层是股权基金与项目公司之间由于信息不对称形成的委托代理问题，其风险主要表现为融资方侵害股权基金的利益。

（3）投资风险。投资风险是指在整个投资过程中由于各种不确定性原因对投资收益可能造成损失甚至本金损失的风险。不确定性主要来自两方面：一是项目公司经营，二是股权基金决策。从投资流程和风险产生原因看可分为三部分：一是投前风险，二是投后风险，三是退出风险。投前风险指股权基金投资前存在及产生的风险，主要包括未投资时项目公司存在的经营风险以及投资决策带来的风险，其中投资决策风险主要来自估值风险。由于股权投资估值比较复杂，主观性强，目前没有统一的估值方法，特别是对知识产权进行估值时风险更大，因为知识产权的完整性在实践中难以界定，如职务发明等。另外，技术先进性具有很强的时效性，但这个时间在估值时难以把握。投后风险指股权基金投资后存在及产生的风险，主要是项目公司规模突然扩大带来的经营风险，既包括项目公司在投资前就存在的系列风险即存量风险，也包括投资后项目公司规模迅速扩大而新带来的经营风险即新增风险。退出风险是股权基金退出决策时产生的风险，因为退出时不仅受项目公司经营状况影响，而且受股权基金退出决策影响。退出方式有多种，每一种退出方式的条件、收益以及难易程度不同。选择不同的退出方式，风险性不同。

（4）政策风险。政策风险主要来自两方面：一是国家政策变动，包括产业政策甚至一些法规变动对股权基金造成的投资损失；二是股权基金投资时违背国家政策及相关法规造成的风险，如投资行为可能违反国家法律、法规而遭受国家行政部门制裁及处罚，或投资未按国家相关立项审批程序办理而造成投资损失等。

7.4.3 风险控制体系

股权基金投资风险具有持续时间长以及风险主体多等特点。股权基金从基金设立之初到基金退出一般需要近十年左右，其中经历基金设立、项目投资、投后管理以及项目退出等阶段，每个阶段都面临不同的风险。多层委托管理信息不对称造成多方主体面临风险，如基金投资人、基金管理人以及项目公司等。因此，从广义来讲，股权基金风险控制机制构成一个风险控制体系并且贯穿整个基金运营全过程，包括各种风险控制目标制定、风险控制文化建设、基金运营机制构建、风险控制措施制定、风险组织建设以及第三方专业机构参与等（见图7－2）。

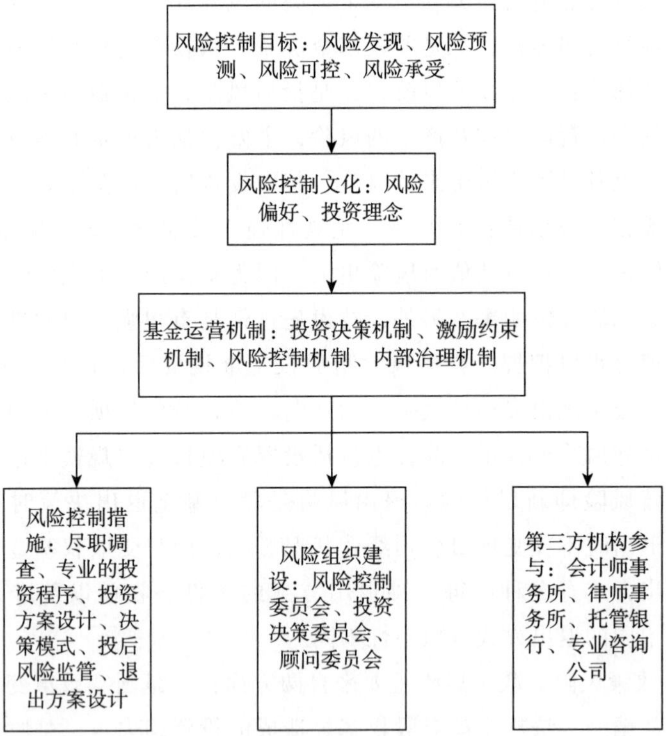

图7－2 股权投资风险控制体系

（1）制定风险控制目标。股权基金风险控制目标包括风险发现、风险预测、风险可控以及风险承受。它是风险控制体系的核心，指导风险控制体系建设。

(2) 风险控制文化建设。风险控制文化建设包括基金风险偏好、投资理念以及风险意识等。风险控制文化是股权基金风险控制的软环境，渗透各个环节。

(3) 基金运营机制构建。运营机制主要包括激励约束机制、投资决策机制、内部控制机制以及风险控制机制。它是风险控制体系正常运转的制度保障，也是风险可预测的保障。

(4) 风险控制措施制定。风险控制措施包括尽职调查、专业的投资程序、投资方案设计、民主化与专业化的决策模式、投后风险监控以及设计合理的退出方案等。这是发现风险与规避风险的保障措施。

(5) 风险组织建设。股权基金内部风险控制组织除风险控制委员会外，还有投资决策委员会以及顾问委员会。风险控制委员会是专门负责风险控制的非常设组织机构，投资决策委员会和顾问委员会主要从业务与专业角度进行风险控制。

(6) 第三方专业机构参与。第三方专业机构参与主要表现在：一是尽职调查时引进专业的机构如律师和会计师事务所参加；二是资金托管，即股权基金委托第三方商业银行根据相关法律、法规规定和双方约定，为其提供资金保管、资金汇划清算、会计核算、投资监督等服务。除此之外，投后管理有时也会引进第三方专业机构参与。第三方专业机构参与能在某些更加专业的领域提供独立的服务，减少风险。

7.5 内部治理机制

7.5.1 概述

企业所有权与经营权的分离程度提高，不可避免地产生公司所有权和控制权分离，进而产生委托代理问题。企业内部治理是一套制度安排，它强调相关主体间的制衡，通过一定的机制来制衡管理者，解决委托代理问题，保护投资者的利益，并实现组织的经济利益。因此，企业内部治理机制是指企业控制权和剩余索取权的分配的一整套制度性安排，这些安排决定企业的目标以及谁在什么情况下实施控制，如何控制，风险和收益如何在企业不同成员间分配等。现代企业内部治理基本理论包括：(1) 企业控制权和剩余索取权应尽可能地匹配，即权力与责任的分布应尽可能对称，否则控制权就会变成一种“廉价投票权”，拥有控制权的人并不对使用权力的后果负责，从而不可能真正负责任地使用权力；（2）剩余索取权应尽可能分配给企业中最重要的成员，因为他们的积极性对企业的成败最为关键；（3）剩余索取权应尽可能地分配给企业中最具信息优势、最难监督的成员，因为对他们最有效的监督办法是让他们自己监督自己。事实上，一个企业中最重要的成员及最有信息优势、最难监督的成员就是企业的经营管理者，不让他们拥有相当的剩余索取权是不可能真正调动他们的积极性的。即使不给他们正式的剩余索取权，他们拥有的信息优势也会使他们成为实际上的剩余索取者，而实际上非正式的权利会导致资源配置的扭曲。

企业治理机制理论适用于各种形态的企业组织结构。股权基金的组织形式主要有三种类型，即有限合伙制、公司制和契约制。其中公司制和有限合伙制较为普遍，前者属于法人制，后者属于非法人制。由于适用的法律不同，公司制股权基金与有限合伙制股权基金在内部治理机制上存在不同特征。

7.5.2 有限合伙制股权基金内部治理机制

企业组织发展历史上先出现合伙制，后出现公司制。公司制是在借鉴合伙制人合的基础上发展起来的资合企业，具有自己独立的资产，能独立承担民事责任因而具有法人地位，企业更为稳定，但效率不如合伙企业。有限合伙组织形式借鉴了普通合伙组织形式人合和公司组织形式资合，是具有人合与资合特点的一种新型合伙企业，正好符合股权基金智力资本与金融资本结合的经营理念。

尽管《合伙企业法》规定普通合伙人为合伙企业执行事务合伙人并明确执行事务合伙人的职权范围，以代表合伙企业对外执行合伙事务，而有限合伙人（基金投资人）不能参与执行合伙事务，但是，《合伙企业法》就有限合伙企业内部治理缺乏明确而细致的规定。这直接导致实践中有限合伙制的股权基金内部治理形式多以有限合伙人和普通合伙人之间约定为准，并签订《合伙协议》以及《委托管理协议》。因此，《合伙协议》在基金内部治理中显得尤为重要，不同于公司制中的《公司章程》。因为《合伙协议》是以合同方式，双方以合作身份签订合同，涉及双方不同利益，一旦签订难以更改。而《公司章程》是各方以同样的股东身份签订，大家利益一致，只要召开股东大会便可修改。

有限合伙制股权基金治理机制是有限合伙人（基金投资人）和普通合伙人（基金管理人）之间的一系列制度安排，并集中体现在《合伙协议》和《委托管理协议》中，其中包含以下三个层面：配置基金管理人与投资人权利与责任；保护投资人利益；实现对基金管理人的激励和约束。这三个核心问题构成了有限合伙制股权基金治理机制的内在逻辑，只有遵循这种逻辑才能实现有效治理，进而达到权利和责任的平衡，实现效率和公平的统一。因此，在实践中有限合伙制股权基金内部治理机制设计对基金管理人与基金投资人双方都是挑战。

（1）配置基金管理人与投资人权利与责任

从经营效率的实现来看，控制权应该配置给那些拥有信息优势并有较高决策能力的一方，基金管理人具有广泛的社会网络、管理技能、行业知识和分析判断能力，他们长期专注于某个行业、领域，甚至只专注于投资的某个阶段，积累了丰富的经验，有限合伙制将控制权配置给基金管理人，使决策程序灵活高效，受外在因素不当干预的可能性减小，有利于提高基金的运营效率。但是股权投资的失败率高，其成败与管理人的能力和职业道德密切相关，基金管理人享有基金的全部控制权，若仅承担有限责任极容易发生道德风险。所以，通过强制性治理机制设计将管理人的个人财产与他们控制的基金的命运紧密相连，以自身现在和将来所有的财产为基金的担保，对债务承担无限连带责任。这样基金管理人在权利配置中获得了全部的管理权和对基金债务的无限责任。无限责任促使基金管理人谨慎经营、控制风险，但实质上主要是对基金债权人的保护，对投资人而言效果是有限的。因为只要基金没有出现资不抵债的情况，哪怕基金资产全部亏损，管理人也无需承担额外的责任。

基金投资人作为大额资金提供者承担了经营的主要风险，且不享有基金的控制权，若还需承担无限责任，则不能吸引投资者，难以大规模筹资。于是，强制性治理结构设计赋予投资人有限责任的保护，仅对基金的债务以认缴的出资额为限承担有限责任。有限责任降低了投资人的风险，也降低了其对基金管理人的监督需求，否则投资人会十分重视监督，而过度的监督也会减损基金运作效率。但若在实践中投资人参与了基金的决策与具体运营管理，就应该撕破“有限合伙人有限责任的面纱”，与普通合伙人一样承担无限责任。基金管理人可以不受到投资者的干预独立投资决策，实现了基金效率，但同时易于产生管理人的道德风险和侵害投资者利益的情形。因此，在实践中以及个别国家立法中赋予有限合伙人适度参与经营决策的权利，如在基金内设置类似于投资人代表委员会或顾问委员会的机构，但需要注意其权利不能越过法律相关规定，如可以规定该机构在投资项目决策前向基金管理人提出咨询意见并约定该意见在基金管理人作出投资决策时作为参考的权重，并明确该意见仅作为参考以及基金管理人在作出投资决策时有权考虑或不考虑。否则，有限合伙人需要承担无限责任。

另外，在实践中通过设立投资决策委员会降低基金管理人权力与增加基金投资人参与决策的权限。在《合伙协议》中约定由基金管理人组建投资委员会并成为投资决策的最高权力机构，实行民主决策取代由基金管理人单一决策模式，并且约定投资委成员必须有第三方独立的专业人士参与。另外，基金投资人还可委派其代表以专家身份参加。

（2）投资人权利保护

对投资人的保护是基金治理机制设计的重心，主要以信息披露为主。有限合伙制基金治理风险的根源之一是管理人与投资人的信息不对称，信息披露是保护投资人权利的重要途径，也是提高金融机构经营透明度和维护金融安全最有效的工具。由于股权基金属于私募基金，采用非公开方式募集，对外的信息披露的要求也低得多，所以为了保护投资者利益，应当关注基金对投资者的信息披露方式和范围，其披露的范围应是法律强制性和当事人自愿披露的综合体。信息披露的范围包括但不限于：基金管理机构的基本情况和业绩，具体管理人的执业经历；基金的投资战略、投资地域、行业与风险；在至少每年一次的合伙人会议上向投资人报告基金具体的投资项目、所投资企业的经营状况和基金的当期回报；基金有重大事件，如大型投资和交易、重大损失和重大变化时，及时告知投资人；基金管理费的使用和账册，应供投资人随时查询。除上述基本信息披露外，管理人还必须就自身与交易对象间是否有利益冲突进行披露，如果由管理人担任了多个角色，应陈述采取何种措施来避免这种冲突。由于基金的私人性，投资人的信息不属于对外披露的范围，基金向投资人披露的具体投资项目，可以通过内部保密协议约束投资人向公众透露。有限合伙制对投资人管理权的剥离，必须要在知情权上给予充分的保护，投资人才能及时掌握基金运营情况，通过监督和约束机制来维护自身的权利。

（3）对基金管理人的激励和约束机制

一方面要对基金管理人的控制权进行约束，另一方面要通过激励机制赋予基金管理人索取权，使控制权与索取权在基金管理人上尽可能统一。

首先是对基金管理人的激励机制。管理人的收入分三部分：一是投资收益，即自有资金投入基金获得的投资收益；二是日常开销的管理费；三是业绩激励的基金分红。国际惯例是管理人出资2%左右，而享有基金投资收益20%左右的分成，这个有神秘色彩的“二八定律”将管理人控制者与所有者的地位精妙地统一，消除了投资人与管理人之间的张力，减少了管理人的道德风险，是有限合伙制最有吸引力的制度。高激励机制帮助管理人利用专业的知识、管理经验和独特的人脉资源实现巨大收益，因此吸引了大量人才进入该行业，如美国著名的私募股权基金凯雷就吸引了美国前总统老布什、前国务卿贝克、英国前首相梅杰、美国前证管会主席雷维特等加入。

其次是对基金管理人的约束机制。在基金运营中即使20%的高额回报也不能完全阻止管理人侵害投资人利益的行为，经常会出现如关联交易、故意放弃盈利机会、掏空投资者的利益等情形。因此，对基金管理人的约束制度是合伙协议中的重要内容，可以通过声誉、投资对象和管理人行为等多方面进行约束。关于声誉机制，在以人合性为基本特征的有限合伙制中，声誉是基金管理人募集资金和基金正常运营的保障，对管理人有较强的约束作用，在某些法律无能为力的情况下声誉能起作用，而且能成本更低地维持交易秩序。对基金管理人行为的限制主要包括：①不得利用管理人地位谋取私利，从事关联交易时应在程序上受到限制和监督，禁止从事自我交易。②基金管理人不得出于任何目的，故意放弃盈利机会和掠夺掏空基金资产。③保证对基金管理投入足够的精力。对基金投资范围和基金债务的限制如：①对投资的领域和范围的限制。若基金管理人将资金投向自己比较陌生或不熟悉的领域，可能成为他们积累经验锻炼能力的试验品，而将基金置于较大的风险中。②限制单项投资的最大额。既是为了避免管理人对某一项目的过度投资而风险集中，同时也是为了防止管理人通过追加大笔投资来挽救以往失败或业绩差的投资。③对债务进行限制。限制基金债务规模和期限，以及管理人擅自向外举债，同时向被投资企业提供担保也必须经过严格的程序。并购基金通常以杠杆并购为特征，但债务通常是以被收购企业的资产和现金流担保，债务并非由基金承担，因此受此影响不大。关于投资人的承诺出资和退出、终止合伙：一是通过投资人资金缴付的承诺制。投资人按合伙协议的约定根据管理人的表现和业绩来控制支付资金的节奏，以避免更大的损失。二是退出或终止有限合伙。约定退出、终止合伙的情形，如基金业绩欠佳，管理人丧失管理能力或严重损害投资人利益等，可约定经 2 /3 以上有限合伙人同意，更换管理人或终止合伙协议。

7. 5. 3 公司制股权基金内部治理机制

《公司法》相比较于《合伙企业法》，在公司治理方面有比较详细的规定。一般公司内部治理包括内部环境、风险评估、控制活动、信息与沟通、内部监督这五个互相联系、互相促进的要素。

内部环境是企业执行内部控制的重要基础，一般包括公司治理结构、部门设置及职责分配、内部审计、人力资源政策、企业文化等，其中关于治理结构应当建立股东会、董事会、监事会并制定相应的议事规则，明确界定决策、执行、监督各层面的地位、职责与任务，形成有效的分工和制衡机制。

风险评估是指企业及时判别、全面分析经营管理活动中与执行内部控制相关的风险，合理确定风险应对策略，主要包括风险识别、风险分析以及风险应对策略等主要内容。

控制活动是指企业根据风险评估结果，采用相应的控制措施，将风险控制在可承受范围之内。控制措施通常包括不相容职务分离、授权批准制度、会计核算系统控制、财产保全控制、预算计划控制、营运分析控制和绩效考核控制等。

信息与沟通是指企业能够及时、准确有效地收集、传递与内部控制有关的各种信息，确保信息在企业内部、企业与外部之间能够进行有效的沟通。

内部监督是指企业对内部控制制度的建立与实际执行情况进行监督，对内部控制的有效性进行评价，及时发现、改进内部控制的缺陷。

公司制内部治理表现出稳定以及效率不足等特性，当股权基金采用公司制企业组织形式，为了确保基金高效、专业运营，可借鉴有限合伙制中的一些先进制度，如投资决策委员会、二八定律等，特别是我国《公司法》几经修正，为公司制股权基金借鉴有限合伙制股权基金的一些先进制度提供了法律保证。

虽然公司内部治理制度在《公司章程》中都会得到体现，但《公司章程》不同于《合伙协议》，签字各方都是股东身份，利益一致，通过股东大会较易修正。所以，公司制股权基金的股东大会非常重要，远比合伙人大会重要。

CHAPTER 8

第8章 基金设立

基金设立是整个股权投资运行过程中的第一步。基金设立以主发起人确定开始到基金备案完成结束，整个过程主要包括确定主发起人、前期准备、资金募集、基金注册、资金托管以及基金备案等流程。基金设立的核心工作是资金募集。俗话说“巧妇难为无米之炊”，基金设立是整个股权投资业务中非常重要的一步。

8.1 概述

8.1.1 定义

基金设立是指从基金主发起人确定到基金备案完成的整个过程，其本质就是在共同投资理念的基础上，通过选择合适的企业组织形式，聚集合格投资人的资金并接受监管。

基金设立是整个股权基金开展业务的第一步，也是关键的一步。基金设立如果受阻，后面的工作如项目投资、投后管理以及投资退出都将成为空中楼阁。同时，基金设立也是整个基金业务中最为困难的工作。目前，募集主要采取私募方式，不能在公共场所募集，不能对投资人承诺回报，而且募集对象只能是合格投资人。所以，一定时间内要募集到足额资金，除要有足够的投资人资源外，基金主发起人还要具备很强的融资实力。

基金设立阶段的主要任务包括：第一，寻找合格投资人，按时募集足额资金；第二，起草与签订相应法律文书，确保基金设立合法性；第三，及时到监管部门备案，以便享受政府优惠政策并接受监管；第四，寻找合适的资金托管银行，确保资金安全；第五，组建管理团队与寻找办公地点，满足基金正常运行的办公条件。

8.1.2 基金设立流程

基金设立流程主要包括确定主发起人、前期准备、资金募集、基金注册、资金托管以及基金备案（见图8-1）。

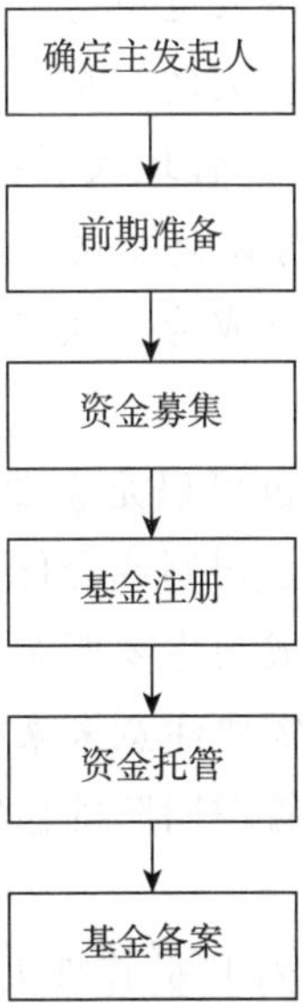

图8-1 基金设立主要流程

8.2 确定主发起人

8.2.1 主发起人及资质

发起人即创办人。我国《合伙企业法》和《证券投资基金法》都没有提及发起人概念，在实践中基金筹备设立由基金管理人负责。虽然《公司法》在规定股份有限公司设立时使用了“发起人”概念，即订立《发起人协议》，认购股份成为公司原始股东的投资人，但并没有明确发起人权利与义务。目前，法律界对发起人比较一致的看法就是在《发起人协议》上签字之人，是否参与基金（企业）筹备设立并不是发起人的必然义务。股权基金作为私募基金，基金筹备设立之初，认购基金份额的人都要签订《发起人协议》，其中包括未来的基金管理人与基金出资人。因此，在基金设立之初，未来的基金管理人与基金出资人都属于发起人。但基金设立筹备工作一般由未来的基金管理人负责，而基金出资人一般不参与。所以，在基金设立阶段，为了区分未来的基金管理人与基金出资人，就把负责基金设立筹备的基金管理人称为主发起人，而只认购基金份额的出资人称为一般发起人。如果部分基金出资人也参与了基金设立筹备工作也可称为主发起人，如认购基金份额比例较大的基金出资人。所以，基金主发起人有两种类型：一种是由未来的基金管理人承担，即通常所说的“先有管理人，后有基金”；另一种是参与基金设立筹备的主要基金出资人。其中前者最为常见，而且后者不会独立成为主发起人，而是与前者共同成为联合主发起人。

主发起人可以是自然人，也可以是企业。如果主发起人是企业形式，还必须明确企业组织形式，如公司制或合伙制。如选择公司制，需要注意的是未来核心管理团队成员应成为主要股东，以确保未来基金管理团队的稳定性。如选择合伙制，同样需要注意未来核心管理团队成员应成为执行事务合伙人，以确保未来基金管理团队的稳定性。主发起人组建后还需要到监管部门备案。

不同企业组织形式的基金对基金管理人在法律上有相关规定，所以，在确定主发起人时要符合相应规定。如有限合伙制基金，我国《合伙企业法》规定国有企业、上市公司以及事业单位不能成为普通合伙人（基金管理人），即不能成为主发起人；对于信托制基金来说，因投资人购买信托产品不需要签订发起人协议所以不存在发起人，发行人承担了基金的组建筹备工作。但作为发行人需要具备信托资质，所以信托制基金发行人一般为信托公司、证券公司及具有信托资质的金融机构。

选择主发起人除要符合相应法律要求外，更为重要的是从专业角度考虑，即发起人团队要具备很强的募资能力与专业投资能力，如团队过往业绩、团队合作精神、项目资源以及项目退出渠道等。

8.2.2 主发起人权利和义务

基金主发起人的主要职责是负责基金的筹建工作，并在基金设立前后享有相应的权利和承担相应的义务。

基金主发起人在基金设立时需履行的义务有：①拟定基金设立方案和资金募集方案；②获得基金设立行政许可（主发起人即未来基金管理人备案）以及基金设立的办公条件；③起草基金设立所需要的相关法律文件；④按照发起人协议约定认购一定比例的基金份额；⑤承诺不从事有损基金及其他出资人利益的活动；⑥若基金不能顺利成立，各主发起人按比例承担已发生的筹备费用；⑦法律法规规定的，或主发起人事先约定的其他义务。

基金主发起人在基金设立时享有的权利有：①申请设立基金；②集体确定关于基金的运营模式、方针原则等重大事项；③领导并参与筹备工作并召开相关会议，获取基金设立的各项相关信息、资料等；④出席或委派代表出席基金设立大会；⑤若某一主发起人实质性地违反了发起人协议规定的义务，其他未违约主发起人有权获得事先约定的赔偿，并就因违约主发起人的行为而遭受的损失进行索赔；⑥法律法规认可的，或管理机关授予的其他权利。

基金一旦成立，主发起人的特定职能即被取消，主发起人在筹备期的行为所形成的基金的权利义务，以及其他任何约定、协议、合同等，均转由基金承担。在基金设立后，基于出资人权益平等的原则，基金主发起人与基金其他出资人（或合伙人）的权益是一致的、平等的。但往往主发起人要承担更多的义务和责任，比如在基金存续期内，一般情况下其他出资人可以按照章程规定的方式转让自己持有的份额，而主发起人则不能中途退出基金，主发起人必须在基金终止或因故进行清算时才能退出。

8.3 前期准备

8.3.1 市场调研

基金设立之前，需要通过市场调研确立未来基金投资偏好、基金规模、基金组织形式以及拟投项目等，最终形成《基金设立方案》，以便募集资金时提交给潜在基金出资人。

基金偏好是指基金在投资阶段、投资领域以及投资地域等方面的特定倾向，即投资阶段偏好、投资领域偏好以及投资地域偏好。确定投资阶段偏好就是要根据市场调研情况以及未来管理团队的风险偏好，决定未来基金是以早期投资为主，还是以后期投资为主。早期投资与后期投资两者相比，前者的投资风险更大，特别是投资于早期的科技型小企业面临的风险更大。但是风险是相对的，如果项目可以成功退出，带来的收益也是巨大的。确定投资领域偏好就是根据国家产业政策以及产业发展趋势确定未来基金主要投资产业领域，如移动互联网或生物医药等。一般来说，未来基金管理人会选择以自己所擅长的行业为主，对从未涉足的地域比较谨慎。确定投资地域偏好就是根据区域经济发展状况确定未来基金的主要项目源。基金注册地一般会受投资地域偏好影响，尽可能的离项目源近一些。除确定投资偏好外，设立何种类型的股权基金，如母基金或并购基金等，也要通过大量的市场调研确定。

基金规模受投资偏好影响。一般来讲早期股权基金规模小于后期股权基金规模，如天使投资基金和创业投资基金规模较小。不同行业投资偏好的股权基金中，生物医药基金和互联网基金规模较大，因为这些行业的研发、生产、营运投入资金较大。另外，可基金规模还直接受当时的资本市场发展影响，因为当资本市场行情好的时候，投资者热情高，募资相对容易，反之，募资较难。

股权基金根据组织形式划分主要有公司制、有限合伙制以及信托制三种，各有优劣。因此在基金设立之前，应根据调研选择合适的基金组织形式。目前，股权基金采用有限合伙制的比较多。但未来基金具体采取什么企业组织形式也要根据具体情况而定。如果主要以创业投资为主，因为税收优惠的原因，采取公司制比较好。另外，可通过调研分析可能的潜在基金出资人而确定基金组织形式，因为有些出资人偏好公司制。退出渠道也是影响基金组织形式的重要原因之一，如物权基金多采取信托制。

能否准备充足的、优质的拟投项目对基金的成功设立至关重要。这就是常说的“先有项目后有基金”。前期通过市场储备一定数量的拟投项目，募资时可以引起基金出资人的兴趣和信心，为募资增分。但拟投项目是一把双刃剑，如果项目质量不高，反而会对募资产生负面影响。

8.3.2 起草相关文件

主发起人筹资前需要根据具体情况选择准备以下文件：《基金设立方案》、《发起人协议》、《公司章程》、《合伙协议》、《委托管理协议》、《信托计划书》与《信托合同》、《资金托管协议》等。

（1）《基金设立方案》

《基金设立方案》也叫《募集说明书》，有时也叫《招股说明书》，是基金主发起人向潜在的特定投资者提供的未来基金最直接的信息来源，是募集文件中的最初文件。所以，募资前主发起人需要起草好《基金设立方案》，其内容通常包括但不限于以下内容：①基金概况：未来基金名称、主发起人、管理人、注册地、基金规模、组织形式、投资领域、投资限制、投资强度、出资形式、出资计划、存续期以及备案等等。②基金设立背景：投资领域（产业）背景、政策背景、区域经济背景、主发起人背景。③基金宗旨与目标。④基金管理架构：基金管理原则、基金管理结构。⑤基金运营：基金投资领域、投资标准、投资决策（投委会）、基金退出、基金托管、风险防范（含顾问委员会和风控委员会）、信息披露、管理费用、收益分配。⑥基金管理人：管理团队组成、管理团队过往业绩、激励机制。⑦募集计划：基金规模、主发起人认购比例、募资进度。⑧投资计划：拟投项目、投资计划。

《基金设立方案》仅供意向投资者关于是否进行投资的决策事宜之用，不构成基金主发起人向投资者作出任何承诺，也不就基金经营绩效对意向投资者做任何保证，意向投资者应根据自己的分析作出投资决策。

（2）《发起人协议》

因为所有认购基金份额的出资人都要签订《发起人协议》，所以主发起人需要先起草《发起人协议》。《发起人协议》要体现拟设立基金的基本设想和纲领方针，如基金的组织形式、存续期限、基金规模、管理模式、投资范围、投资策略、项目管理、投资退出、管理费用、利润分配等方面的内容。《发起人协议》是在《基金设立方案》基础上签订的第一份具有法律效应的文书，以后签订的《公司章程》或《合伙协议》等一系列法律文件又是在此基础上进行的进一步细化。《发起人协议》是在基金设立前以合同方式保障各发起人的权利和义务。

（3）《公司章程》

如果未来基金选择公司制，所有认购基金份额的出资人（股东）需要签订基金的《公司章程》。所以，主发起人在基金设立之初需要准备《公司章程》待签。《公司章程》是依据《公司法》在《发起人协议》基础上的进一步细化。此时，所有发起人的权利与义务又多了一层以《公司法》为依据的法律保护。《公司章程》在内容上要与《发起人协议》基本吻合，而且要符合《公司法》以及公司注册登记管理的相关要求。另外，如果基金采取自我管理模式，主发起人身份开始转变为基金管理人，其他发起人开始转变为基金原始股东。如果基金采取委托管理，基金公司与基金管理人需签订《委托管理协议》，因此，主发起人还需起草《委托管理协议》。

（4）《合伙协议》与《委托管理协议》

如果未来基金选择有限合伙制，所有认购基金份额的出资人（合伙人）需要签订基金的《合伙协议》。所以，主发起人在基金设立之初需要负责起草《合伙协议》待签。《合伙协议》是依据《合伙企业法》在《发起人协议》基础上的进一步细化。此时，所有发起人的权利与义务又多了一层以《合伙企业法》为依据的法律保护。《合伙协议》在内容上要与《发起人协议》基本吻合，而且要符合《合伙企业法》以及有限合伙企业注册登记管理的相关要求。另外，主发起人身份开始转变为普通合伙人（GP，基金管理人），其他发起人身份开始转变为有限合伙人（LP，基金出资人），并且各自以的新的身份享有《合伙企业法》以及《合伙协议》赋予的新的权利与义务。

《合伙企业法》规定普通合伙人负责有限合伙企业合伙事务，所以，有限合伙制基金与基金管理人（普通合伙人）两者之间需要签订《委托管理协议》，进一步明确委托管理的法律关系。因此，主发起人需要起草《委托管理协议》，其内容与《合伙协议》基本吻合，但会重点细化基金管理人的权利与义务，包括管理费提取细则、收益分配细则以及关联交易等。

（5）《信托计划书》与《信托合同》

如果未来基金选择信托制，发行人就要负责起草《信托计划书》，其功能类似《基金设立方案》，所有认购信托单位的出资人以此为基础购买信托计划，成为基金出资人。《信托计划书》的法律依据为《信托法》和

《信托公司管理办法》，其主要内容包括但不限于：①受托人基本情况；②信托计划目的及投资范围；③信托计划的投资限制；④信托计划的风险提示及承担；⑤信托单位认购；⑥信托单位赎回；⑦信托计划资产管理；⑧信托费用及净值计算；⑨信托收益及分配；⑩信托信息披露；⑪信托受益权的转让与继承；⑫信托计划终止与清算。当出资人确定购买信托计划后就要正式签订《信托合同》。所以，发行人还要负责起草《信托合同》，其内容与《信托计划书》内容基本吻合，从法律上正式确立委托与被委托关系，发行人正式成为被委托人，而出资人正式成为委托人。

(6)《资金托管协议》

无论未来基金采取何种企业组织形式，为确保资金安全，实行第三方（有资质的商业银行）托管。所以，主发起人需起草准备《资金托管协议》，其主要内容包括：①基金的权利与义务；②托管银行的权利与义务；③基金管理人的权利与义务；④托管资金的管理与运用；⑤划款指令的发送、确认与执行；⑥托管费用；⑦托管报告；⑧禁止行为等。

另外，视具体情况，主发起人还需要负责起草《出资认购意向书》和《出资承诺函》，其中前者不具备法律效力，其内容主要包含拟认缴资金金额、资金来源、认缴时间等，而后者具备法律效力，也是前者的法律文书。

8.4 资金募集

8.4.1 募集方式

股权基金属于私募基金的一种，目前，我国股权基金只能采取合法的私募方式募集资金。私募是相对于公募而言的，所谓私募就是不能采取公开方式、针对特定人群、以一定的企业组织形式或合同关系募集资金，未经监管部门批准不准以借贷关系进行募集。我国相关法规对私募进行了比较详细的界定，如《关于促进股权投资企业规范发展的通知》规定：股权投资企业的资本只能以私募方式向特定的具有风险识别能力和风险承受能力的合格投资者募集，不得通过在媒体（包括各类网站）发布公告、在社区张贴布告、向社会散发传单、向公众发送手机短信或通过举办研讨会、讲座及其他公开或变相公开方式（包括在商业银行、证券公司、信托投资公司等机构的柜台投放招募说明书等），直接或间接向不特定或非合格投资者进行推介。股权投资企业的资本募集人须向投资者充分揭示投资风险及可能的投资损失，不得向投资者承诺保本或获得固定回报。[①]

因为私募属于私下活动，相对于公募监管相对较弱。正因如此，市场上容易出现借私募之名进行非法集资的现象。但在实践中，准确区分私募与非法集资存在一定困难，如在募集过程中的正当路演，就很难确定是否符合私下方式。法律主要通过以下六方面来判断合法私募与非法集资：一是募集主体合法性，即合法的基金管理人需要到监管部门去备案以及基金成立后也要去备案；二是募集方式合法性，即合法的私募不允许以公开的方式进行募集，如开大会、群发短信、电话营销、做广告等；三是募集对象合法性，即合法的私募必须针对特定的对象进行募集资金，即向合格的投资人进行募集；四是募集人数合法性，即合法的私募基金出资人数应依据基金组织形式而定，如我国有限合伙制的基金出资人数不超过50人，有限责任公司的基金股东人数不超过200人；五是投资回报合法性，即合法的基金管理人不能向出资人承诺固定回报；六是投资领域合法性，即合法的私募基金设立后，其投资领域必须严格符合投资协议中所规定的领域。

路演的主要形式是举行推介会，主发起人就基金设立的基本情况向特定的潜在投资者进行充分的阐述，并回答投资者关心的问题。

8.4.2 合格投资人

特定人群就是合格投资者。所谓合格投资者，指除具备一定的投资能力外，还应具备相应风险识别能力和风险承担能力。2014年8月证监会发布的《私募投资基金监督管理暂行办法》规定，合格投资者指具备相应风险识别能力、风险承担能力、投资于单只私募基金的金额不低于100万元，且符合下列标准的单位和个人：净资产不低于1 000万元的单位；个人金融资产不低于300万元或近三年个人收入不低于50万元。

下列投资者被视为合格投资者：①社会保障基金、企业年金等养老基金，慈善基金等社会公益基金；②依法设立并在基金业协会备案的投资计划；③投资于所管理私募基金的私募基金管理人及其从业人员。另外，2012年生效由国家发改委发布的《关于促进股权投资企业规范发展的通知》（简称《通知》）对投资者门槛也作了规定。

---

① 李依璇："试论私募基金的合格投资者制度"，天津大学硕士学位论文。

出资人的权利主要有：①依照投资协议约定，以出资比例分享股权基金利润分配；②对股权基金事务进行监督，包括获得年度财务审计报告等；③对股权基金管理提出合理化建议；④按照投资协议召开、参加或委派代理人参加投资人大会，并行使相应的表决权；⑤依照法律、行政法规及投资协议，转让其基金份额。

合格投资者大致分为三类：个人投资者、机构投资者和政府资金。从股权投资发达国家情况来看，机构投资者是股权基金的主要资金来源，包括政府机构、商业银行、投资银行、保险公司、金融控股公司、养老基金、资产管理公司、各类工商企业和投资机构等，其中养老基金是最大的投资者。来自个人投资者的资本一般仅占其中的10%左右。

8.4.3 影响募集的因素

影响募集有多方面因素，主要包括：一是股权投资自身发展状态，当股权投资发展势态良好时，投资者积极性高；二是资本市场行情，资本市场特别是本国股市行情对股权投资发展影响非常明显，因为其直接影响到股权基金的退出，从而影响募资；三是宏观经济发展状况，当宏观经济发展处于上升轨道时，投资者预期看涨，投资积极性高；四是主发起人自身实力，除了宏观层面的因素外，微观因素中最主要的就是主发起人的专业能力，特别是过往业绩；五是基金设立方案是否合理，微观因素中基金设立方案是否合理，如基金偏好定位是否能引起投资者的兴趣，直接影响募资难易。

8.4.4 募集策略

基金设立是第一步，而且这一步中最艰难的就是资金募集。其实募集就是营销，向投资者推销未来即将设立的基金以及基金管理团队。所以，通过开展营销策略可以加快募集速度。首先，拓展募资渠道。通过银行和证券公司开发潜在的合格投资人。其次，培养专业的营销团队。专业的募资团队可以与投资人之间长期保持良好的互动关系。第三，还可委托专业募资机构。随着行业细分，市场上出现了专业募资机构，他们掌握大量潜在投资人信息。委托专业募资机构可以加快募资速度、提高成功概率。另外，自身可以把精力放在项目收集与项目评选上。

8.5 基金工商注册

8.5.1 工商注册程序

工商行政管理部门是股权基金工商注册的管理机构。一些特殊的股权基金在工商管理部门登记之前需要到行业主管部门进行审批。一般工商注册程序如图 8－2 所示。

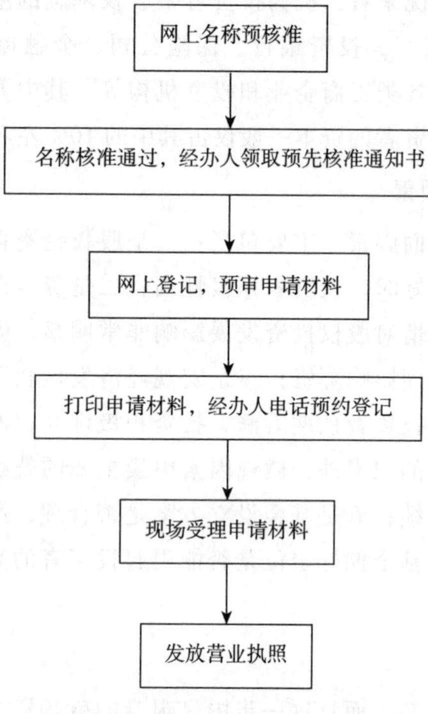

图 8－2 基金工产注册一般流程

基金在取名时应符合《名称登记管理规定》。如果是公司制，基金名称可使用“＊＊＊股权投资有限公司”或“＊＊＊股权投资管理有限公司”；如果是有限合伙制，基金名称内一定要有“有限合伙”四个字，如“＊＊＊股权投资中心”（有限合伙）。如果基金达到一定规模时，基金名称可使用“投资基金”字样，如“＊＊＊风险投资基金”、“＊＊＊创业投资基金”、“＊＊＊股权投资基金”、“＊＊＊投资基金”等。

8.5.2 注册条件

（1）出资人数限制。不同企业组织形式要求不同，以股份公司设立的，投资者人数（包括法人和自然人）不得超过200人；以有限公司形式设立的，投资者人数（包括法人和自然人）不得超过50人；以有限合伙制形式设立的，由2个以上50个以下合伙人设立，其中至少应当有1个普通合伙人。以其他形式设立的股权投资基金，投资者人数应当按照有关法律法规的规定执行。

（2）注册资金要求。虽然，目前我国企业注册资金制度基本实行认购制，但在工商注册时要求公司制股权基金的注册资本不少于1 000万元人民币，公司制基金管理有限公司的注册资本不少于100万元人民币，股份制基金管理公司的注册资本不少于500万元人民币，而有限合伙制没有具体规定。满足注册条件不一定符合备案条件。

（3）出资人条件。在工商注册时，《公司法》对公司制股权基金的出资人资格没有特别的规定，但《合伙企业法》对有限合伙制股权基金的普通合伙人与有限合伙人资格有明确的规定：国有独资公司、国有企业、上市公司以及公益性的事业单位、社会团体不得成为普通合伙人；党政机关、司法行政部门以及党政机关主办的社会团体不得成为有限合伙人；党政机关所属具有行政管理和执法监督职能的事业单位，以及党政机关各部门所办后勤性、保障性经济实体（企业法人）和培训中心不得成为有限合伙人。

8.6 资金托管

8.6.1 资金托管的必要性

基金资产托管是基金资产安全和管理规范运作的保证，在基金的整体运营框架中具有相当重要的地位，受托方一般是具有资质的商业银行。

基金资产托管人的主要职能有：在基金的整体运营和资产管理过程中，保证基金资产安全，规范办理基金资产划拨手续，全口径掌握基金资产管理情况，监督资产经营行为，复核财务报告和会计核算、评估结果等。基金资产托管人的地位和作用极为重要，关系到股权基金能否成功运营。由于银行的地位以及其行业业务的特殊性，其他机构难以代替银行作为托管人的作用。

8.6.2 托管人权利与义务

《基金托管协议》由股权基金（甲方）、基金托管人（乙方）、基金管理人（丙方）三方共同签署，以便明确各方责权，各自履行职责，分别承担应负的责任和应尽的义务。

（1）托管人的主要权利。托管人的主要权利包括：①接受甲方的委托，根据协议的规定，保管基金资产并根据有效划款指令实施资金的划拨；②根据协议的规定，监督基金资产管理人的投资经营活动和资产运作；③根据协议规定按期收取托管费；④根据甲方的要求，对基金资产投资所形成的股权资产进行查对核实。

（2）托管人的主要义务。托管人的主要义务有：①以诚实信用、勤勉尽责的原则履行托管人职责，安全保管全部基金现金资产、权利凭证和相关法律文件；②配备足够的、合格的、熟悉托管业务的专职人员，专门负责基金资产托管事宜；③及时执行丙方发出的有效投资划款指令，办理基金名下的资金往来；④采取适当合理措施对丙方的投资管理行为实施有效监督，使基金投资运作符合基金章程、基金资产管理协议、基金董事会决议等法律文件规定；⑤协助甲方制定基金的财会制度和会计核算办法；⑥按规定出具基金资产托管情况的书面报告；⑦保证基金资产和乙方自有资产之间，以及与乙方其他托管资产之间相互独立；⑧负责妥善保管与基金资产托管业务有关的会计记录、账册、档案及其他相关资料。

8.7 基金备案

8.7.1 备案与工商注册的区别

两者的目的不同。基金备案不同于工商注册，工商注册的目的是确定股权基金可以作为一个市场经营主体对外进行投资，并且受到法律保护。而基金备案的目的是将股权基金作为一个特殊的金融企业进行行业监管，并充分发挥行业协会自律作用。

两者依据的法律法规也不同。基金工商注册主要依据《公司法》、《合伙企业法》、《名称登记管理规定》、《企业登记程序规定》以及《合伙企业登记管理办法》等，而股权基金备案主要依据《私募投资基金监督管理暂行办法》（以下简称《私募办法》）、《创业投资企业管理暂行办法》（以下简称《暂行办法》）以及《私募投资基金管理人登记和基金备案办法（试行）》（以下简称《备案办法》）等。

两者备案机构也不同。2014年发布的《备案办法》规定中国证券投资基金业协会（以下简称“基金业协会”）负责办理私募基金管理人登记及私募基金备案，对私募基金业务活动进行自律管理。股权基金从此由“游击队”转向了“正规军”，正式被纳入金融监管范畴。而工商行政管理部门是股权基金工商注册管理机构，属于国家行政管理机构，而基金业协会属于民间行业协会。

基金工商注册与基金备案在条件上也不同，前者注重恪守流程和条件，后者更注重资格以及监管。《备案办法》规定了基金管理人登记、基金备案、从业人员管理、信息报送、自律管理等方面的要求。工商注册实行事前注册，而私募基金登记备案实行事后登记备案。

8.7.2 基金管理人备案

《备案办法》规定，基金管理人应向基金业协会按照一定流程申请登记（见图8-3），并报送以下基本信息：①工商登记和营业执照正副本复印件；②公司章程或者合伙协议；③主要股东或者合伙人名单；④高级管理人员的基本信息；⑤基金业协会规定的其他信息。基金业协会应当在基金管理人登记材料齐备后的20个工作日内，通过网站公告基金管理人名单及其基本情况的方式，为基金管理人办结登记手续。

8.7.3 基金备案

《备案办法》规定股权基金募集完毕，私募基金管理人应当根据基金业协会的规定，办理基金备案手续（申报流程见图8-4），报送以下基本信息：①主要投资方向及根据主要投资方向注明的基金类别；②基金合同、公司章程或者合伙协议，资金募集过程中向投资者提供基金招募说明书的，应当报送基金招募说明书，以公司、合伙等企业形式设立的私募基金，还应当报送工商登记和营业执照正副本复印件；③采取委托管理方式的，应当报送委托管理协议，委托托管机构托管基金财产的，还应当报送托管协议；④基金业协会规定的其他信息。基金业协会应当在私募基金备案材料齐备后的20个工作日内，通过网站公告私募基金名单及其基本情况

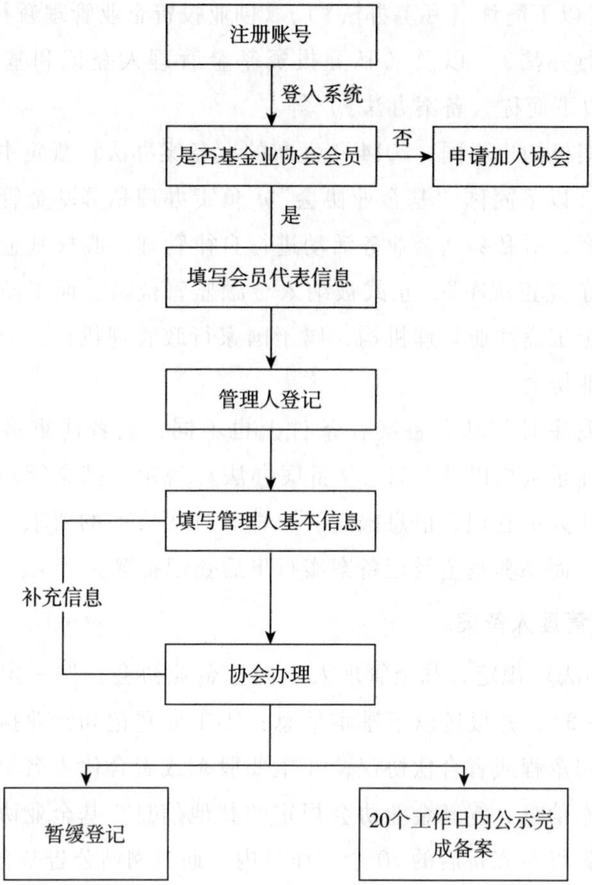

图 8-3　基金管理人备案申报程序

的方式，为私募基金办结备案手续。

如果基金名称中有“投资基金”四个字的，备案时需达到以下条件：注册资本（出资数额）不低于5亿元（全部为货币形式出资），而且实收资本（实际缴付的出资额）不低于1亿元；5年内注册资本按照《公司章程》（《合伙协议书》）承诺全部到位；单个投资者的投资额不低于1 000万元（有限合伙企业中的普通合伙人不在本限制条款内）；至少3名高管具备股权投资基金管理运作经验或相关业务经验；不得从事下列业务：发放贷款、公开交易证券类投资或金融衍生品交易、以公开方式募集资金、对除被投资企业以外的企业提供担保。

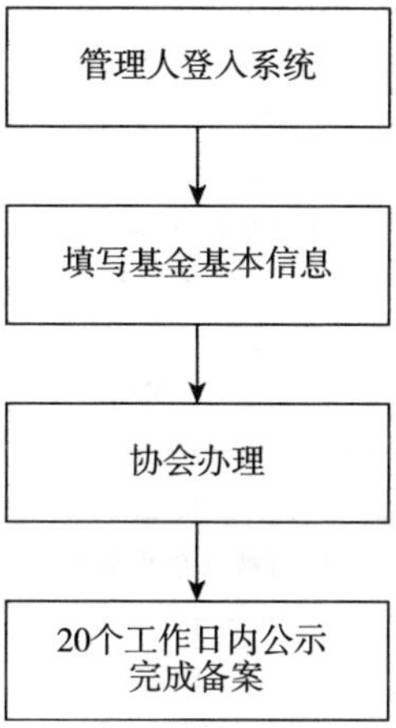

图 8 -4　基金备案登记流程

如果基金名称中有“投资基金管理”六个字的，备案时需达到以下条件：注册资本（出资数额）不低于 3 000 万元，全部为货币形式出资，设立时实收资本（实际缴付的出资额）不低于 3 000 万元；单个投资者的投资额不低于 100 万元（有限合伙企业中的普通合伙人不在本限制条款内）；至少 3 名高管具备股权投资基金管理运作经验或相关业务经验；不得从事下列业务：发放贷款、公开交易证券类投资或金融衍生品交易、以公开方式募集资金、对除被投资企业以外的企业提供担保。

8.7.4　创业投资基金备案

《私募办法》规定创业投资基金备案采取区别于其他私募基金的差异化行业自律，并提供差异化会员服务。《暂行办法》规定创业投资企业统一在中国投资协会股权与创业投资专业委员会进行备案（备案登记程序见 8 -5），并以此备案为条件享受税收优惠。

创业投资基金备案条件包括：(1) 已在工商行政管理部门办理注册登记。(2) 创业投资企业的经营范围限于：创业投资业务、代理其他创业投资企业等机构或个人的创业投资业务、创业投资咨询业务、为创业企业提供创业管理服务业务、参与设立创业投资企业与创业投资管理顾问机构。(3) 实收资本不低于 3 000 万元人民币，或者首期实收资本不低于 1 000 万元人民币且全体投资者承诺在注册后的 5 年内补足不低于 3 000 万元人

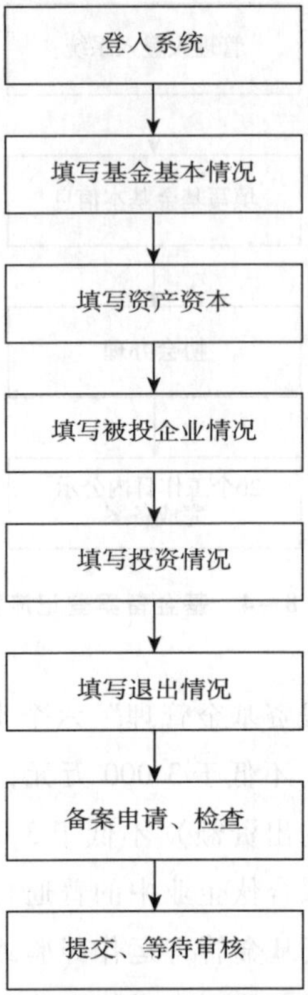

图 8－5　创业投资基金备案登记程序

民币实收资本。(4) 投资者不得超过 200 人。其中，以有限责任公司形式设立创业投资企业的，投资者人数不得超过 50 人。单个投资者对创业投资企业的投资不得低于 100 万元人民币。所有投资者应当以货币形式出资。(5) 有至少 3 名具备 2 年以上创业投资或相关业务经验的高级管理人员承担投资管理责任。委托其他创业投资企业、创业投资管理顾问企业作为管理顾问机构负责其投资管理业务的，管理顾问机构必须有至少 3 名具备 2 年以上创业投资或相关业务经验的高级管理人员对其承担投资管理责任。这里所称的“高级管理人员”，系指担任副经理及以上职务或相当职务的管理人员。

CHAPTER 9

第9章　项目投资

股权基金设立后紧接着以私人股权为对象对外开展投资业务，即项目投资。项目投资是整个股权基金运行过程中最为核心的工作，直接关系到股权基金的收益水平，也最能体现基金管理人的专业水平。项目投资主要包括项目收集、项目筛选、项目立项、项目尽职调查、项目谈判、项目决策、签订协议以及交易结构设计等内容。

9.1　概述

9.1.1　定义

项目投资就是股权基金通过项目筛选、尽职调查、投资决策等过程，投资私人股权，成为项目公司股东。投资私人股权主要有以下几种方式：一是增资扩股方式，即项目公司增发新股，并将这部分新股出售给股权基金，项目公司与股权基金之间发生交易，结果项目公司注册资金增加，资产规模扩大；二是受让股权方式，即项目公司原有股东把股权转让给股权基金，项目公司原股东与股权基金之间发生交易，结果项目公司注册资金不发生变化，资产规模也不发生变化，只是股东发生了改变，即股权基金替换了原有股东；三是其他投资方式。除了上述两种投资模式外，还可以两者并用，或与可转债并用。如果采取可转债，只能改变项目公司的资产结构，股东结构暂时不会发生变化。

9.1.2 项目评价原则

项目评价是项目投资中最为关键的业务，直接关系到投资成功与否。不同类型的股权基金，评价项目的要求与标准不同。但股权投资属于财务性投资，而且存在一定的存续期，所以，股权基金有一个共同的项目评价原则，即“以退量投”。所谓“以退量投”就是退出决定投资，即一个项目投资与否，取决于股权基金能否在预定的时间内、预定的投资收益率情况下成功退出。

由于不同类型的股权基金采取的退出渠道或退出方式会有所不同，因此，不同类型的基金评价项目的要求与标准也不一样，如并购基金主要以并购为主要退出方式，其评价项目的要求及标准与其他类型的股权基金有所不同。但所有退出方式中，上市退出如 IPO 退出收益率最高，所以，股权基金基本上是以能否通过上市退出来评价项目优劣。

9.1.3 项目投资流程

整个项目投资流程大致分为项目收集、项目初审、尽职调查、投资决策、合同签订以及股权确认六个阶段（见图 9－1）。

9.2 项目收集

9.2.1 项目收集渠道

股权基金要取得良好的投资回报，如何在众多项目中以较低的成本和较快的速度获得好的项目是关键。因此，基金管理团队在充分利用自有资源的同时也会积极从外部渠道获取项目信息，建立多元化的项目来源渠道。一般来说，投资项目的来源渠道主要包括自有渠道、中介渠道以及推介渠道等（见表 9－1）。

各种信息渠道来源提供的项目信息质量存在差异，通常通过个人网络、股东、业务伙伴获得的项目信息质量比较高。因此，基金管理团队在寻找项目过程中倾向于通过朋友、熟人获取项目。另外，通过有业务往来的中介机构推荐的项目，质量比较高。一些重要的投资洽谈会也是收集高质量项目的重要渠道之一。

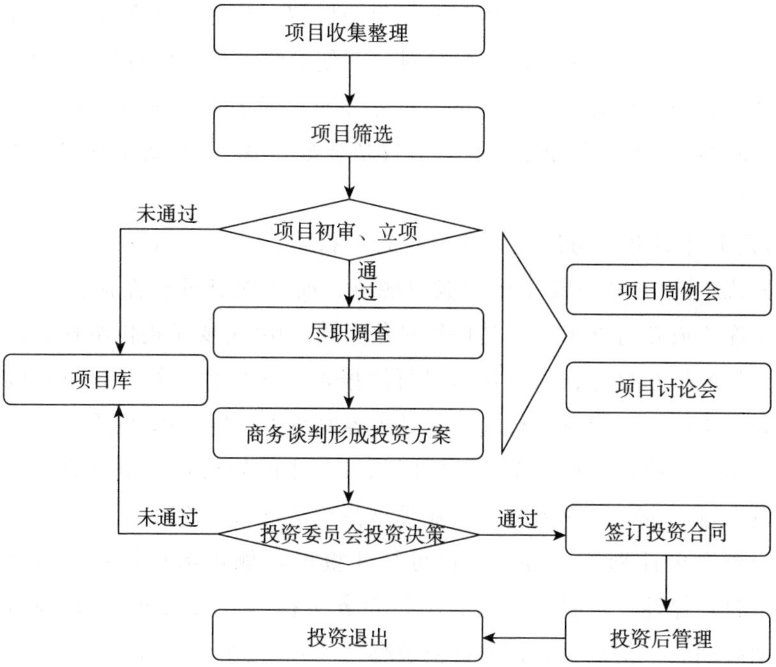

图9-1 项目投资流程

表9-1 投资项目的主要来源渠道

渠道	描述	途径
自有渠道	主动进行渠道建设，通过公司自有人员的关系网络、参加各种风险投资论坛的会议和对公开信息的研究分析收集信息	个人网络、市场分析、战略合作伙伴、股东
中介渠道	借助或联合相关业务伙伴（如银行、券商等）、专业机构（如律师或会计师事务所等）以及其他创投公司获取交易信息	银行或投资银行、证券公司、律师或会计师事务所等其他专业机构（如咨询公司、广告公司等）
推介渠道	利用机会参加不同机构举办的各种项目推介会、项目路演会以及创业比赛	创业孵化器、产业园、科技园、大学、科研机构等

9.2.2 项目收集形式

股权基金收集项目的主要形式就是企业的《商业计划书》（简称BP）。《商业计划书》是融资方（企业）为了实现融资或其他发展目标，根据一定的格式和内容要求而编辑整理的一个向股权投资者全面展示企业目前发展情况以及未来发展潜力的书面材料。即使融资方最初没有提供 BP，如果股权基金有进一步洽谈兴趣会要求对方补充，因为后期项目投资业务离不开 BP 提供的全方位的原始信息。股权基金收到 BP 后要及时整理，建立自己的项目库。

《商业计划书》与传统《项目可行性报告》存在一定差异。一是用于融资方式不同。BP 主要是用于股权融资，而《项目可行性报告》主要用于债权融资或政府立项。二是提供对象不同。BP 主要是提供给权益性投资机构，如股权基金等，而《项目可行性报告》主要提供给债权投资机构或政府相关机构，如商业银行等。三是内容侧重点不同。BP 侧重企业整体信息，包括企业股权结构、企业管理团队、企业所处行业、企业研发、企业产品及市场、企业商业模式、企业发展战略、企业财务状况、企业融资计划、投资退出计划等，而《项目可行性报告》侧重项目信息，项目技术性、项目环保性、项目生产性、项目财务指标（投资总额、内部收益率、投资回收期、平衡盈亏点以及价格敏感性等）、还款计划等。

9.3 项目筛选

9.3.1 项目筛选目的及要求

所谓项目筛选就是对收集的项目进行初步评估，为项目立项提供依据。有的股权基金往往把项目收集与项目筛选合二为一，即在项目收集的同时对项目进行筛选。

项目筛选的要求是项目基本符合该基金的投资偏好（见表 9 - 2）。由于受专业人才、基金规模以及运作模式等方面的限制，为了提高投资成功率，筛选项目时首先要考虑基金投资偏好。反过来，为了提高融资成功概率，融资方需要根据自身项目特点有针对性地选择股权基金。

表 9 - 2　　项目筛选依据

基金偏好	相应的融资项目要求
投资强度	考虑单个投资项目的投资额度，规模较大的基金投资额度较大，反之，投资额度较小

续表

基金偏好	相应的融资项目要求
投资行业	考虑是否属于基金募集说明书中载明的投资领域（行业基金）、基金对该领域是否熟悉、基金是否有该行业的专业人才等
发展阶段	考虑项目发展阶段，如种子期（天使投资）、初创期（VC）、发展期（成长基金）、成熟期（并购基金）
运作模式	考虑融资方式，如债股结合（夹层基金）、众筹平台项目（众筹基金）
投资对象	考虑投资对象，如子基金融资（母基金）、物权（物权基金）、上市公司私人股权（PIPE）
投资区域	考虑投资地域，如是否位于基金附近城市、是否位于经济发达地区等

9.3.2 项目筛选业务

项目筛选业务一般由投资业务员处理，其根据《商业计划书》信息对照基金投资偏好决定是否通过筛选，也就是一般投资业务员便可决定项目是否通过项目筛选。通过筛选后，便进入立项程序。没有通过筛选的项目都要进入基金项目库，以便以后进行查询。

9.4 项目立项

9.4.1 立项目的及标准

通过筛选表明项目基本符合该基金投资偏好，但是否具备投资潜力还需要经过合规性及实质性评估。所谓合规性评估，即基金会制定一些投资条件（立项标准），满足这些要求的项目便可进入实质性评估。所以，立项就是对项目进行合规性评估。

立项标准制定的原则是考察项目的市场空间及排他性（项目门槛），确保项目在一定时间内有足够的发展空间及较少的竞争对手，从而满足资本市场的要求如上市，以便基金可以尽快的退出。立项标准主要从宏观环境、企业结构、运作模式、企业战略以及退出方式五方面进行考虑（见表9-3），但对不同基金以及不同项目考察的侧重点不同。

表 9－3　立项标准

立项标准	要点
宏观环境	宏观经济：国家乃至世界经济发展状况； 资本市场：资本市场特别是证券市场是股权基金退出的主要渠道，证券市场行情直接影响投资信心； 行业发展：项目所属领域是新兴行业还是传统行业、国家行业政策是鼓励还是限制，特别是针对该项目进入资本市场的相关规定
企业结构	治理结构：企业股权结构是否合理，如是否过于集中与分散，实际控制人是否明显以及企业家人格魅力等； 管理结构：企业高管年龄结构、性别结构、知识结构、收入结构、职位结构、企业组织结构以及团队合作精神等； 技术结构：企业知识产权结构如自主开发还是购买、知识产权是否完整以及知识产权类型如发明专利与实用专利结构、技术属于原创还是改进、技术可行性与创新性、技术政策如鼓励与否等； 产品结构：企业产品性质如生产硬性产品（生产实际产品）还是生产软性产品（各类服务以及运营平台）、产品是创新产品还是改良产品、产品种类丰富还是单一、产品实用性与创新性、产品政策如政府购买等； 市场结构：市场门槛如政府审批、国内市场还是国外市场、客户地域集中还是分散、客户群集中还是分散、产品面对终端用户还是企业用户、开拓新市场还是竞争现有市场、市场容量大小、市场份额大小、竞争对手强与弱、竞争对手多与少等； 财务结构：资产结构（无形资产占比）、债务结构（长期债与短期债）、利润结构（主营业务盈利占比）、成本结构（生产成本占比）等； 风险结构：系统风险、市场风险、管理风险、产品风险、技术风险以及政策风险等
运作模式	治理模式：现代企业治理模式（“三会”建全）还是家族治理模式（大股东控制与不完全的信息披露）； 管理模式：传统等级模式（强调组织内正式或非正式团体的建设）、人际关系模式、系统模式（注重组织间的整体协调）、人本主义管理模式（强调以人为中心，实行开放管理）等； 研发模式：自主研发模式、委托研发模式、合作研发模式等； 生产模式：委托生产模式、自我生产模式、定制生产模式、准时化生产模式、精益生产方式、敏捷制造生产方式等； 营销模式：体验式营销、一对一营销模式、全球地方化营销模式、关系营销模式、连锁营销模式、深度营销模式、直销模式、网络营销模式等； 盈利模式：品牌授权模式、产品结构模式、服务盈利模式、产业互动模式、招商模式等； 风控模式：即项目公司建立的风险控制体系。考察金融企业时风控模式非常重要

续表

立项标准	要点
企业战略	企业发展战略是否符合股权基金要求、企业融资建设项目与企业发展战略是否匹配、企业融资计划与企业发展战略是否匹配等
退出方式	股权基金最理想的退出方式、不同退出方式的成功退出概率及价值、退出保障措施是否可靠等

9.4.2 立项业务

立项业务主要由项目组负责，一般投资经理具有立项权或由项目组集体表决。立项依据主要有企业提供的《商业计划书》以及约谈企业负责人进行面对面交流，并就一些关键问题作一次口头介绍或讲演。投资经理可通过这次面谈获取更多有关项目的信息，核实《商业计划书》中所描述的主要事项。

决定立项后就要起草《立项报告》作为立项依据。《立项报告》的内容主要以《商业计划书》为基础并结合基金立项标准。《立项报告》需要明确立项的理由以及未来尽职调查过程中的评估重点。

另外，立项通过表明股权基金对该项目可以正式配备专门的项目小组以及安排相应的费用预算。

9.5 尽职调查

9.5.1 尽职调查的目的及必要性

尽职调查又称尽调或谨慎性调查，其内容包括企业的背景与历史、所属行业，企业的营销、制造方式、财务资料与财务制度、研究与发展计划等各种相关的问题。尽职调查的目的就是对通过立项的拟投项目进行实质性评估，也就是独立于项目公司提供的《商业计划书》，由基金方委派专业人士亲自入场按照基金的投资要求对项目潜在投资价值和投资风险作出实质性判断。

尽职调查的必要性，首先在于信息不对称，只有通过实际的、详尽的、专业的调查才有可能全面了解企业情况，佐证《商业计划书》的相关信息。其次，尽职调查也为合作双方奠定了合理估值及深入合作的基础。

再者，尽职调查中对有关的单据、文件进行调查，这本身就是一个保存和整理证据的过程，相关情况能以书面证据的方式保存下来，以备查询或留作他用。因而，详尽准确的尽职调查是股权基金客观评价项目，做好投资决策的重要前提条件。

9.5.2 尽职调查的方式

尽职调查的方式很多，主要有现场调查、搜寻调查、官方调取、通知调查、秘密调查和委托调查。

（1）现场调查。现场调查可以对调查对象有比较直观的了解，并可以得到据以调查的相关线索。因此，现场调查是尽职调查最常用的方法，它包括现场会谈和实地考察。现场会谈时，应当约见尽可能多的、不同层次的成员，包括市场销售部门、行政部门、财务部门、生产部门的主管。会谈主要了解企业经营战略和发展思路、企业文化、团队精神、企业的内部管理及控制等情况，通过会谈获取对企业高管的感性认识。实地考察应侧重调查企业的生产设备运转情况，生产组织情况，实际生产能力，产品结构情况，订单、应收账款和存货周转情况，固定资产维护情况，周围环境状况，用水、用电、排污情况，员工的工作态度及纪律等。

（2）搜寻调查。搜寻调查指主要通过各种媒介物搜寻有价值的资料，这些媒介物包括报纸、杂志、新闻媒体、论坛、峰会、书籍、行业研究报告、互联网资料、官方记录等。搜寻调查应注意信息渠道的权威性、可靠性和全面性。

（3）官方调取。官方调取指通过行业协会、政府职能管理部门获取或调取企业的相关资料，如通过工商管理机关、税务机关、金融管理机关、外汇管理部门、环保管理部门、卫生管理部门、质量监督管理部门、供电部门、供水部门、土地及城建管理部门、行业主管部门等调取资料。

（4）通知调查。即通知被调查人，要求其提供相关资料和申报信用记录，然后对该资料和记录进行抽样验证、分析。

（5）秘密调查。秘密调查指在被调查人不知道的情况下进行的调查方式。主要通过接触客户的关联企业、竞争对手、商业伙伴或个人获取有价值的信息。

（6）委托调查。可以委托社会中介机构进行部分或全部信息调查。对于比较重要或法律关系复杂的融资租赁交易，可以利用律师执业技能、专业知识以及法律赋予的调查取证的特权，进行律师尽职调查，形成全面、专业、规范的律师尽职调查报告，供信用评估时参考。对客户的财务调查可以委托注册会计师进行，对于租赁物也可以委托资产评估师进行资产评估，形成专业的评估报告。

9.5.3 尽职调查的主要内容

尽职调查内容涵盖企业所有情况，包括企业商业秘密，所以，股权基金进行尽职调查前需要与项目公司签订《保密协议》，以保障项目公司利益。尽职调查的内容主要包括项目公司历史与现状调查：如改制与设立、历史沿革、发起人和股东的出资、重大股权变动、重大重组并购、主要股东情况、内部职工持股（如有）情况以及商业信用情况等；项目公司业务与技术调查：如行业及竞争、采购、生产、销售、核心技术人员、技术与研发等方面；项目公司同业竞争与关联交易调查：如同业竞争、关联方及关联交易等；项目公司人力资源调查：如员工基本情况、高管人员任职情况及任职资格、高管人员的经历及行为操守、高管人员胜任能力和勤勉尽责情况、高管人员薪酬及兼职情况、报告期内高管人员变动、高管人员是否具备上市公司高管人员的资格、高管人员持股及其他对外投资情况以及企业人力资源管理体系等；项目公司组织结构与内部控制调查：如公司章程及其规范运行情况，组织结构和股东大会、董事会、监事会运作情况，独立董事制度及其执行情况，内部控制环境，业务控制、信息系统控制、会计管理控制以及内部控制调查等。尽职调查主要从业务、财务以及法务三方面对拟投项目进行投资风险与潜在投资价值的调查（见图9-2）。以上尽职调查内容大致分为投资业务、财务以及法务三部分，所以，尽职调查小组一般由三部分人员组成：投资专业人员、财务专业人员和法律专业人员，其中财务和法律人员有时可以聘请或委托第三方会计师事务所以及律师事务所专业人员担任。

9.5.4 《尽调报告》

尽职调查结束之后，尽职调查小组需撰写书面尽调报告，一般包括《投资业务尽调报告》、《财务尽调报告》以及《法务尽调报告》，或者一份综合的《尽调报告》，包括投资业务、财务以及法务三方面内容。《尽调报告》独立于项目公司提供的《商业计划书》，是基金尽职调查团队通过

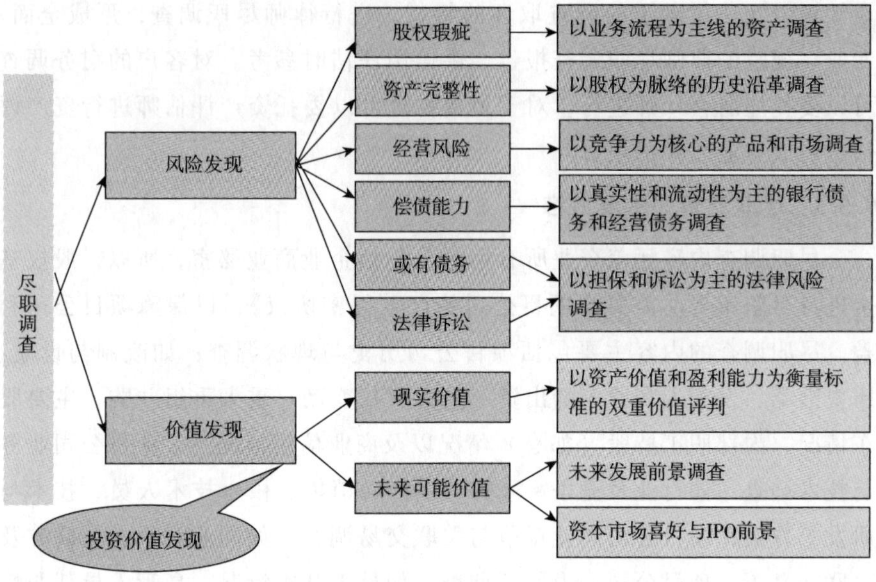

图 9－2　尽职调查主要内容

实际调查得出的投资判断，但涉及的内容与《商业计划书》相似并且对《商业计划书》涉及的内容进行佐证。

9.6　投资方案设计

尽职调查结束后除了对投资与否要进行判断以外，还要对投资价格以及投资策略等进行建议，即设计投资方案。所以，尽职调查后的主要工作就是以《尽调报告》为基础撰写用于基金内部的《投资建议书》或用于谈判的《投资框架协议》（条款清单，Term Sheet），其目的就是设计投资方案，主要包括拟投企业的潜在投资价值、投资风险、风险防范措施、投资价格、投资规模、投资策略、投后管理以及退出方案等，其中股权估价以及投资策略设计是核心内容。

9.6.1　股权估价

理论上估价方法很多，但在股权投资实践运用中都存在一定局限性：一是所有估价方法自身在理论原理上都存在不足之处；二是不同基金会从不同角度对企业进行价值评估；三是由于针对股权基金特有的盈利模式，现有的估价方法都不适合。所以，目前股权投资在实践中没有统一的估价方法，但成本法、收益法、市场法在实践中运用比较普遍。

（1）成本法

成本法的原理就是将企业的各项账面资产按照重置成本进行调整并加总而得到企业的价值。但在股权投资中，与投资人决策相关的信息是各资产可以带来的未来收益以及股权基金通过退出能带来的收益，而不是其现行市场价值。价值评估的对象是企业整体的价值，而整体的价值来源于要素的结合方式，整体不是各部分的简单相加。成本法以单项资产的再建成本为出发点，可能忽视企业的获利能力，而且在评估中很难考虑那些未在财务报表上出现的项目，如企业的垄断收益以及资本市场收益等，所以，虽然操作性较好，但不能真实反映股权投资评价企业的价值观。

（2）收益法

收益法即现金流贴现法，是将企业所产生的未来现金流量进行折现而得到企业的价值，所使用的模型是现金流量模型。股权投资使用这一方法存在的不足之处在于：一是难以准确估计现金流量。未来现金流量要通过财务预测取得，如销售收入预测以及成本预测，由于主观性以及信息不对称，股权基金难以准确预测拟投企业未来5~7年的现金流，而且工作量非常大。二是收益法虽然在反映企业盈利能力方面比成本法更为科学，但同样存在不能反映股权投资盈利模式的问题。

（3）市场法

市场法即市场比较法，它主要是利用类似上市企业的一系列市价比率指标来估计目标企业的价值，得出来的结论是相对于可比企业的一种相对价值，而非目标企业的内在价值。市场法的最大特点是易操作，最常用的有PE法（市盈率法）、PB法（市净率法）以及PS法（市销率法）三种，其中PE法最为常见。

PE法即目标企业每股价格＝可比企业平均市盈率×目标企业每股净利。使用这一方法的基本要求是：首先，目标企业与可比企业必须在增长潜力、股利支付率和风险（股权资本成本）这三个因素方面类似。这三个因素中，最关键的是“增长潜力”。增长潜力类似不仅指具有相同的增长率，还包括增长模式的类似，例如同为永续增长，还是同为由高增长转为永续低增长。其次，在选择可比企业平均市盈率时还需考虑股权基金投资后由于企业规模增加，增长潜力、股利支付以及风险都会发生变化，所以，要对可比企业平均市盈率进行矫正，也就是所谓的投资后市盈率。最后，使用这一模型，被评估企业必须连续盈利，否则市盈率将失去意义。[①]

PB 法即目标企业每股价格 = 可比企业平均市净率 × 目标企业每股净利。使用这一方法的基本要求是：首先，目标企业与可比企业必须在股东权益收益率、股利支付率、增长率和风险这四个方面类似。其中最关键的因素是“股东权益收益率”。同样，如果其他三个因素类似，股东权益收益率差距较大，也要对公式进行修正。其次，这一模型也有它的适应性，即适应于拥有大量资产（如汽车制造行业）、净资产为正的企业。固定资产很少的服务性企业和高科技企业，净资产与企业价值的关系不大，其市净率没有实际意义。[②]

PS 法即目标企业每股价格 = 可比企业平均市销率 × 目标企业每股销售收入，其中市销率指标等于每股市价除以每股的销售收入（一般以主营业务收入代替），它能够告诉投资者每股收入能够支撑多少股价，或者说单位销售收入反映的股价水平。这一方法适应于销售成本率较低的服务类企业，或者销售成本率趋同的传统行业的企业。[③]

因为市价比率一般是根据上市公司的数据得到的，而股权基金投资的目标企业一般都是非上市企业，非上市企业的股票的流动性低于公开交易的股票，所以要将评估价值按照上市成本的比例减掉一部分。另外，非上市企业往往涉及控股权的评估。由于控股股东收益除了包括按股权比例分享的正常生产经营收益外，还包括仅控股股东才可能获取的控制权收益，因此当控股股东获取的控制权收益比重越大时，控股股东就越不会关心目标公司的生产经营管理。此时，就要对目标企业评估价格进行一定的折扣或溢价处理。

9.6.2 投资策略设计

所谓投资策略设计，就是通过一系列投资手段或投资结构的设计，主要包括投资方式设计、金融工具设计、对赌条款设计、反摊薄条款设计、公司治理条款设计以及退出条款设计等，对投资需求进行风险及收益的合

---

① 熊跃生：“PE 投资企业价值评估的几种实用方法”，《当代经济》，2009 年第 11 期。
② 同①。
③ 张浩：“基于自由现金流量的 A 百货公司企业价值评估”，广西大学硕士学位论文。

理配置，其宗旨就是最大限度降低股权基金投资风险，同时使投资收益最大化。

（1）投资方式设计

股权基金投资方式主要有股权转让与增资扩股两种。股权转让是指公司原股东依法将自己全部或部分股权让渡给他人，使他人成为公司股东而公司注册资本不发生变化的民事法律行为。股权转让制度是现代公司制度最为成功的制度之一。股权转让价格并不等于注册资金或实际出资，是由双方（转让方、受让方）参照注册资金、实际出资、公司资产、未来盈利能力、无形资产等因素协商确定，即重新估价，可以大于或小于注册资金、实际出资、公司净资产。由于股权投资的投资对象一般都是未上市的有限责任公司，因此，股权转让时一定要考虑其他原股东同等价格的优先购买权，即要取得其他原股东的同意。股权转让的意义主要在于改变股东结构。

增资扩股是指企业通过向社会募集股份、发行股票、新股东投资入股或原股东增资追加投资从而增加企业注册资本金的民事法律行为。以增资扩股方式投资有限责任公司就是股权基金认购公司增加的股份，扩大公司注册资金。对于新进的资金，公司可以用于投资新项目或用于公司其他开支。所以，增资扩股的意义在于：公司筹集资金扩大经营规模、调整股东结构和持股比例、提高公司信用等。

（2）金融工具设计

股权基金金融工具主要有优先股与可转换债。为了使投资风险降到最低，股权基金通常会要求其投资形成的股权享有优先权，以最大限度地保障其投资及退出收益，如优先分红权和优先清算权。优先分红权指在公司宣告分派股息时，优先股股东有权优先取得投资额一定比例的股息。在优先股股东取得优先股息后，剩余股息又有如下两种分配方式：在取得优先股息后，优先股股东不再参与剩余股息分配；在取得优先股息后，优先股股东与普通股股东按股权比例分配剩余股息。此外，在公司的年度盈利不足以分派约定的股息，或当年未宣告分派股息时，根据投资协议约定，优先股股东可以享有在日后对往年应付未付的股息如数补给的权利。优先分红权最大限度地保障了股权基金投资收益，大大降低了其投资风险。但是，需要指出的是，《公司法》规定股东应按照实缴的出资比例分取红利，但全体股东约定不按照出资比例分取红利的除外。因此，实践中法律仅允许股东对分红比例进行约定，而没有规定各股东间可约定分红的顺序。但是，上述法律限制是可以通过某种条款安排实现的。如双方约定，当公司的分红额达到股权基金投资额的N%时，股权基金的分红比例是N%，而其他股东的分红比例是0%；当分红额超过N%时，则股权基金与其他股东再按股权比例分红等等。但当投资对象为中外合资企业时，实践中操作难度很大，因为《中外合资经营企业法》规定，"合营各方按注册资本比例分享利润和分担风险及亏损"，而没有《公司法》关于"股东另有约定的除外"规定。

优先清算权指在公司清算或结束业务时，优先股股东有权优先于普通股股东获得每股N倍于原始购买价格的回报以及宣布但尚未发放的股利。因为股权基金一般都是溢价投入，即投入多、持有股权少，所以清算时，如果按持股比例清算，对股权基金不合理。如某公司注册资本100万元，股权基金投入200万元，获得该公司20%的股权。公司清算时剩余资产有400万元，那么如果投资人没有清算优先权，则只能分得80万元，但如果拥有该项权利，则投资人可优先收回投资回报200万元的N倍，再按照协议的有关规定参与剩余资产分配。在优先股股东取得优先清算回报后，剩余可分配财产又可以有如下三种分配方式：优先股股东取得优先清算回报后，剩余可分配财产再分配给普通股股东，优先股股东不参与分配；优先股股东取得优先清算回报后，剩余可分配财产由包括优先股股东在内的所有股东按照股权比例共同分配；优先股股东取得优先清算回报后，剩余可分配财产由包括优先股股东在内的所有股东按照股权比例共同分配，直至优先股股东获得总计为原始购买价X倍的价款，之后优先股股东无权再参与分配。在投资协议中约定股权基金享有优先清算权，能够保障股权基金最大限度地收回成本并分得收益。如果公司的可分配财产按全部股权比例分配的数额高于约定的优先清算回报，股权基金也可以选择将优先股转换成普通股，不行使优先清算权而直接与普通股股东按比例分配。[①]

但我国《公司法》规定，清算程序中应当按照股东的出资比例进行分配，并没有赋予股东自行约定的自主权，属于强制性条款。故在投资协议

---

① "PE投资协议的主要条款71"，http：//www.docin.com/。

中如果约定优先清算权难以得到公司法的支持与保护。在实践中，股权基金探索在《投资协议》或《股东协议》中明确以合同条款方式通过仲裁方式达到优先清算权的目的。但《中外合作经营企业法》规定，合作企业期满或提前终止时，清算后的剩余财产应当依照合作企业合同的约定确定财产归属。另外，《中外合资经营企业法》规定，中外合资企业清偿债务后的剩余财产，原则上按照合营各方的出资比例进行分配，合营企业协议、合同、章程另有约定的除外。因此，优先清算权适用于中外合作以及中外合资企业。

优先股享有优先权是以放弃管理权为代价的，虽然股权基金一般不参与项目公司日常经营管理，但希望对企业重大事项具有话语权，如进入董事会，即使以优先股身份进入了董事会其权力也会受到约束。所以，在股权投资实践中，股权基金一般会选择可转换优先股，即在一定条件下可以以相应的比例换成普通股，并享有对应的权利与义务。

可转换优先股条款指双方约定股权基金可以在一定时期内按一定比例或价格将优先股转换成一定数量的该公司普通股。假如公司盈利能力好，持有者可以转换成普通股，假如公司盈利能力不好，则优先股股东有权利在普通股股东之前，先把投入的钱收回来。

可转换优先股条款通常应包含如下内容：①可转换优先股的转换价格、转换比例。②优先股自动转换的条件。例如，约定当企业首次公开发行时，可转换优先股就自动转换为普通股，附带的限制性条款也随之消除；或是在被投资企业达到一定业绩要求后，也可以自动转换。③附带的限制性条款。虽然优先股股东通常没有表决权，但股权基金通常以可转换优先股的形式要求表决权，以求尽量控制企业董事会。这一机制可以为增减创业企业家的报酬、分发红利、调整优先股可转换比例等补救措施提供有效的保证。例如一基金以可转换优先股方式投资一公司200万元，双方在条款中约定该优先股一年后可获得股息，并按以下两种计算方法中金额较高的一种计算：第一，年利率为8%的非累积的股息；第二，以1∶1转换普通股后的分红额。①

可转换债条款指双方约定股权基金在一定时间内有权依约定的条件将

① “外资PE投资协议条款（Term Sheet）的法律解析”，http：//blog. sina. com. cn。

持有的债转换为普通股权或优先股权，即可以选择持有债务到期，要求公司还本付息；也可选择在约定的时间内转换成股权，享受股利分配或资本增值。可转换债具有“三性”，即债权性、权益性以及期权性。所谓债权性，即与其他债务一样，可转换债也有规定的利率和期限，投资者可以选择持有债务到期收取本息。所谓权益性即可转换债在转换成股权之前是纯粹的债务，但在转换成股权之后，投资人就由债权人变成了公司的股东，可参与企业的经营决策和红利分配，这也在一定程度上会影响公司的股本结构。所谓期权性即可转换性是可转换债的重要标志，债券持有人可以按约定的条件将债转换成股权。期权性即约定债权人可按照投资时约定的价格将债权转换成公司的股权，如果债权人不想转换，则可以继续保持债权，直到偿还期满时收取本金和利息；如果持有人看好公司增值潜力，到期后可以行使转换权，按照预定转换价格将债权转换成为股权。正因为具有可转换性，可转换债利率一般低于普通债务利率。可转换债一方面可以降低融资方的融资成本，另一方面可以降低投资人的投资风险。可转换债是投资人享有的、一般债权人所没有的选择权。①

可转换债与可转换优先股有本质的区别。前者是债券，固定所得是债息，破产清算时优先于任何股东受偿。后者是股票，固定所得是股票红利，其价格随着公司权益价值的增加而增加，并随着红利派现而下跌，且破产清算时对企业财产的索偿权劣于债权人。

但可转换债在我国目前的司法体系中会遇到法律障碍。首先我国禁止企业之间的借贷行为。根据我国《贷款通则》以及相关法律法规和规范性文件的规定，借贷作为一种金融业务只能由正规的银行金融机构从事，而非银行金融机构的一般企业是不可以对外发放贷款并收取利息的。另外，我国目前的公司股权登记管理办法尚没有规定债权可以直接转变为股权，即债转股没有法律依据。但国有企业改制以及银行债权，可以作为一种特许实施债转股。②

（3）对赌条款设计

对赌是指投资方与融资方在达成投资协议时，对于未来不确定的情况

---

① “可转换债券具有债权和期权的双重特性_ 百度文库”，http：//wenku. baidu. com。

② “外资 PE 投资协议条款（Term Sheet）的法律解析”，http：//blog. sina. com. cn。

进行一种约定：如果约定的条件出现，投资方可以行使某种权利；如果约定的条件不出现，融资方则行使某种权利。通常目标企业未来的业绩与上市时间是对赌的主要内容，与此相对应的对赌条款主要是估值调整条款。企业估值主要依据企业现时的经营业绩以及对未来经营业绩的预测，因此这种估值存在一定的风险。为保证其投资物有所值，股权基金通常在投资协议中约定估值调整条款，即如果企业实际经营业绩低于预测的经营业绩，投资者会要求企业给予更多股份，以补偿股权基金由于企业的实际价值降低所受的损失。相反，如果企业实际经营业绩高于预测的经营业绩，投资者会拿出相同股份奖励企业家。与估值调整条款类似的还有业绩补偿条款，指目标企业或原有股东与股权基金就未来一段时间内目标企业的经营业绩进行约定，如目标企业未实现约定的业绩，则需按一定标准与方式对股权基金进行补偿。这是单方面的约束，在实践中用得比较少。①

（4）反摊薄条款设计

反摊薄条款是一种用来保证原始股权利益的约定，也即后来投资人的等额投资所拥有的权益不能超过这些原始股权基金。约定反摊薄条款的目的是确保股权基金的股权数量或股权比例不会因新股发行或新的投资人加入而减少，从而也保证原始股权基金投资人对被投资企业的控制力不被稀释。

反摊薄条款可以归为两大类：第一类是结构型反摊薄条款，即反对股权比例被摊薄的条款。当企业增资扩股时，应当无偿地或按照双方认可的价格给予股权基金相应的股份，保证其股权比例不变。第二类是价格型反摊薄条款，即反对股权价值被摊薄的条款。如在双方约定的时间、条件下出现了事先约定的事项，原始股权基金所持股权的比例必须减少时，必须通过相关的附加条件，防止股权价值被稀释，如棘轮条款和加权平均调整条款。所谓棘轮条款就是当被投资的企业在低价出售给后续投资者时，必须无偿给予原始股权基金股份，直到其每股平均价格下降至扩股后新股的价格水平。相较于棘轮条款，加权平均调整条款是较为温和的反摊薄方式，该条款规定调整后的转换价格应是初始转换价格和新增发行价格的加权平均值，它考虑在摊薄融资中发行新股的数量的基础上降低原有的可转

① “对赌条款分析与设计_ 邹沂臻_ 新浪博客”，http：//blog. sina. com. cn。

换价格。[①]

（5）公司治理条款设计

公司治理条款是股权投资中不可或缺的协议条款内容，反映出股权基金虽然通常作为公司小股东存在，但既可以通过各种投资工具和对赌协议保护资金的安全，也可以力图进入董事会从而影响公司的发展方向。公司治理条款设计主要有公司控制权条款设计和管理层肯定性和否定性条款设计。

公司控制权条款设计一方面是争取获得董事席位或者监事以及高管席位，另一方面，如果股权基金是以优先股身份进入董事会，尽可能争取董事会中更多的表决权利。

管理层的肯定性和否定性条款就是要求被投资企业的管理层进行某些承诺或约定，其中肯定性条款就是指被投资企业管理层在投资期内应该从事哪些行为的约定。例如定期提交经营管理纪录；定期提交财务报表，包括资产负债表、损益表和现金流量表按月度、季度和年度呈报，年度报告应经注册会计师审核；提供年度预算，提交董事会和投资人批准；按公认的会计标准保持会计系统；确保按用途使用投资人的资金；保证必须在不同时期达到一定的盈利目标；维持一定的流动资金、净资产和流动比例；确保企业资产持续存在和保持良好的状态；承担债务偿付与税款支付责任；遵守法律法规与规章；随时报告运营过程中的重大事件，包括相关诉讼、违约及其他可能对创业企业造成不利影响的任何事件。而否定性条款是指被投资企业管理层不能在投资期内从事哪些行为的约定。如禁止变更公司的控制权；禁止管理人员向第三者转让股份；禁止改变公司主营业务；禁止从事与主营业务无关的投资活动；禁止未经许可的增资扩股行为；禁止未经许可的并购活动；禁止未经许可与其董事会成员、管理人员或职员以及有利害关系的个人进行任何商业交易；禁止未经许可擅自改变营业场所；禁止出售追加的普通股、可转换债券或优先股等。[②]

（6）退出条款设计

股权基金可能通过多种渠道退出，例如回购与转让。当项目公司无法

---

① “对赌协议的法律解析_ 免费下载_ 百度文库”，http：//wenku. baidu. com/。

② 李天阳：“PE 基金参与企业管理的方式安排”，《中国经贸》，2014 年第 3 期。

上市或并购退出时，为了保障顺利退出，在投资策略设计时就要考虑退出条款设计，如公司回购条款、原股东回购以及共同出售条款等。

公司回购条款就是约定一定条件下公司按照合理的价格回购股权基金持有的该公司股权，同时公司注册资金减少。《公司法》不存在“禁止回购自身股权”的规定，因此，股权基金与公司之间约定股权回购并不违法。但对股份有限公司“原则禁止，例外允许”。股权投资设置股权回购条款，其作用在于：首先，股权回购所设定的条件，比如企业经营年复合增长率不低于25%、企业在未来三年内完成上市等，这些条款客观上督促或激励企业的现有股东采取各种措施实现其在投资者投资时所作出的承诺；其次，股权回购能够保障股权基金在被投资公司或管理团队等未实现经营承诺或其他设定条件的情况下，选择回购退出被投资企业。①

原股东回购条款也是股权基金用于降低投资风险的一种投资策略，但不同于股权回购，因为原股东回购只是老股东与股权基金之间的有条件股权交易，不涉及公司注册资金变动，因而法律风险相对较低。在实践操作过程中一般都是创业企业控股股东实行回购，但回购成功率较小，因为创业企业控股股东一般缺乏资金实力，而且真正需要落实回购条款时，说明该企业的发展没有达到预期目标，原股东自身也会对公司未来缺乏信心。

共同出售条款就是约定在被投资企业上市之前，如果原有股东向第三方转让股份，股权基金有权按照原股东与第三方达成的股权转让价格和数量参与到这项交易中，共同转让股权而实现退出。

9.7 项目谈判

投资方案设计结束即《投资框架协议》撰写完毕后，下一步就是与拟投企业进行谈判，因为《投资框架协议》中许多内容将写进《投资协议书》中，形成双方的权利与义务。所以，项目谈判的工作重点就是落实投资方案，其核心是股权价格确认。因此，项目谈判过程是投融资双方就企业价值达到共识的过程。

9.7.1 项目谈判主要内容

项目谈判的关键议题有投资定位、投资方式、企业估值、股权比例、

---

① “股权回购条款_ 百度文库”，http：//wenku. baidu. com。

经营管理权以及违约责任等。

(1) 投资定位。首先，股权基金通常不介入项目公司日常经营，但为了帮助企业更好发展，会以一定的方式参与企业的主营业务、商务模式以及上市架构等重大事宜的商讨，并在投资协议中进行框架性的明确。其次，股权基金投资后不影响项目公司股份制改制时连续计算经营时间（业绩），即主营业务不发生重大变化、高管（董事、高级管理人员）不发生重大变化以及实际控制人不发生变更等。

(2) 投资方式。常见的股权投资方式包括股权转让和增资扩股。股权转让实际上是实现了老股东的股权套现，企业并未获得发展所需要的资金，因此多数情况下，股权基金会选择增资扩股的方式，但老股东往往希望套现部分股权。

(3) 交易结构。为了控制投资风险，股权基金会提出一些附带条件的投资条款，如对赌条款、优先股以及可转换债等。这些投资条款会对企业方增加一些压力和风险。

(4) 价格评估。估值方法有很多种，但股权价格评估没有统一的方法，而且不同的企业适用的具体方式也不同。股权价格直接影响到双方的利益，双方期望值各不相同，所以，价格评估是项目谈判中最艰难的议题。

(5) 股权比例。股权基金持股比例也是双方谈判的焦点之一。如果股权基金持股比例大，一是影响老股东利益，二是影响实际控制人对公司的控制权，包括未来上市后的控制权地位。但企业方希望尽可能融更多的钱而出让更少的股份，而股权基金希望持股达到一定比例后对企业重大事项具有话语权。

(6) 经营管理权。掌握一定的控制权，尤其是对重大事项的否决权，对于保护股权基金的利益来说是至关重要的。通常，股权基金会要求获得董事会席位，并修改公司章程，将其认为的重大事项列入需要董事会特别决议的事项中去，以确保投资者对企业的发展方向具有有力的掌控。通常股权基金不会对企业的日常运营进行干涉，之所以要求对企业的重大事项具话语权，一方面是防止企业做出抽逃资金等违背投资协议的事情，更重要的是为了贯彻企业的长期发展战略，使企业能够始终在健康发展的轨道上运行。[1]

（7）违约责任。违约责任是投资者和融资企业需要在协议中详细明确的事项，例如未能如期上市、上市价格低于预期、业绩没有达标等与承诺不符的事项是否属于违约，企业和股权基金之间最好能够事先协商清楚，并对违约后的责任问题进行约定。盈利保证是股权基金给企业带上的一个“紧箍咒”，没有这个“紧箍咒”，企业发展战略如上市计划很可能无法实现，股权基金也无法得到相应的回报。股权基金还可以与企业之间形成激励机制，当企业业绩达到一定程度，或上市后股权基金的回报超过一定比例，股权基金会给予企业家现金奖励等。[2]

9.7.2 项目谈判业务

项目谈判业务一般由股权基金的合伙人负责，整个谈判内容主要围绕《投资框架协议》的主要合同条款。《投资框架协议》仅供谈判之用，不构成投资人与项目公司之间具有法律约束力的协议，但“保密条款”、“排他性条款”和“管理费用”具有法律约束力。项目谈判结束后，项目组就要依据双方达成的内容撰写《投资协议书》拟签版，作为投资决策委员会决策的主要文件。

项目谈判有可能循环进行，即投资决策委员会表决时有可能修改《投资协议书》部分条款，需要与项目公司进行进一步谈判，循环往复，形成最终版《投资协议书》。

9.8 项目决策

谈判结束不代表基金决定投资，还需基金的决策机构进行决策后才能决定是否投资该项目。

9.8.1 决策依据

项目决策的依据有《商业计划书》、《立项报告》、《尽调报告》、《投资建议书》（或《投资框架协议》）以及拟签版《投资协议书》，其中《投资协议书》是最主要的决策依据。如果股权基金设有顾问委员会和风险投资委员会，这两个机构还应分别出具《投资顾问建议书》以及《风险控制

---

① 崔凯：“食品企业融资策略”，《中国食品添加剂》，2008年第S1期。

② “投资界学堂 PE 投资协议的框架结构_ 投资界学堂_ 投资界”，http：//pe. pedaily. cn。

建议书》作为决策依据。

9.8.2 决策机构

股权投资基金的决策组织一般为投资决策委员会，属于基金的非常设决策机构，主要对基金的对外投资实施决策。因为是非常设机构，所以基金投资人主要通过《发起人协议》、《合伙协议》或《公司章程》以及《委托管理协议》中相关条款赋予其决策权。

股权基金之所以采取投委会决策机制，主要是体现决策民主化与专业化相结合。所以，投委会主要由基金管理人（普通合伙人）或其委派人员组成，代表该基金最高的专业投资水平。从组成人员的专业知识结构来看，主要包括股权投资专家、行业技术专家、法务专家、财务专家以及企业管理专家等。

投委会在进行决策时，往往会参考基金内部其他机构的意见，如基金顾问委员会以及基金风险控制委员会出具的专业意见。

9.8.3 表决机制

所谓表决机制就是投委会决策投资项目时的通过机制。通过机制有多种，如全票通过机制、多数通过机制、半数通过机制以及一票否决制等。

采用何种表决机制，不同基金类型不一样，如投资早期项目的创业投资基金以及天使投资基金，一般采用半数通过机制，因为可以提高决策效率；而投资后期项目的股权基金，一般采用全票通过或多数通过机制，主要是降低投资风险。另外，不同基金因其投委会成员组成不同而影响其表决机制，如投委会组成人员专业投资水平相当时一般会采取全票或多数通过机制，如果投委会成员专业水平相差较大，有可能采取一票否决制。

9.9 签订协议

投委会决策通过后表明基金内部对投资该项目形成了统一，但还不具备投资的法律效应。

9.9.1 签订协议的意义

股权基金投资项目就是一种法律行为，需要投融资双方自愿、公平签订《投资协议书》，从而从法律层面保障双方的权利与义务。《投资协议书》一旦签订，双方必须严格履行各项条款，一旦违约需要承担相应的法律责任。

9.9.2 《投资协议书》主要条款

《投资协议书》主要包括股权购买的比例及对价条款、购股款支付方式和期限条款、未分配利润归属条款、资金用途条款、新股东地位及股东权利条款、组织机构变动条款、退出条款、声明和保证条款、违约责任条款等（详见表9-4）。[①]

表9-4　　股权基金投资协议核心条款

条款	条款主要内容
投资总额	基于交易前资产估值所得的__________万元，在交割之后，在完全稀释转换的基础上投资方将一共拥有________%公司发行的股票
资金用途	融资所获资金将被用于__________________
证券形式	在本次融资过程中，投资方总共认购__________优先股（可转换债券/普通股）
认购/购买价格	每股优先股（可转换债券/普通股）________元
预计交割日	双方于___________________完成交割
可选择性转换	优先股持有者有权随时将其持有的优先股转换成为公司普通股（如每股优先股转换为普通股的数量将按照优先股的认购价格除以当时有效的转换价格计算，初始转换价格为优先股的认购价格，并可根据以下条款中的转换价格调整和反稀释条款调整）
自动转换	公司股票在正规的证券交易市场被承销完成（“合格的首次公开发行”）时，优先股将按照可适用转换价格自动转成普通股
转换价格调整	（设定转换价格的方式、内容）
反稀释条款	棘轮条款或加权平均调整条款
业绩目标	公司应至______年净利润达到________（或于______年完成IPO）
股息	优先股有权优先于其他各类型股份受偿股息以及清算份额，这些股息以及清算份额应在转换后的基础上进行分配
投票权	优先股享有投票权。每股优先股以按照可适用的转换价格转换后的普通股享有相同数量投票权

① “私募基金核心条款清单及投资框架协议”，http://www.lawtime.cn/。

续表

条款	条款主要内容
董事会	公司的董事会组成应如下： 公司的董事会将由____名董事组成。 投资方委派的董事中至少有___名董事在董事会的委员会中被授职。 召开董事会所需的董事法定人数为______，并且其中至少包括一名由投资人任命的董事。 董事会的所有决定经由出席的董事的多数票通过
投资方董事会代表	在公司首次公开发行日期之前，只要投资方在全面稀释和转换的基础上所持有的股份至少总共代表了公司已发行以及流通的股份的______%，投资方有权向公司董事会委派____名董事以及委派________名监事
优先购股/承股权	在IPO之前股份持有者尚未向其他股份或优先股（统称“股份”）的已有股东（统称“股东”）发出要约，则不得处分或向其他投资者或第三方转让其股份。根据优先购股/承股权，其他股东可优先购买待售股份
投资方的共同卖股权	在IPO之前，若股东想要处分或向任何第三方转让相当于__%的或更多的公司股份（在充分转换和稀释的基础上，包括其他任何股东）时，除非对方是经许可的受让方，否则出让方必须至少提前______天通知投资方待售股份数额以及交易条件，各投资方均有权按其股份所占比例依照这种交易所定的条件和价格购买股份
经许可的转让	投资方有权向任何附属机构（“许可的受让方”）转让其持有的全部或部分股份，这些受让方自交易完成起成为股东协议书的一方
拖带权	在IPO之前，若任何第三方提出要购买股份持有者的____%的公司股份或更多公司已发行的股份（在充分转换和稀释的基础上），则这些股东有权要求其他股东以相同价格和条件向该第三方出让相应比例的股份（①在以普通股为等价物的前提下，每股售价超过______万元并且能以现金支付来介绍认购；②除了针对所售股权的所有权外，这些股权持有者不需要为所出售股权作出任何陈述或保证；③这些股权交易不违反任何法律法规）
强制购买/回购权	若公司在交割日______年后的日期之前没有完成首次公开发行或者（确定核心的人员）停止积极参与公司管理，则每个投资人都有权不受任何限制地要求公司回购其股份或要求（确定的核心股东）购买其股份，并将交易价格确定为原先认购这类股份的价格加上相当于________%内部收益率乘以投资方从出资到转让这段时间的投资所得溢价

续表

条款	条款主要内容
投资者许可权	在 IPO 之前，只要投资者持有至少公司已发行股份的______%（在充分转换和稀释的基础上），未经每个投资人（投资人总共持有不少于_______%的公司股份）的许可，公司不得且股东不应允许公司承担以下任何事项： （1）改变任何股份所附带的权利； （2）改变公司及其附属企业或关联方（统称“集团公司”）的资本结构； （3）改变任何集团公司的组织机构文件； （4）改变任何集团公司的任何名称； （5）停止任何集团公司经营，取消任何集团公司的任何实质性经营部分，或者出售集团公司全部或实质上全部的财产； （6）参与任何并购、分拆、合并或其他任何会导致集团公司控制权产生任何变化的交易； （7）与集团公司的任何债权人达成任何合作或安排，或向其委派任何接管人员或管理人员； （8）结束任何的集团公司，采取或允许任何可以导致集团公司结束的行为； （9）通过首次公开发行以及发行可转换、可兑换或者用于取得任何集团公司资产的证券等方式，发行新的股份、期权、公司债券或其他任何种类的集团公司的证券，但这并不包括根据员工持股计划发行的期权和股份； （10）任命或解除任何集团公司的董事会主席、首席执行官或者非执行董事； （11）与任何集团公司的股东、董事、管理人员、雇员或者这些股东、董事、管理人员、雇员的关联人士进行任何（总价值或合计价值超过____万元）的交易； （12）员工持股计划的通过和修改； （13）商业计划书的通过或修改； （14）除非在商业计划书中明确规定： ①在任何集团公司的总价值或合计价值超过______万元的财产或某组财产上设置的任何限制； ②对任何人的合计超过______万元的债务或义务作出任何担保或保证； ③借出或借入______万元以上；

续表

条款	条款主要内容
投资者许可权	④在一项或数项关联交易中处分、购买或同意处分、购买任何总共或合计价值等于或超过__万元的财产或某组财产； ⑤设立包含资本支出或价值总计等于或超过__万元的合同或协议，或者设立包含许可使用集团公司所拥有或被授权的知识产权的合同或协议； ⑥分配或不分配红利； ⑦改变任何集团公司的审计师等
商业计划	公司必须在每年不迟于______向董事会提供一份下一财务年度的商业计划和执行预算以供审查和评议。当年的此类商业计划和执行预算只有在前一财务年度__________之前经董事会通过后才能采用
优先认购权	假如公司计划在IPO日之前发行任何股权证券，投资人对公司发行此等的证券拥有优先购买权，其价格、条款及条件与公司向其他潜在投资者提供的此等证券的价格条款及条件相同
员工、董事股票期权	除对已获批准的员工持股计划之外，公司不得对员工、董事和管理人员发行股票期权。在交割之后__年，公司的净利润达到____，投资方允许公司预留____比例的股票作为对员工和董事的奖励
信息及查阅	投资方有权获得日常信息并有权查阅投资交易的有关信息
董事及高级职员责任保险以及核心员工保险	公司将取得董事及高级职员保险以为其董事和管理人员提供保险。公司将针对大部分投资方所共同确定的特定董事的生命办理“要员”生命险

CHAPTER 10

第10章　投后管理

因为股权投资定位于小股东，一般不参与被投企业日常管理，因此，投后管理在股权投资发展早期没有受到重视。随着股权投资的发展，投后管理也越来越受到重视，甚至成为股权基金的主要竞争力之一。投后管理的核心是风险监控，但不能简单将其理解为投后风险管理。随着投后管理业务的不断丰富，投后管理模式由非专职走向专职化。

10.1　概述

10.1.1　投后管理的定义及宗旨

所谓投后管理是指股权基金与被投企业正式签订投资协议，投资资金正式进入被投企业并获得相应股权后一直到股权基金全部退出被投企业为止的这段时间里，股权基金以各种方式对被投企业进行监管，同时为被投企业提供各种增值服务。投后管理是整个股权投资业务中时间跨度最长的环节，简单来说，持股时间就是投后管理时间，可以长达数年。随着股权投资的发展，投后管理的内容越来越丰富，投后管理模式也趋于专职化。

风险防范和增值服务是投后管理的两个主要宗旨，但在实践中前者更受股权基金重视。股权投资的对象主要是高新技术产业，股权基金不仅要承担技术开发和市场开拓的商业风险，还要承担代理风险与信息不对称风险。由于商业风险无法完全预测，股权基金只能随着被投企业经营过程中出现的状况来调节他们的后续管理水平。在委托代理模式下，被投企业与股权基金之间的信息不对称，不仅存在于签约投资前的项目评估阶段，也存在于后续投资阶段。签约前的事前信息不对称导致的主要问题是逆向选择，投资后信息不对称导致的主要问题是道德风险。因此，代理的风险越高，股权基金进行投后管理的程度就越大。[①] 股权基金通过投后管理识别代理风险，加强被投企业资金监管，增加与管理团队的沟通机会，从而防范风险。

股权基金作为财务性投资，其投资收益直接取决于被投企业价值增值幅度。但被投企业的优势在于实体经济领域，而通过实体经济获得的收益远不能满足股权基金的投资收益预期。由于股权基金的优势在于资本运营，所以股权基金可以充分利用自身资本市场优势帮助被投企业快速进入资本市场，从而获得更多投资收益。另外，股权基金除具有雄厚的资本外，还具有资源优势，可以在人力资源、市场开拓以及研发等方面为企业提供一系列增值服务。

10.1.2 投后管理的原则

投后管理应坚持风控为主、服务为辅，被动为主、主动为辅，共性为主、个性为辅的原则。所谓风控为主、服务为辅，即股权基金的首要任务是通过委派董、监、高（董事、监事、高管）等手段监控被投企业，然后通过资源对接、后续融资支持、具体辅导等手段为被投企业提供增值服务。所谓被动为主、主动为辅，即股权基金从事投后管理时，以投资协议相关规定以及企业发展需要为基础，不以影响企业的正常生产经营活动为标准，充分相信被投企业的自身发展能力。所谓共性为主、个性为辅，即股权基金的工作重心在项目投资，不可能针对每个被投企业实行个性化的风险控制措施以及提供个性化的增值服务，主要依据基金自身的特点对被投企业实行共性化的风险控制措施以及提供共性化的增值服务，以减少股权基金工作量，个别企业个别对待。

---

① 卢显文：“创业企业家代理风险的成因分析及其全程控制机制”，《技术经济与管理研究》，2004 年第 5 期。

10.1.3 投后管理的困难

股权基金对投后管理重视程度不够，一方面是由于股权基金的工作重点是项目投资，另一方面是由于投后管理存在一定困难。投后管理存在的困难主要表现在以下几方面：一是投后管理对基金内部人才储备有更高的要求，如相关人员需要具备丰富的实践经验才能为企业提供增值服务；二是投后管理容易与被投企业产生对立关系，因为风险监控是投后管理过程中的主要工作，一般不受企业欢迎；三是投后管理增加基金的管理成本，因为投后管理需要增加股权基金的人力资源与办公费用开支，但带来的直接经济效果不明显；四是由于股权基金一般是小股东，对被投企业的控制权很弱，对被投企业在日常经营管理中出现的问题只能提出解决问题的建议，所以投后管理难以取得理想结果。

10.2 投后风险分析及监管

10.2.1 投后风险分析

投后风险指股权基金投资后存在及产生的风险，既包括项目公司在投资前就存在的系列风险即存量风险，还包括投资后由于项目公司规模迅速扩大而新带来的经营风险即新增风险。

存量风险是股权基金投资前项目公司在日常经营过程中出现的各种风险，包括市场风险、技术风险、经济风险、管理风险以及道德风险等。

（1）市场风险。通常情况下，任何创新产品与新的服务模式的市场竞争都是非常激烈的，而且竞争形式、手段都在瞬息变化。市场风险是导致新技术、新产品商业化失败的核心风险，主要体现在以下四个方面：一是新产品的市场容量。理想的状态是，新产品的设计生产能力与市场容量协调一致。对市场容量的调查方法虽然很多，但要准确地摸清市场对新产品的容纳程度还是不易办到的。如果产品的设计能力超过了市场的实际需求，必然会增加投资风险。二是市场接受的时间。社会的进步、生活的改善、知识水平的提高，使新产品被市场接受的周期愈来愈短。然而，从产品的推出到诱导消费有一个时滞，有的产品时滞还比较长，过长的时滞将会影响企业资金的正常周转，降低资金的使用效率，甚至导致企业的生产经营难以为继。三是市场的接受程度。即便股权基金所选择的产品或技术是新颖的，而且有市场，但在其新产品推出后，也要面对消费水平、消费者认知和接受程度等诸多问题。四是市场竞争风险。项目公司面临来自市场上类似产品的竞争风险。[①]

（2）技术风险。技术风险是企业在技术研发以及新产品开发中面临的风险，主要包括以下三方面风险：一是开发风险。高新技术的成功开发，会给投资者满意的回报。然而，股权基金投资时，项目公司技术一般处于研发阶段，还不成熟，存在开发失败风险。二是转化应用风险。项目公司的经营活动在很大程度上是一项科技成果转化的过程。在这个过程中，诸如产品设计、生产加工、市场营销等环节都存在着不确定性。而且，还取决于开发出的新产品或服务能否保持连续性，以及前期产品的性能改善与服务性能价格比的提高。[②] 三是技术寿命风险。高新技术的发展日新月异，任何一项技术都有可能被淘汰，如项目公司技术不够先进很容易被其他技术替代从而失去价值。

（3）管理风险。管理风险就是项目公司由于缺乏管理经验而存在的风险。大部分科技型企业的创业者出身于技术研发者，缺乏企业管理知识与实践经验，在管理过程中容易独断专行，或管理松散，从而造成企业管理成本增加、研发与生产效率低下。

（4）经济风险。经济风险就是项目公司因面临经济发展状况、国家政策、市场体制建设、环境保护以及知识产权保护等方面的问题而引致的。

（5）道德风险。由于信息不对称，股权基金处于信息弱势地位，而项目公司创业者处于信息强势地位，因而存在创业者利用信息优势侵害股权基金利益的风险，即道德风险。

这些风险一直伴随着企业的发展过程，即股权基金投资后这些风险仍然存在，而且随着股权基金实施投资，由于企业资金增加，经营规模扩大，企业经营会面临新的风险，即新增风险。新增风险中最典型的就是明显增加的管理风险，包括资金管理风险以及人力资源管理风险等。

10.2.2 投后风险监管

投后风险监管不同于项目投资时的风险防范，前者主要是风险提示，

---

① 阎虹、高英：“试论风险投资的风险管理”，《前沿》，2005年第10期。

② 吕洪燕：“风险投资后监控管理研究”，哈尔滨工业大学硕士学位论文。

后者则重在主动发现风险并规避风险，如通过尽职调查发现风险，并通过设计投资方案规避风险。投后管理从字面上理解为投资后业务，但项目公司的风险并不是投资后才产生的，所以，为了投后更好地进行风险监督，投后管理工作其实在投前的尽职调查阶段就已经启动。因此，投后风险监管包括投前风险认知以及投后风险监管。

（1）投前风险认知。尽职调查是股权基金发现项目公司风险的最好手段，所以，尽职调查不仅为投资决策提供依据，同时也为投后风险监督提供机会。除尽职调查外，参与投资协议等法律文书的起草与签订，也可深入了解项目公司风险和未来股权基金享有的风险监督权利以及对方接受风险监督应承担的义务。这样，未来投后风险监督工作更具有针对性。因此，投后管理从投前风险认知开始，而投前风险认知从尽职调查开始。

（2）投后日常监管。投前风险认知为投后日常监管奠定了基础。投后日常监管是投后风险控制的主要工作，包括委派董监高、定期检查财务报表、构建风险预警机制和动态估值监控体系等。

10.3 投后管理流程及业务

10.3.1 投后管理流程

投后管理从字面上容易识解为业务从基金投资后开始。但投后管理大部分工作属于风险监控，由于风险的连贯性，投后风险监控从尽职调查就已经开始启动。所以，投后管理业务流程从投资阶段的尽职调查开始一直到基金退出（见图10－1）。

（1）参与尽职调查。尽职调查是股权基金全面了解项目方的唯一途径，这也是未来投后管理工作的基础。由于分工原因，投后管理团队只是参与尽职调查工作，不对尽职调查发表意见或建议。

（2）参与协议签订。所谓参与协议签订就是投后管理团队参与《投资协议书》的起草，从而深入了解投资协议赋予股权基金的权利以及项目方应承担的义务，以确保未来投后管理顺利进行。

（3）负责基金份额（股权）确认。投资协议签订后，投后管理团队应负责投资资金按照协议要求准时足额从托管银行划拨到对方指定的账户上，同时负责在工商管理部门确认股权基金应持有的股权。

（4）负责跟踪监管。股权确认后，按照协议规定对项目方进行风险监

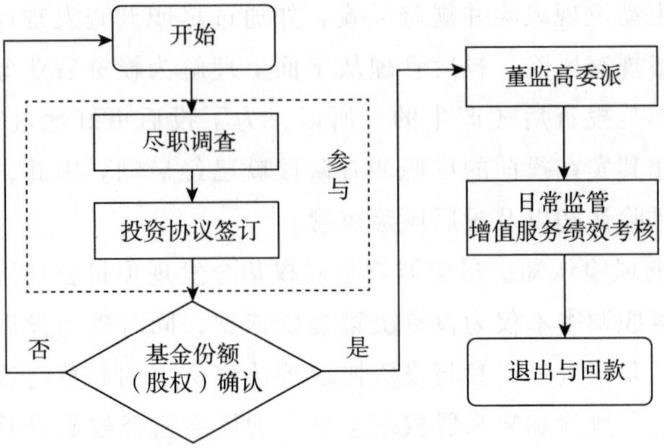

图 10－1　投后管理业务流程

管，包括委派董监高以及对日常财务与经营进行监管与评估，包括估值动态监测。

（5）提供增值服务。依据投后管理原则，为项目提供共性及个性化的增值服务，包括价值挖掘。

（6）提出退出方案。根据项目方运营业绩情况以及股权自身投资情况如基金存续期，及时提出退出方案。

（7）负责资金回笼。股权基金实施退出后，投后管理团队负责退出资金足额准时划拨到托管银行，确保资金安全。

10.3.2　投后管理业务

从投后管理业务流程来看，投后管理业务主要分两部分：一是股权基金正式投资前的业务，二是正式投资后的业务。从业务内容性质上来分，投后管理业务分三部分：一是前期基础业务，二是风险监管业务，三是增值服务业务。另外，关于退出业务，投后管理一般负责退出方案设计，最后实施属于决策层。所以，一般退出业务独立于投后管理业务。

（1）前期基础业务

前期基础业务指从参与被投资对象尽职调查开始到股权工商部门确认为止的系列业务，主要业务包括参与尽职调查、参与投资协议起草、负责资金划拨以及股权（或基金份额）确认等，其主要任务是认知风险并确认股权。参与尽职调查主要是通过尽职调查了解企业的主要风险以及熟悉企业日常经营管理方式以便日后进行日常监管。投后管理团队参与起草投资协议书，主要是熟悉协议条款，从而深入了解投资协议赋予股权基金的权利以及项目方应承担的义务，如委派董监高等。投资协议签订后，投后管理团队应负责投资资金按照协议要求准时足额从托管银行划拨到对方指定的账户上，同时负责在工商管理部门确认股权基金应持有的股权。

（2）风险监管业务

风险监管业务主要包括四类：①法律监控。法律监控包括两种方式：合约方式监督和治理机制监督。合约方式监督指投资前与创业企业或控股股东签署相关协议，利用合约去约束内部人行为，比如要求创业企业的业绩承诺（一般适用于在企业未来收益预测条件下的高估值情况）和达不到业绩的补偿条款、对章程的修改约定、对内部控制人转让股份的约定等等。治理机制监督就是通过股东大会、董事会、监事会等治理机制进行监控，在被投企业设立董事席位、监事席位，从而通过董事会参与项目公司重大决策，如创业企业的业务发展战略、投资追加、管理层聘用和解雇、资产重组等。②财务监控。财务监控的内容主要有资金、资产、费用、收入及利润分配、财务报告五大项监控。可通过定期如季度，审阅项目公司报送的财务报表，年度可审阅审计报表，掌握项目公司的财务状况，或委派财务总监进行监控。在实践中，如果投资时确定了投资资金用于购置不动产或是重大项目投资，比较容易监控动向；如果投资资金是用于流动资金，监管难度较大。当股权基金投资规模较大时，有时会要求委派财务总监。若企业坚决反对，就要慎重考虑。即使委派财务总监作为财务方面的资深专业人士进入企业，也要尽可能不干预企业的日常经营活动，只提供一些专业服务，作为其监督职能的拓展，比如完善企业的内部控制制度、加强企业的会计基础工作、保证企业的会计信息准确、建立指标和业绩评价体系等。③运营监督。要求被投企业提交季度经营业务分析报告、年度经营业务分析报告等。④重点人和部门监督。要求项目公司随时提供主要高管变动情况，包括离职、新进高管、身体状况发生重大变化以及三个月以上出国等情况。对不同项目公司的重点部门监督不同，如对拟上市企业重点监控财务以及董事会办公室等，对小微企业重点控制仓库和采购部门等。①

① 岳蓉："中国风险投资的运行机制研究"，《中央财经大学学报》，2012年第6期。

股权基金对创业企业的监管程度与所投资的金额大小以及股权比例相关，一般对于投资额比较大、占股比较高的会增加监管的力度，若多家股权基金同时投资于同一个创业企业，领投方会进行比其他创业投资基金更多的监督管理。股权基金一般不愿意因为自己的监管而干涉项目公司的正常经营，但若发现企业陷入经营困境或企业经营层、大股东过多占有企业剩余利益或有损害外部人利益时也会加大监管力度。[①]

（3）增值服务业务

提供增值服务是指股权基金以“教练”身份为企业提供一系列服务使企业价值增值。股权基金为项目公司提供的增值服务分共性服务与个性服务。所谓共性服务就是针对所有项目公司提供的服务，包括系列培训、组织项目对接会、人力资源对接会以及投融资对接会等。所谓个性服务就是针对个别项目公司提供的增值服务，主要包括为项目公司提供战略支持、资源整合、后续融资支持以及情感支持等。①战略支持。其主要包括帮助企业确定发展战略、明确市场定位、推动品牌推广、强化市场营销等。确定发展战略是对投资项目的战略发展进行目标设定、阶段设定、路径设定等，以实现战略规划的修订和优化。明确市场定位需要对投资的市场需求、竞争对手、消费者特点及分布、潜在的市场需求和消费者进行深入调研和分析后，对项目的产品及服务进行重新定位和定位修正及优化。推动品牌推广是对投资项目的品牌战略、产品及服务的知名度与美誉度、市场占有率、广告策略等进行研究后的修正和优化，并且进行实际的推广和实施活动。强化市场营销包括利用私募股权基金的自身资源，积极为投资项目的产品及服务打开销路、建设分销渠道、扩展市场通路、介绍大客户、打开国际市场等实务操作，促进投资项目扩大市场份额、增加市场销售总额等。②资源整合。包括行业资源以及科研资源嫁接。由于股权基金通常会专注于某几个行业的投资，对行业技术、产品以及市场的变化理解也较深，可以对项目公司进行行业内及关联行业资源对接，甚至行业内重组并购，实现优势互补及规模化经营。此外，股权基金拥有巨大的专家资源网络，可以很好地弥补项目公司管理层的不足，为其寻找、招聘高管，包括CEO、CFO以及技术领域高级专家，快速提升公司管理水平以及研发水平。

---

① 岳蓉：“中国风险投资的运行机制研究”，《中央财经大学学报》，2012年第6期。

③后续融资支持。除协助进行下一轮股权融资外，还可帮助企业进行短期债权融资，解决流动资金不足问题。④情感支持。创业是个艰苦的过程，项目公司的负责人除了公司运营上的巨大投入，心理也承受着巨大压力。因此，为项目公司提供创业经验分享以及必要时刻的情感支持，对企业创业者极为重要。

投后管理除上述三大主要业务外，有的大型基金由于所投项目公司数量多，投后管理业务更为丰富，如加强与托管银行合作、建立风险预报机制以及构建估值动态监控体系等。加强与托管银行合作就是依据资金托管协议与托管银行加强合作与沟通，确保资金托管安全、及时、准确划拨以及退出资金准确、及时入账。同时，充分利用托管银行的资金优势为项目公司提供融资服务。建立风险预报机制即通过投后日常风险监管在股权基金内部建立一个包括风险预警、风险决策以及风控措施的一个风险预警与决策的风控体系。构建估值动态监控体系就是构建一个连续的项目公司估值体系，其核心就是建立一个动态估值模型，这对于企业后期估值非常重要。

总而言之，对股权基金而言，其回报直接取决于由众多项目公司构成的投资组合的业绩。从这个意义上讲，投后增值服务完全符合股权基金自身利益。

10.4 投后管理模式

随着投后管理业务的不断丰富，投后管理模式也在发生变化，由非专职化发展到专职化，即由没有专职团队管理发展到有专职团队管理。

10.4.1 投后管理模式类型

（1）“投资团队”模式。该模式是指投资团队除负责项目的收集、筛选、尽职调查等相关投资业务外，同时负责投后管理业务，投资业务与投后管理业务由同一个团队负责。该模式是典型的非专职化模式，主要适用于基金规模比较小、基金的总投资项目数比较少的股权基金。这一模式的优势在于项目团队从项目初期开始接触项目公司，对项目公司情况非常了解，投后能够更好地实施风险监督以及为项目公司提供更有针对性的增值服务。其劣势则在于项目团队精力分散，容易忽视投后管理业务，而且无法做到专业化和系统化。

（2）“投资+投后团队”模式。该模式是一种半专职化模式，即在投资团队中实行分工，有人员专门负责投后管理业务。该模式的特点是投资团队内部人员分工。在这种模式下，负责投后管理业务的人员可以经历整个投资业务过程，全面了解项目公司，方便其将来实施更有针对性的投后管理业务。另外，采取这种模式不影响团队投资业务，也方便团队内部资源协调。但这种模式的缺点是难以开展全面的、系统的投后管理业务。

（3）“投后团队”模式。该模式是典型的专职化模式，即股权基金专门设有负责投后管理的业务团队，从投资团队中独立出来。这种模式比较适合老牌的、规模较大的股权基金。因为基金规模大、投资项目数量多、投后管理工作量大，需要建立系统的投后管理体系，全面掌握项目公司的发展动态，并为项目公司提供更好的增值服务。采取这种模式需要基金投入更多的人力资源以及费用以支撑投后管理团队开展工作。专职化的投后管理团队的建立，是股权投资发展到一定阶段，对专业化分工的客观需要。专职化模式的优势在于投后管理业务从项目投资业务中分离出来，一方面确保项目投资工作不受影响，另一方面可以提供全面的、系统的投后管理业务。但不足之处是需要增加股权基金内部两个团队之间的磨合成本。

（4）“专家顾问/咨询团队”模式。该模式是一种松散模式，即在股权基金内部设立一个专家顾问团或专家咨询团，为项目公司提供如 ERP、人力资源管理体系等服务。这种模式是把增值服务与风险监控分开，股权基金只负责风险监控，而增值服务委托给专家顾问团队。这种模式下，项目公司难以享受到个性化的增值服务。

（5）“投后管理公司”模式。该模式是一种委托模式，即股权基金把投后管理业务全权委托给一个专业化的投后管理公司。一般情况下投后管理公司是股权基金或基金管理人下属的全资子公司。一般大型股权基金会采用该种模式。这种模式的优势是投后管理公司能够为项目公司提供专业化、系统化的增值服务，特别是在企业管理与运营方面。这种模式与专家顾问模式有相同之处，就是投后管理公司一般不参与风险监控业务，风险监控与增值服务相分离。

10.4.2 投后管理模式选择

投后管理不仅对股权基金人力资源有更高的要求，而且会明显增加基金管理成本，所以，选择专职化还是非专职化的投后管理模式取决于多方面因素。首先是股权基金自身原因，如基金规模、基金人才储备等，也包括基金对投后管理的重视程度；其次取决于项目公司，如项目公司所处行业、所处发展阶段、对投后管理的接受程度等。一般来讲，高科技类型创业者大多数是技术型人才，容易在技术领域投入过多的时间和精力，且缺乏系统的商业知识，所以股权基金会对这类项目公司提供更多投后管理。对于处在早期阶段的项目公司，创业者普遍缺乏创业管理的经验，管理团队往往不健全，各种关系网络不完善，如销售网络、供应商链条等等。此外，在创业的初期，创业者会遇到各种各样的障碍和挫折，并且伴随着强烈的孤独感。股权基金的影响不仅仅是在企业管理方面能够给其帮助，而且还能够给创业者心理上的支持，使其能够克服并超越创业初期的孤独感。因此，对于投资早期的股权基金，需要提供更多投后管理业务。项目公司对投后管理的接受程度越高，越有利于股权基金提供专职化的投后管理。①

另外，股权基金投资偏好也会影响投后管理模式的选择。如果股权基金偏向于跟投，那么投后管理工作就会非常弱；如果股权基金偏好高持股比例，那么就会非常重视投后管理工作。

① 杨锴："风险投资投后管理探究"，《中国物价》，2011 年第 2 期。

CHAPTER 11

第11章 基金退出

基金退出是整个股权基金投资业务链中的最后一个环节，同时也是决定投资项目收益状况的一个关键环节。项目投资和基金退出是股权投资业务中的一进一出，形成一个完整的投资链条。不同投资方式（渠道），对项目企业要求不一样，股权基金最终收益也会不同。所以，类似投资方案一样需要设计退出方案，确保基金所持股权安全退出并且收益最大化。

11.1 概述

11.1.1 定义

项目退出是指项目公司发展到一定时期，股权基金将其所持有的该公司股权通过各种退出方式出售，从而解除股权基金与该公司的股权关系，不再为公司股东。投资退出的本质就是股权转让交易，交易场所和方式可以是在证券市场的场内市场进行公开交易，如项目公司 IPO 后在主板二级市场退出，或在证券市场的场外市场进行私下交易，如项目公司在非主板等场外市场挂牌交易退出；也可以是在非证券市场进行私下交易，如项目公司并购行为、项目公司或公司原股东实施股权回购、股权协议转让以及项目公司清算等。

投资退出不仅是股权投资整个投资业务中的一

个重要流程，也是整个股权投资业务结束的标志。

11.1.2 退出方案设计

由于退出的交易场所、交易方式不同，对项目公司的要求不同，对股权基金收益也会产生很大影响。不同交易场所采取的股权估价方法不同，而且套现的难易程度也不同。所以，退出方案设计需要选择合适的退出方式、合适的退出时间以及制定退出保障措施等。

常见的五种退出方式包括：IPO 退出，即项目公司 IPO 后，股权基金在证券二级市场出售股权实现退出；并购退出，即项目公司产生并购行为时股权基金出让股权实现退出；转让退出，即股权基金与其他投资人通过协议方式转让股权实现退出；回购退出，即股权基金与项目公司或项目公司原股东签订协议，回购股权基金所持股权实现退出；清算退出，即项目公司解散，股权基金获得公司清算财产实现退出。其中，IPO 退出与并购退出能使股权基金获得巨大收益，因而深受青睐。

退出方案设计业务一般由投后团队或投资团队负责，因其业务主要在投后，但一般在投资时就已经涉及，因为股权投资的项目评价原则是“以退量投”，即基金在投资项目时就应事先考虑退出方式，如在投资协议中的回购条款以及优先清算权等。另外，退出方案最终需要决策，一般也是由投资决策委员会负责。

11.2 IPO 退出

11.2.1 定义

IPO（Initial Public Offerings，简称 IPO）即首次公开募股，指一家企业第一次将它的股份向公众出售。一般来说，一旦首次公开上市完成后，这家公司就可以申请到证券交易所或报价系统挂牌交易。IPO 退出就是项目公司 IPO 上市后，股权基金在二级市场出售该公司股票实现退出。

IPO 的意义在于从非公众公司转变为公众公司。所谓公众公司就是其股权可设计为金融工具即股票成为公共股权，并在证券场内市场（二级市场）进行买卖即上市，其股权价格由股票价格代替。此时股票价格除受企业价值影响外，还受股票市场交易行情影响，即投机因素很大程度上影响股票价格。所以，企业一旦 IPO，由于受市场交易活跃的影响，股权价格或股票价格一般会远远高于企业价值。这是企业愿意 IPO 的主要原因之一，也是股权基金愿意 IPO 退出的主要原因。

11.2.2 IPO 制度

IPO 制度即发行制度，不同国家有不同发行制度，如注册制、审核制及行政审批制。

（1）美国注册制

资本市场发达国家一般实行注册制，如美国。所谓注册制就是监管部门仅对拟上市企业进行合规性审查，即仅审查是否符合相关规定。

美国 1933 年《证券法》规定，任何人不得销售任何证券，除非有关该证券的注册说明书已“有效”（effective）。任何企业在美国的 IPO 也必须满足这些要求。一个美国 IPO 大致分为三个阶段：“注册说明书提交前”、注册说明书提交后的“等待”及“注册说明书有效后”阶段。

IPO 注册说明书由两部分组成：第一部分是公开招股书（prospectus）。公开招股书既是 IPO 的市场推广文件，同时也是 IPO 的法律责任文件。IPO 公开招股书主要包括以下部分：封皮、招股书简介、风险因素、资金用途、股价摊薄表、管理层关于财务状况及运营结果的讨论及分析、业务描述、管理层成员介绍及其收入、关联方交易、主要股东及管理层持股表、股票分销计划以及审计报告。第二部分是一些不需要包括在公开招股书中的信息。任何人都可通过美国证监会公共阅览室或美国证监会的 EDGAR 系统得到该信息。这一部分主要包括发行及分销费用详细列表、有关董事及高管法律责任的任何补偿安排、发行企业的任何近期未注册的证券销售以及一些美国证监会要求发行企业因公开招股所应作出的承诺。另外，第二部分还要求进行 IPO 的企业随注册说明书通过 EDGAR 系统向美国证监会提交若干附件文件，包括承销协议、公司章程、有关股票合法性的法律意见书、所有重大合约（包括企业运营的重大合约，例如重要的购销合约、授权合约、租约，以及任何董事、管理层成员和重要股东所签署的合约）。

除此之外，IPO 注册说明书还必须提供任何其他使得现有披露信息完整及不具误导性的信息，以及任何其他对于投资者购买股票而言意义重大的信息。

IPO 注册说明书（包括任何要求披露的附件）必须以电子文本的方式

通过 EDGAR 系统提交给美国证监会，同时按拟发行证券的估计价值缴付注册费。截至 2009 年 10 月 30 日，IPO 的注册费是每 100 万美元的估计价值需要 55.80 美元。

美国证监会的审查只关注注册说明书及公开招股书是否完全遵守了信息披露要求，而不审查该项招股的实质，即不判断该项投资是否是一个好的投资，例如进行 IPO 的企业是否面临任何实质性问题或重大风险。只要美国证监会认为注册说明书及公开招股书按要求披露了所有对于投资者投资该企业而言的重大信息，而无任何重大错误或遗漏，美国证监会就可以宣布该注册说明书有效。即使一个企业有种种重大问题，对投资者来说充满风险，只要其注册说明书及公开招股书完整准确地披露了这些问题及风险，美国证监会不会否决该企业的 IPO。

（2）我国审核制

我国 IPO 制度形成于计划经济向市场经济转变期间，所以带有很强的行政干预色彩。由最初的行政审批制改为目前的审核制，现在正朝着注册制方向改革。所谓审核制就是监管部门不仅要对拟上市企业进行合规性审查，还要进行实质性审查，即需要审查拟上市企业是否是一个具有投资价值的企业，如对同业竞争、关联交易以及持续盈利能力进行实质性判断。审核制的另外一个特点就是引入保荐人制度，即拟上市企业需要由保荐人推荐。保荐人的主要职责就是将符合条件的企业推荐上市，并对申请人适合上市与否、上市文件的准确完整性以及董事知悉自身责任义务等负有保证责任，尽管联交所建议发行人上市后至少一年内维持保荐人对他的服务，但保荐人的责任原则上随着股票上市而终止。①

IPO 发行审核要求发行人具有独立性、规范运行良好、符合主体资格、财务会计符合规定、资产运行良好、募集资金投向明确等，而且主板与创业板稍有不同，前者侧重企业的盈利性，而后者侧重企业的发展性。

独立性要求包括：①资产独立：生产型企业应当具备与生产经营有关的生产系统、辅助生产系统和配套设施，合法拥有与生产经营有关的土地、厂房、机器设备以及商标、专利、非专利技术的所有权或者使用权，具有独立的原材料采购和产品销售系统；非生产型企业应当具备与经营有

① 吴凡："我国上市保荐人制度研究"，东北师范大学硕士学位论文。

关的业务体系及相关资产。②人员独立：发行人的总经理、副总经理、财务负责人和董事会秘书等高级管理人员不得在控股股东、实际控制人及其控制的其他企业中担任除董事、监事以外的其他职务，不得在控股股东、实际控制人及其控制的其他企业领薪；发行人的财务人员不得在控股股东、实际控制人及其控制的其他企业中兼职。③财务独立：发行人应当建立独立的财务核算体系，能够独立作出财务决策，具有规范的财务会计制度和对分公司、子公司的财务管理制度；发行人不得与控股股东、实际控制人及其控制的其他企业共用银行账户。④机构独立：发行人应当建立健全内部经营管理机构，独立行使经营管理职权，与控股股东、实际控制人及其控制的其他企业间不得有机构混同的情形。⑤业务独立：发行人的业务应当独立于控股股东、实际控制人及其控制的其他企业，与控股股东、实际控制人及其控制的其他企业间不得有同业竞争或者显失公平的关联交易。[①]

规范运行要求包括：①股份公司需建立股东大会、董事会、监事会、独立董事、董事会秘书制度，相关机构和人员能够依法履行职责。②股份公司的内部控制制度健全且被有效执行，能够合理保证财务报告的可靠性、生产经营的合法性、营运的效率与效果。③上市公司与控股股东在人员、财务、机构、业务、资产上完全分开。④公司董事、高管需具备相应的任职资格，并了解与股票发行上市有关的法律法规，知悉上市公司及其董事、监事、高管的法定义务和责任。⑤最近 3 年不得有重大违法行为。⑥发行上市前不得有违规担保和资金占用。

主体资格要求包括：①发行人应当是依法设立且合法存续的股份公司。②发行人为有限责任公司整体变更为股份公司的，持续时间可从有限责任公司成立之日起计算满 3 年。③发行人最近 3 年内主营业务和董事、高级管理人员没有发生重大变化，实际控制人没有发生变更。④发行人的注册资本已足额缴纳，发起人或者股东用作出资的资产的财产权转移手续已办理完毕，发行人的主要资产不存在重大权属纠纷。⑤发行人的生产经营符合法律、行政法规和公司章程的规定，符合国家产业政策。⑥发行人的股权清晰，控股股东和受控股股东、实际控制人支配的股东持有的发行

① “IPO 发行审核的基本要求”，http：//www.lawtime.cn。

人股份不存在重大权属纠纷。

财务会计要求包括：①发行人的资产质量良好，资产负债结构合理，盈利能力较强，现金流量正常。②最近 3 个会计年度净利润均为正数且累计超过人民币 3 000 万元，净利润以扣除非经常性损益之后较低者为计算依据。③最近 3 个会计年度经营活动产生的现金流量净额累计超过人民币 5 000 万元；或者最近 3 个会计年度营业收入累计超过人民币 3 亿元。④发行前股本总额不少于人民币 3 000 万元。⑤最近一期末无形资产（扣除土地使用权、水面养殖权和采矿权等后）占净资产的比例不高于 20%。⑥最近一期末不存在未弥补亏损。⑦发行人不得有影响持续经营能力的情形。[①]

募集资金投向要求包括：①符合公司发展战略需要，应当有明确的使用方向，原则上应当用于主营业务。②募集资金投资项目实施后，不会与控股股东及下属单位产生同业竞争。③募集资金最好不要用于收购控股股东及下属单位的资产或股权。④募集资金数额和投资项目应当与发行人现有的生产经营规模、财务状况、技术水平和管理能力相适应。⑤募集资金投资项目应当符合国家产业政策、投资管理、环境保护、土地管理以及其他法律、法规和规章的规定。⑥募集资金大规模增加固定资产投资的，应充分说明固定资产变化与产能变动的关系，并充分披露新增固定资产折旧对发行人未来经营成果的影响。[②]

信息披露要求包括：①书面披露：内容包括招股说明书等申报材料、回复反馈意见材料、中介机构申报材料等。②口头披露：包括预审员与公司的沟通、发审会与公司的表现等。口头沟通主要靠公司，保荐机构起到协助作用。

以上是主板的发行基本条件，创业板与其主要不同之处表现在：财务指标上，要求如下：①最近 2 年连续盈利，最近 2 年净利润累计不少于 1 000万元，且持续增长；或者最近 1 年盈利，且净利润不少于 500 万元，最近 1 年营业收入不少于 5 000 万元，最近 2 年营业收入增长率均不低于 30%。净利润以扣除非经常性损益前后孰低者为计算依据。②最近一期末净资产不少于 2 000 万元，且不存在未弥补亏损。③发行后股本总额不少

---

① 赵磊："国有企业改制上市常见问题及发行审核重点"，《党政干部学刊》，2011 年第 11 期。

② "IPO 发行审核的基本要求"，http：//www. lawtime. cn。

于3 000万元。

11.2.3 IPO流程

我国IPO流程大致分三个阶段：第一阶段为企业改制以及辅导阶段，即企业具备发行上市的基本条件；第二阶段为申报及审核阶段，即企业申报后证监会对提交的材料进行合规性审核以及实质性审核；第三阶段为发行及上市阶段，即获得核准后向交易所申请上市并挂牌交易（见图11-1）。

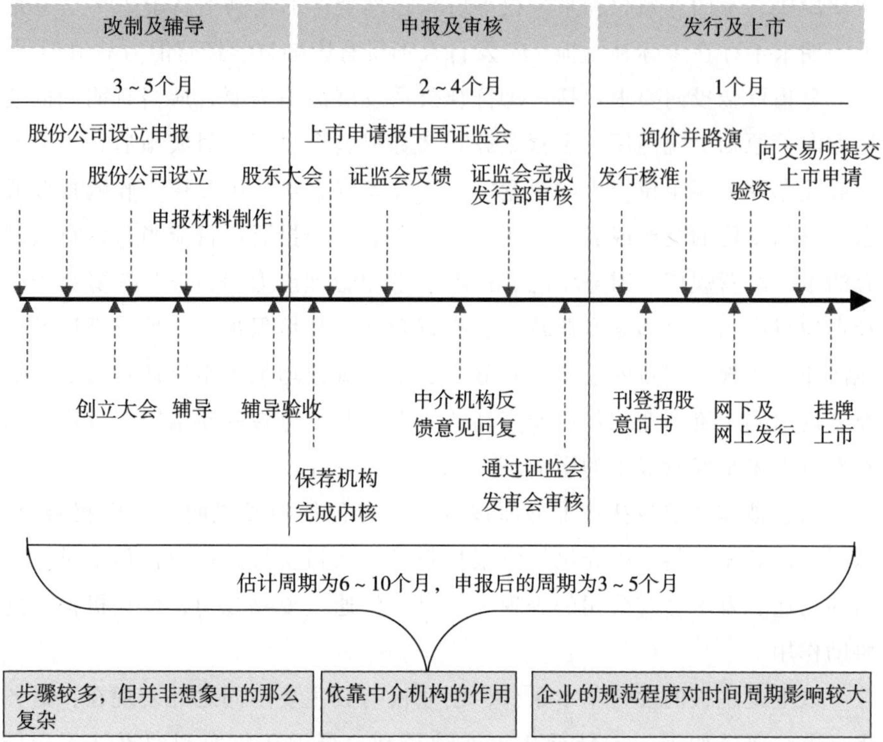

图11-1 IPO基本流程

11.2.4 IPO模式

与一般企业相比，上市公司最大的优势是能在证券市场上大规模筹集资金，以此促进公司规模的快速增长。上市公司的上市资格成为一种“稀有资源”，因此，企业除直接IPO上市外，还有通过借壳、买壳以及红筹等模式实现国内外资本市场上市。所谓“壳”就是指上市公司的上市资格。由于有些上市公司机制转换不彻底，不善于经营管理，其业绩表现不尽如人意，丧失了在证券市场进一步筹集资金的能力，要充分利用上市公司的这个“壳”资源，就必须对其进行资产重组，买壳上市和借壳上市就是更充分地利用上市资源的两种资产重组形式。[①]

（1）借壳上市模式。借壳上市是指上市公司的母公司（集团公司）通过将主要资产注入到上市的子公司中，来实现母公司的上市。借壳上市的典型案例之一是强生集团的“母”借“子”壳。强生集团由上海出租汽车公司改制而成，拥有较大的优质资产和投资项目。强生集团充分利用控股的上市子公司——浦东强生的“壳”资源，通过三次配股集资，先后将集团下属的第二和第五分公司注入到浦东强生之中，从而完成了集团借壳上市的目的。借壳上市一般都涉及大宗的关联交易，为了保护中小投资者的利益，这些关联交易的信息都需要根据有关的监管要求，充分、准确、及时地予以公开披露。[②]

（2）买壳上市模式。所谓买壳上市就是一家优势企业通过收购债权、控股、直接出资、购买股票等收购手段以取得被收购方（上市公司）的所有权、经营权及上市地位。收购股权通常有两种方式：一是场外收购或称非流通股协议转让，如收购未上市流通的国有股或法人股。这种收购方式的成本较低，但是困难较大，要同时得到股权的原持有人和主管部门的同意。另一种方式是在二级市场上直接购买上市公司的股票。这种方式的收购成本太高，除非有一套详细的炒作计划，能从二级市场上取得足够的投资收益，来抵销收购成本。[③]

（3）红筹上市模式。红筹模式是指境内公司将境内资产以换股等形式转移至在境外注册的公司，通过境外公司来持有境内资产或股权，然后以境外注册的公司名义上市。红筹模式中由于VIE（可变利益实体）架构不同，延伸出不同类型，如协议控制模式、新浪模式、大红筹模式以及小红筹模式等。

---

① 谷青山：“公司资产重组问题研究”，首都经济贸易大学硕士学位论文。

② 宋慧勤：“民营企业上市途径分析”，对外经济贸易大学硕士学位论文。

③ 边鹏：“中西方企业并购分析与研究”，对外经济贸易大学硕士学位论文。

11.3　并购退出

11.3.1　定义

并购的内涵非常广泛，一般是指兼并（Merger）和收购（Acquisition）。兼并又称吸收合并，指两家或者更多的独立企业、公司合并组成一家企业，通常由一家占优势的公司吸收一家或者多家公司。收购指一家企业用现金或者有价证券购买另一家企业的股票或者资产，以获得对该企业的全部资产或者某项资产的所有权，或对该企业的控制权。与并购意义相关的另一个概念是合并（Consolidation），指两个或两个以上的企业合并成为一个新的企业，合并完成后，多个法人变成一个法人。

企业并购是一项复杂性与技术性并存的专业投资活动，在国际上，并购是私募投资的一种惯用手段。并购活动中涉及的知识面很广，因此被称为“财力与智力的高级结合”。同时并购又是一项高收益与高风险并存的业务，融资风险、债务风险、经营风险、反收购风险、法律风险、信息风险及违约风险等都考验着企业的决策者。①

并购退出是指通过其他企业兼并或收购项目企业从而使股权基金退出。由于 IPO 难度较大，而且时间长，因此股权基金会选择采用并购方式退出。虽然并购的收益不及 IPO 上市，但毕竟溢价较大而且能较快退出，因此成为仅次于 IPO 的退出方式之一，特别是随着上市公司的并购业务越来越活跃，股权基金并购退出方式也越来越普遍。

并购退出基本上有两种模式：一是股权基金投资的项目企业被其他企业如上市企业并购，股权基金通过转让股权成功退出；二是股权基金先以并购方式获得项目公司的控制权，经过一段时间培育后，再通过被并购或其他方式如 IPO 等成功退出。后者一般是并购基金的退出模式。前者收购方一般是上市企业，因为上市公司可利用其融资优势通过控股或全部控制项目公司的方式投入，股权基金借机转让股权退出。

11.3.2　并购实质

并购的实质是在企业控制权运动过程中，各权利主体依据企业产权作

---

① 顾珂里、倪昊淦：“浅谈企业并购及风险防范”，《时代经贸》，2013 年第 3 期。

出的制度安排而进行的一种权利让渡行为。并购活动是在一定的财产权利制度和企业制度条件下进行的，在并购过程中，某一或某一部分权利主体通过出让所拥有的对企业的控制权而获得相应的收益，另一部分权利主体则通过付出一定代价而获取这部分控制权。企业并购的过程实质上是企业权利主体不断变换的过程。

11.3.3 并购动因

产生并购行为最基本的动机就是寻求企业的发展。寻求扩张的企业面临着内部扩张和通过并购发展两种选择。内部扩张可能是一个缓慢而不确定的过程，通过并购发展则要迅速得多，尽管它会带来自身的不确定性。并购的最常见的动机就是协同效应（Synergy），包括经营协同效应（Operating Synergy）和财务协同效应（Financial Synergy）。在具体实务中，并购的动因归纳起来主要有以下几类：

（1）扩大生产经营规模，降低成本费用。通过并购，企业规模得到扩大，能够形成有效的规模效应。规模效应能够带来资源的充分利用和充分整合，降低管理、原料、生产等各个环节的成本，从而降低总成本。[①]

（2）提高市场份额，提升行业战略地位。规模大的企业，伴随生产力的提高、销售网络的完善，市场份额将会有比较大的提高，从而确立企业在行业中的领导地位。

（3）取得充足廉价的生产原材料和劳动力，增强企业的竞争力。通过并购实现企业的规模扩大，成为原材料的主要客户，能够大大增强企业的谈判能力，从而为企业获得廉价的生产资料提供可能。同时，高效的管理、人力资源的充分利用和企业的知名度都有助于企业降低劳动力成本，从而提高企业的整体竞争力。

（4）实施品牌经营战略，提高企业的知名度，以获取超额利润。品牌是价值的动力，同样的产品，甚至是同样的质量，名牌产品的价值远远高于普通产品。并购能够有效提高品牌知名度，提高企业产品的附加值，获得更多的利润。

（5）实现公司发展战略。为实现公司发展战略，可通过并购取得先进的生产技术、管理经验、经营网络、专业人才等各类资源。并购活动收购

① 王靖：“从两家企业的并购案例看并购”，《管理学家》，2012年第18期。

的不仅是企业的资产，还包括被收购企业的人力资源、管理资源、技术资源、销售资源等。这些都有助于企业整体竞争力的根本提高，对公司发展战略的实现有很大帮助。

（6）通过收购跨入新的行业，实施多元化战略，分散投资风险。这种情况出现在混合并购模式中，随着行业竞争的加剧，企业通过对其他行业的投资，不仅能有效扩充企业的经营范围，获取更广泛的市场和利润，而且能够分散因本行业竞争带来的风险。①

11.3.4 并购类型

根据并购的不同功能或根据并购涉及的产业组织特征，可以将并购分为三种基本类型。

（1）横向并购。横向并购的基本特征是企业在国际范围内的横向一体化。近年来，基于全球性的行业重组浪潮，结合我国各行业实际发展需要，加上我国国家政策及法律对横向重组的一定支持，行业横向并购的发展十分迅速。

（2）纵向并购。纵向并购是发生在同一产业的上下游之间的并购。纵向并购的企业之间不是直接的竞争关系，而是供应商和需求商之间的关系。因此，纵向并购的基本特征是企业在市场整体范围内的纵向一体化。

（3）混合并购。混合并购是发生在不同行业企业之间的并购。从理论上看，混合并购的基本目的在于分散风险，寻求范围经济。在面临激烈竞争的情况下，我国各行各业的企业都不同程度地寻求多元化，混合并购就是多元化的一个重要方法，为企业进入其他行业提供了有力、便捷、低风险的途径。②

11.3.5 并购流程

一般来说，企业并购需经过前期准备、方案设计、谈判签约和接管整合四个阶段。

（1）前期准备阶段。根据企业发展战略的要求制定并购策略，初步了解目标企业的情况，如所属行业、资产规模、生产能力、技术水平、市场占有率等等。

---

① 王靖："从两家企业的并购案例看并购"，《管理学家》，2012 年第 18 期。

② 闫世刚、邵福菊："企业并购重组的利弊分析"，《通化师范学院学报》，2009 年第 3 期。

（2）方案设计阶段。根据评价结果、限定条件（最高支付成本、支付方式等）及目标企业意图，对各种资料进行深入分析、统筹考虑，设计出数种并购方案，包括并购范围（资产、债务、契约、客户等）、并购程序、支付成本、支付方式、融资方式、税务安排、会计处理等。

（3）谈判签约阶段。通过分析、甄选、修改并购方案，最后确定具体可行的并购方案。并购方案确定后，以此为核心内容制成收购建议书或意向书，作为与对方谈判的基础。若并购方案设计将买卖双方利益拉得很近，则双方可能进入谈判签约阶段；反之，若并购方案设计远离对方要求，则会被拒绝，并购活动又重新回到起点。

（4）接管与整合阶段。双方签约后，进行接管并在业务、人员、技术等方面对目标企业进行整合。并购后的整合是并购程序的最后环节，也是决定并购是否成功的重要环节。①

11.3.6 并购风险

（1）并购风险分析

并购每个阶段都有风险。首先是并购准备阶段的风险，包括：①目标市场和目标企业选择失误风险。目标市场由行业和地域组成，任何投资并购都应当从选择目标市场开始，没有好的目标市场就不会有成功的并购。目标企业是投资公司并购的对象，虽然并购后可以对目标企业进行改造，但是目标企业选择的好坏，也直接影响并购的成败。从并购实践看，目标市场和目标企业选择上的失误，是根本的失误，是难以弥补的失误。②融资风险。企业并购通常需要大量资金，如果筹资不当，就会对企业的资本结构和财务杠杆产生不利影响，增加企业的财务风险。同时，只有及时筹集到足额的资金才能保证并购的顺利进行。按筹资的方式不同，融资模式可分两种情况：债务性融资和权益性融资。企业一般通过负债筹资方式筹集长期借款，但是由于银行信贷资金没有进行企业并购的信贷项目，因此，难以得到商业银行支持。另一种债务性融资方式是发行企业债券，该方式融资成本较低，但存在筹资时间长、筹资额有限的缺点。权益性融资，如发行普通股，是企业筹集大量资金的一种基本方式，由于没有固定

① 金诗玮："广义虚拟经济下的企业并购机理分析——基于二元价值容介态"，《广义虚拟经济研究》，2012 年第 4 期。

利息负担，因而筹资风险小，但资金成本高，且无法享受税盾利益。如何利用企业内部和外部的资金渠道在短期内筹集到所需的资金是关系到并购成功与否的关键因素。

其次是并购实施阶段的风险，包括：①股东权利瑕疵风险。股权并购交易应当以股东拥有完整的权利为前提。如果股东的权利存在瑕疵，势必影响股权并购损失及投资公司的利益，有的引起诉讼，甚至导致并购合同无效。目标公司股东权利瑕疵主要表现为：一是国企改制员工持股，股份分配及以后股权变更不规范引起的股东权利瑕疵。如在最初确定职工持股份额时，随意性太大，导致员工对持股比例有意见；转股手续不健全，使股权出让方的权利受到质疑；企业改制时，虚设股东名称等。一旦股权转让，职工获得的收益相差悬殊，就会引发群体事件或者诉讼。二是有限责任公司利润增资股权分配有瑕疵，目标公司股东之间的矛盾和争议殃及投资公司股权并购。三是集资和募集股份不分，股东人数和持股份额难以确定。当投资公司对目标公司进行股权并购时，员工与公司之间到底是投资关系还是借贷关系，无法认定，使并购陷入困境。②股东财产权益虚增的风险。股东虚增公司财产权益的方式通常有以下几种：一是评估虚增股东权益。在股权并购中，股东对公司享有的财产权益通常需借助评估工具进行科学的估值。但实务中，有些股权出让方却通过评估虚增目标公司的股东权益，从而抬高股权并购价格。二是应当报废的资产未报废，虚增股东权益。三是应当提取减值准备的未提取，虚增股东权益。四是应当提取坏账准备的未提取，从而将坏账损失转嫁给投资公司。五是销售返利、让利等未作预提虚增股东权益。③目标公司固定交易风险。固定交易是指目标公司不能因并购而终止的交易。这类交易有的是目标公司生产经营的客观需要，也有的是人为设计的，明知会损及目标公司的利益而故意所为。后者便会给并购带来风险。如目标公司的水、电、气长期由母体专供形成的固定交易；目标公司使用母体的配套件、技术、专用设备形成固定交易；目标公司的产品销售渠道或品牌受母体控制等情形。这些固定交易的形成可能有其历史原因，在并购前很多这样的安排不存在什么问题，但是投资公司通过并购加入目标公司后情形就不同了，可能会使投资公司处于不用不行，用之条件太苛刻、要价太高的尴尬境地。④目标公司劳动用工风险。劳动合同关系是一种复杂的合同关系。目标公司劳动用工方的问题也会给投资公司带来风险，导致企业完成并购后，可能并不会产生协同效应，且并购方往往会被要求安置被收购企业员工或者支付相关成本。如果公司处理不当，往往会因此而背上沉重的包袱。比如，国企改制职工未得到经济补偿而在并购过程中或并购后借机发难；目标公司冗员，拖欠员工加班费和工资；关键岗位员工集体调职等。这些都可能构成并购后目标企业的额外负担，给投资公司带来不小的风险。⑤目标公司税务方面的风险。在股权并购的情形下，如果目标公司并购前在纳税方面存在问题，就有可能在并购后遭受追究，从而引发投资公司的并购风险。税务方面可能导致风险的具体情形有：目标公司进口免税设备在监管期转让被追补税款；目标公司实物促销视同销售补缴税款；目标公司出借包装物超期被认定为销售而补缴税款；目标公司存在欠税滞纳金以及目标公司偷税等问题。在股权并购的情形下，如果目标公司有上述类似情形，并购后投资公司就面临被迫缴纳税款或其他处罚的风险。

最后是整合运营阶段的风险，包括：①管理权移交风险。投资公司并购目标公司不仅要取得目标公司的财产权，还要取得目标公司的管理权。如果并购后管理权移交不顺畅也会对投资公司构成风险。从公司并购的实践看，主要有以下情形会导致管理权移交方面的问题：一是股权出让方依据公司章程对目标公司不具有管理权。如果公司章程没有赋予控股股东单独行使的管理权，并购后，投资公司也就不能行使。二是在并购时没有与目标公司存续股东就目标公司的管理权问题达成一致。在股权转让的情形下，出让方退出目标公司，投资公司对目标公司的管理权受制于目标公司的存续股东。三是小股东利用与员工的关系控制公司。小股东与目标公司的员工抱成团，投资公司作为外来者，难以深入。这些都会使投资公司对目标公司管理权的行使从开始就显得不顺利。②企业文化冲突。企业并购后，由于两种文化的差异，若不能及时融合，就会造成双方冲突，造成目标企业员工产生排斥和对抗的心理，拒绝沟通。从企业并购实践看，企业文化冲突是投资公司对目标公司行使管理权、并购后企业整合的难点。如何用新的企业文化代替目标公司原有的企业文化，是投资公司对目标公司行使管理权必须解决的问题。

（2）风险防范措施

针对以上风险的防范措施包括：①制定企业发展规划，重视并购前的可行性研究。首先，制定好企业的发展规划。管理者的非理性是上市公司并购风险的重大来源之一。许多企业在选择目标市场和目标企业上之所以出现失误，主要在于他们没有制定好企业的发展规划，选择目标市场和目标企业缺乏理性，没有依据，这就增大了并购的盲目性和随意性，容易在选择目标市场和目标企业上犯错误。其次，做好目标市场和目标企业的调查工作并充分采用调查研究的结果。从实践经验看，导致投资公司在选择目标市场和目标企业上犯错误的另一个原因，就是不重视对目标市场和目标企业的调查工作，领导先入为主，未经充分的调查研究，就拍板决策，或者只将调查研究作为形式。投资并购是企业的重大决策，应当充分采用调查研究的结果，在周密调研的基础上，通过充分论证作出是否进行并购的决策。②尽职调查应充分详尽。从企业并购的实践经验看，投资公司面临目标公司股东权利瑕疵、财产权益瑕疵等风险的，大多是由于尽职调查匆忙、草率、不细致，使本应被发现的问题未被发现，酿成了风险。因此，细致充分的尽职调查是规避此类风险的最好方法。目标公司在劳动用工方面风险的发现更是这样，需要通过尽职调查，包括走访员工、公示公告等才能发现。管理权移交方面的问题同样如此。因此，投资公司一定要根据目标公司的历史和现状，有侧重和有意识地详尽地充分地去做尽职调查，力争尽早发现问题、解决问题。③谨慎报价，及时、有效地处理好尽职调查中发现的问题和风险。目标公司虚增股东权益的目的就是虚抬股权转让的价格。为此，投资公司在并购过程中一定要谨慎报价。报价、议价必须在充分详尽的尽职调查之后。对尽职调查中发现的各种问题，凡是能作处理的应当要求目标公司在并购前提前处理。如对非必要的固定交易，在并购谈判中要求解除其合同，变固定交易为非固定交易。目标公司劳动用工方面的风险主要是目标公司对员工的欠账，投资公司可以要求目标公司在并购作价前一并还清，不能清还的作预提处理。此外，投资公司还可以在并购谈判中要求交易对方对已经披露之外的可能的风险，包括税收风险等作出保证，并将这类保证纳入并购合同条款，同时将违反保证给投资公司造成的损失纳入或然负债的赔偿范围，以便在遭受损失时获得赔偿。④细化并购流程。并购流程的细致、完善对投资公司与目标公司管理权的顺利交接意义重大。管理权的移交需要必要的形式，比如员工大会、股东大会、更换公章、宣布更换法定代表人、宣布过渡期间、委派总经理和财务负责人等等。这些流程的设计是必要的，且执行也应到位。另外，投资公司还可将对目标公司决策权、管理权的移交与支付并购款相联系，以确保管理权的顺利交接。⑤组织强有力的接收班子，强化一体化的整合思想，高效整合企业及文化。实施并购后，投资公司通常都会组织接收班子，在管理权移交时代表投资公司对目标公司行使管理权。如果投资公司组织的班子力量比较强，投资公司对目标公司的管理权行使就会比较顺畅，反之，就会被目标公司的员工特别是管理层看不起，使投资公司在目标公司管理权的行使遭遇很多阻碍。同时，投资公司还须在目标公司员工中培养自己的骨干队伍，并对其他员工做好引导说明教育工作，强化一体化的整合思想，以使投资公司进入目标公司后指令有呼应，让并购后的企业迅速高效地整合运作起来。[①]

11.4 转让退出

11.4.1 定义

股权转让是公司股东依法将自己的股份让渡给他人，使他人成为公司股东的民事法律行为。转让退出也称协议退出，是指股权基金将自己持有的项目公司的股权转让给其他投资者，自己失去股东身份，从项目公司退出。

股权基金以股权转让方式退出时，一般项目公司还未改制，仍然是有限责任公司。除此之外，股权基金也可以在项目公司改制后在非证券场内市场挂牌交易时进行股权转让退出，如通过美国 OTC 市场、我国中小企业股份转让系统（新三板市场）以及地方股权交易中心退出。两者的共同特点就是以私人股权方式退出。所以，一般通过股权转让方式退出的收益不如 IPO 以及并购方式退出的收益大。

股权基金选择股权转让退出，主要原因是项目公司未来短期内难以实现 IPO 或并购退出，但项目公司发展处于上升期，且具有一定盈利规模，还具备一定投资价值。因此，股权转让退出是股权基金可以保障一定收益情况下的成功退出。

---

① 潘佳露、望开诚、林熠：“连锁企业融资扩张”，《时代金融》，2014 年第 9 期。

11.4.2 股权转让法律风险

《公司法》就有限责任公司股权转让规定，如《公司章程》里没有专门约定股权转让事项时，有限公司的股东向股东以外的人转让股权，应当经其他股东过半数同意；股东应就其股权转让事项书面通知其他股东征求同意，其他股东自接到书面通知之日起满 30 日未答复的，视为同意转让；其他股东半数以上不同意转让的，不同意的股东应当购买该转让的股权；不购买的，视为同意转让。

因此，股权基金欲转让股权时应向其他股东发出书面通知，说明欲转让股权的比例、转让对象等基本情况，征询其他股东同意。此义务是法定义务，否则无法启动其他股东同意程序。同时，其他股东可能对通知事项提出更为具体的要求，以增加信息披露的全面性和真实性。因此，书面通知的内容应明确具体。

关于其他股东同意的条件，根据法律规定，取得其他股东同意的实质条件是过半数股东同意，需要注意的问题是，这里所指的“过半数”是指除转让股权以外的其他股东的过半数，完全以人数确定表决权，而不是股权比例的过半数。关于其他股东同意的方式，根据法律规定，可以采取明示同意和默示同意的方式。明示同意的方式即其他股东可以以股东会决议的形式或其他书面形式表示同意，法律并无强制性的要求，但实践中一般采取股东会决议授权的形式，因为股权转让事项可能涉及股权比例的变化和股东的变更，此变化将导致《公司章程》的修改，而修改《公司章程》需要经过股东会的同意。默示同意的方式即法定的“视为同意”情况，包括两种情形：一是接到通知后未答复的股东视为同意转让，二是既不同意也不购买的股东视为同意转让。这是法律对股东同意权的限制，也就是说，如不同意对外转让股权，那么就负有购买此股权的义务，以保护股本的稳定性。

为了方便股权基金未来实施所持股权转让，投资当初可以通过修改《公司章程》约定方便股权基金退出的相关事项。如在《公司章程》中可以对股权的内外部转让是否需要经得其他股东同意作出限制。如果不符合《公司章程》对股权转让的限制要求，该转让行为对公司将不产生法律效力，由转让的双方承担相应的法律责任。

由于股份公司的股份流动性较强，法律上对程序的限制主要是对转让时间、场所、方式等的限制。主要涉及以下几个问题：第一，股份有限公司的股份转让以股票方式进行。记名股票的转让必须以背书或其他法定方式转让，且公司必须将受让人的基本情况记载于股东名册。无记名股票的转让在证券交易所交付后即生效。第二，必须在依法设立的证券交易场所或者按国务院规定的方式进行。这里的交易场所不限于证券交易所，非上市股份流通在依法设立的其他交易场所进行，如中小企业股份转让系统（新三板市场）以及地方股权交易中心等。第三，发起人持有的股份自股份公司成立之日起一年内不得转让，公开发行股份前已发行的股份，自公司股票在证券交易所上市交易之日起一年内不得转让。第四，董事、监事、高级管理人员应当申报其所持股份的变动情况，在任职期间每年转让的股份不得超过其所持公司股份总数的 25%，且他们在离职后半年内，不得转让其所持的公司股份。《公司章程》还可作出其他限制性规定。[①]

11.4.3 股权转让所得税

企业或个人转让股权所得需缴纳所得税。股权转让所得是指股权转让价减除股权成本价后的差额。股权转让价是指股权转让人就转让的股权所收取的包括现金、非货币资产或者权益等形式的金额。如被持股企业有未分配利润或税后提存的各项基金等，股权转让人随股权一并转让该股东留存收益权的金额，不得从股权转让价中扣除。股权成本价是指股权转让人投资入股时向中国居民企业实际交付的出资金额，或购买该项股权时向该股权的原转让人实际支付的股权转让金额。所得税税率为 25%。另外，转让股权还需缴纳印花税，印花税税率为 0.5‰。[②]

11.5 回购退出

11.5.1 定义

股权回购有两种情况：一是公司回购股东拥有的本公司股权，即减少注册资本；二是公司其他股东如创业股东、大股东以及控股股东回购其他股东所持该公司股权，公司注册资本不变，属于公司内部股权转让。

回购退出就是通过项目公司或创业股东、大股东以及控股股东回购股

---

① “股权转让程序瑕疵的法律风险_法律快车公司法”，http：//www.lawtime.cn。

② 焦伟峰：“论股权转让业务的税收筹划”，《投资与合作：学术版》，2014 年第 3 期。

权基金所持该公司股权而实现退出。回购的最大特点是股权基金为了降低风险，确保退出，在投资当初就以协议方式约定创业股东回购条件，如回购价格、回购时间等。

11.5.2 回购退出应注意的问题

（1）法律问题。《公司法》允许有限责任公司回购股东股权，但受到一定限制。当发生下列三种情形之一，并且股东会在该股东投反对票的情况下依然作出了有效的决议，该投反对票的股东才可以请求公司按照合理的价格收购其股权。这三种情形分别是：①公司连续 5 年不向股东分配利润，而该公司 5 年连续盈利，并且符合公司法规定的分配利润的条件；②公司合并、分立、转让主要财产；③公司章程规定的营业期限届满或章程规定的其他解散事由出现，股东会会议通过修改章程使公司存续。因公司回购股权需满足一定条件，因此回购退出不会选择公司回购，而是选择大股东等原股东回购等。如选择大股东等原股东回购，应注意避免因涉嫌企业间借贷和联营保底导致该约定无效。①

（2）可行性问题。在实践中回购条款一般属于条件性条款，股权基金投资时，创业股东等原股东作出让步，同意与股权基金签订回购条款主要出于公司融资目的，而且预期该条款不会真正实施。当条款生效时，表明该公司没有实现预期发展目标，不仅股权基金失去信心，而且创业股东等原股东也会失去信心，加上创业股东一般属于创业者，经济实力有限，在实践中最后兑现的成功案例不多。如果回购股东是国有企业，会涉及国有资产转让问题，需要专门的申报程序，可能导致该条款失效。所以，回购条款签订时应注意其可行性。但也有例外，如专门做早期投资的股权基金，包括创业投资基金、天使基金或政策性基金，有时为了快速回笼资金，把回购作为一种主动退出方式，持股一段时间后创业股东回购，让创业者享受企业未来发展的更大收益，激励创业者积极性。

11.6 清算退出

11.6.1 定义

清算退出就是以项目公司清算获得公司剩余财产而退出。清算退出是

① 饶磊：“论有限责任公司股东回购请求权”，《现代商贸工业》，2009 年第 9 期。

针对投资失败项目的一种退出方式。在这种退出模式下，投资收益最低，甚至有可能“血本无归”，也就是说，通过清算退出是股权投资最不成功的一种退出方式。尽管采用清算退出损失是不可避免的，但是毕竟还能收回一部分投资，因此，清算退出虽然是迫不得已，但却是避免深陷泥潭的最佳选择。①

11.6.2 清算退出的种类

清算退出主要有两种方式：一是破产清算，即公司因不能清偿到期债务，被依法宣告破产的，由法院依照有关法律规定组织清算组对公司进行清算。二是解散清算，即启动清算程序来解散项目公司。这种方式不但清算成本高，而且需要的时间也比较长。

（1）解散清算。解散清算是指公司按照法律法规规定的程序、方式等自行组织而无需外力介入的清算。当公司发展陷入僵局，继续存续有可能使投资人损失进一步扩大时，股权基金可以考虑通过自行解散的方式实现退出止损。在这种方式下，只要公司符合解散清算的法定条件，如已到章程规定的清算期、公司全体股东同意等，并严格遵从法定的程序和方式进行清算，外力没有理由进行干涉。公司清算属于公司自治的范畴，如果因某些原因而导致无法自行清算的，投资者也可通过法院强制清算。②

（2）破产清算。破产清算是指公司依法被宣布完全解体，资产全部变卖进行偿债，是一种以企业淘汰方式进行的资产重组。与解散清算相比，破产清算的原因是公司不能履行到期债务而被宣告破产，属于司法强制解散，适用的是诉讼程序。破产清算时，公司的自主权极小，一旦被宣告破产清算，说明被投资企业已陷入资不抵债的境地，财务状况极其恶劣，可能意味着投资者的本金都很难收回，因此任何一个投资者应尽量避免破产清算的发生。即使被申请破产清算，也应通过积极的协商与沟通，争取通过破产重组等方式延续被投资主体的市场主体资格，从而求得重生的机会，以保护和拯救自己的投资。

11.6.3 清算退出的法律问题

目前，破产清算中股权基金合法权益如何保护还未能很好解决。项目

---

① “PE 的其他退出方式及法律操作”，http：//www.doc88.com。

② 同①。

公司成立时，创业股东主要以技术无形资产入股，而股权基金主要以资金投入，依据《公司法》，一旦投入都是法人财产。如果清算，股权基金按照比例获得的部分无形资产没有实际意义。

11.7 不同退出方式比较

在实践中，IPO是所有退出方式中实现价值最大、收益最高的，平均回报率明显高于其他的退出方式。而且IPO有助于提高股权基金知名度、市场声誉与社会形象，有利于下一轮基金募集。虽然IPO是最理想的退出方式，但IPO上市门槛较高，对项目公司规模、盈利能力、经营年限等都有要求。另外，由于受到“限制出售条款”的限制，股权基金不能在上市后马上退出，需要解禁后方可出售股票，意味着股权基金要承担上市后股价变动造成的风险。

虽然理论上IPO是股权投资机构的最佳退出方式，但是实践中并购退出成为另一种趋势。相比较IPO，并购具有的优势在于：一是并购操作简单，时间和资金成本都较低，只要与收购方达成收购协议，便可以顺利退出；二是虽然回报率不如IPO高，但可以协议价格，短期内出售，避免宏观经济环境、市场周期等对收购价格的影响，获得收益较为确定。但并购也存在弊端：一是并购后由于要受到收购企业的管理，企业有可能失去原有的独立性，所以这种方式容易招致项目公司管理层的反对；二是并购的对象范围特定，潜在买家的数量有限，寻找并找到合适的购买者并不容易；三是由于并购的透明度不高，交易双方容易出现信息不对称问题。①

在现有的退出方式中除IPO和并购外，股权转让与回购属于折中的方法，一般收益不会太高，也不会赔本。其中股权转让在实践中成功概率较大，法律上不存在原则性障碍，只要在实施过程中注意法律程序即可。另外，股权基金还可以通过《公司章程》约定对股权基金有利的转让方式退出。相对于股权转让来讲，回购退出的风险、收益以及可行性都较差。在实践中，回购退出往往是股权基金为退出加了一道不太现实的保险。

由于股权投资具有高风险、高收益的特征，很多投资项目并不能达到预期收益，甚至可能投资项目失败而面临破产。在这种情况下，清算退出

① 王诗雨：“股权投资基金退出机制与方式比较”，《中国商报》，2013年第32期。

成为股权基金最不得已的退出方式。清算退出可以减少继续经营带来的风险和损失，保证收回现有的资本余额。另外，清算退出后，股权基金还要承担惨重的声誉伤害。

参考文献

1. 包刚：“外商风险投资的法律规制”，复旦大学硕士学位论文。

2. 边鹏：“中西方企业并购分析与研究”，对外经济贸易大学硕士学位论文。

3. 蔡双立、张元萍：“基于资本市场多层次框架下 OTC 市场的构建：美国的经验及其对中国的借鉴”，《中央财经大学学报》，2008 年第 4 期。

4. 曹方：“互联网金融试水资本蓝海”，《上海信息化》，2013 年第 12 期。

5. 曾曦：“人民币升值对韶关市机电行业出口的影响研究”，湖南大学硕士学位论文。

6. 陈亮：“科技型中小企业上市融资的主要步骤与要点”，《华东科技》，2008 年第 12 期。

7. 陈瑶：“论有限合伙人的权利与义务”，华东政法大学硕士学位论文。

8. 陈冠来：“私募股权基金法律制度供给分析”，中南民族大学硕士学位论文。

9. 陈静：“我国中小企业信用管理研究”，东北大学硕士学位论文。

10. 陈亮亮：“以企业价值为基础的报酬激励制度研究”，北京交通大学硕士学位论文。

11. 陈明珠：“私募股权投资基金发展研究”，北京物资学院硕士学位论文。

12. 陈粟：“企业孵化器与技术创新——作为一种政策工具的企业孵化器的研究”，厦门大学博士学位论文。

13. 陈卫荣：“风险投资退出机制研究”，浙江大学硕士学位论文。

14. 迟晓燕：“论私募股权投资的委托代理与价值流转”，《经济师》，2011 年第 2 期。

15. 崔凯："食品企业融资策略"，《中国食品添加剂》，2008 年 第 S1 期。

16. 戴天柱："多层次资本市场的结构研究"，《财经论丛》，2006 年第 1 期。

17. 董学良："中小企业集合债券信用风险度量研究"，中南大学硕士学位论文。

18. 段沛佑、马晓宁、刘虹："我国物流企业的价值评估体系建设研究"，《价值工程》，2013 年第 27 期。

19. 方行："浅析企业价值评估"，《技术经济与管理研究》，2005 年第 2 期。

20. 高宁："政府主导型科技企业孵化器发展研究"，上海交通大学硕士学位论文。

21. 高天宏："论企业价值评估方法及应用"，《安徽商贸职业技术学院学报》，2003 年第 2 期。

22. 高兆元："人民币实际有效汇率对进出口贸易的影响分析"，上海交通大学硕士学位论文。

23. 谷青山："公司资产重组问题研究"，首都经济贸易大学硕士学位论文。

24. 顾珂里、倪昊淦："浅谈企业并购及风险防范"，《时代经贸》，2013 年第 3 期。

25. 郭红艳："有限合伙法律制度研究"，复旦大学硕士学位论文。

26. 郭向军、刘健钧："《创业投资企业管理暂行办法》解读"，《证券市场导报》，2006 年第 3 期。

27. 郭云："论企业生命周期的财务特征与管理策略"，《山东工商学院学报》，2005 年第 6 期。

28. 侯宇："基于净现值法的动态市盈率"，《商场现代化》，2011 年第 1 期。

29. 黄敏、林则夫："国内商业银行贷款信用风险管理模型建立初探"，《中国管理科学》，2002 年第 z1 期。

30. 黄晓斐："高科技风险企业的价值评估研究"，上海交通大学硕士学位论文。

31. 霍桂桓："论判断文化是否先进的方式——兼论以'社会个体生成论'为判断依据的现实可能性"，《河南社会科学》，2008 年第 2 期。

32. 贾若："创业投资对中国企业上市作用的研究"，复旦大学硕士学位论文。

33. 贾永莉："科技创新对经济可持续发展的促进作用"，《经济视野》，2014 年第 2 期。

34. 姜达洋："并购中慎用对赌协议"，《连锁与特许》，2006 年第 11 期。

35. 焦伟峰："论股权转让业务的税收筹划"，《投资与合作：学术版》，2014 年 第 3 期。

36. 金戈、刘世杰："上市、融资——农牧企业正在进行"，《中国禽业导刊》，2008 年第 13 期。

37. 金明："基于 3G 标准建设方式分析的我国移动通信产业政策研究"，天津大学硕士学位论文。

38. 金诗玮："广义虚拟经济下的企业并购机理分析——基于二元价值容介态"，《广义虚拟经济研究》，2012 年第 4 期。

39. 寇宇："我国私募股权投资基金管理方式研究"，北方工业大学硕士学位论文。

40. 赖建平："股权投资基金的价值创造及估值研究——国际经验与中国实践"，南开大学博士学位论文。

41. 李楠："试论中国私募股权基金发展对策建议"，《现代经济信息》，2013 年第 6 期。

42. 李东军："解读产业投资基金"，《新财经》，2009 年第 10 期。

43. 李红伟："谈金融危机背景下的企业并购"，《现代企业教育》，2009 年第 19 期。

44. 李靖："全球私募股权投资发展的历程、趋势与启示"，《海南金融》，2012 年第 5 期。

45. 李娜："中外私募股权投资基金（PE）比较研究"，首都经济贸易大学硕士学位论文。

46. 李宁："基于企业生命周期的科技型中小企业融资方式问题探讨"，《商场现代化》，2010 年第 10 期。

47. 李沈飞："有限合伙制私募股权基金运作的法律解析"，《法制与社会》，2011 年第 27 期。

48. 李天阳："PE 基金参与企业管理的方式安排"，《中国经贸》，2014 年第 3 期。

49. 李艳旻："创业风险投资制度研究"，复旦大学硕士学位论文。

50. 李依璇："试论私募基金的合格投资者制度"，天津大学硕士学位论文。

51. 李永峰、张明慧："论企业生命周期"，《太原理工大学学报（社会科学版）》，2004 年第 9 期。

52. 李永华："参数不确定性情形下的企业价值评估——基于蒙特卡罗模拟"，天津财经大学硕士学位论文。

53. 李志远："孵化器与现代企业加速器"，《中国高新区》，2007 年第 9 期。

54. 李自霞："国际直接投资中的专利权投资问题研究"，大连海事大学硕士学位论文。

55. 林鸿飞："高科技企业估值方法及其应用——中兴通讯的案例分析"，厦门大学硕士学位论文。

56. 刘健钧："《创业投资企业管理暂行办法》解读"，《江苏科技信息》，2007 年第 7 期。

57. 刘健钧：《创业投资原理与方略》，中国经济出版社 2003 年版。

58. 刘军："总监理工程师执业信用评价研究"，东南大学硕士学位论文。

59. 刘曼红：《风险投资学》，对外经济贸易出版社 2011 年版。

60. 刘少波、张文："风险投资制度创新与路径选择——基于制度经济学分析框架的理论探讨"，《广西大学学报（哲学社会科学版）》，2005 年第 3 期。

61. 刘学礼："成都建设区域资本市场研究"，电子科技大学硕士学位论文。

62. 刘颖："公民教育的法制教育及其价值研究"，武汉理工大学硕士学位论文。

63. 卢显文："创业企业家代理风险的成因分析及其全程控制机制"，

《技术经济与管理研究》，2004 年第 5 期。

64. 吕洪燕：“风险投资后监控管理研究”，哈尔滨工业大学硕士学位论文。

65. 吕晓娜：“高新技术产业领先战略研究”，《时代经贸》，2011 年第 35 期。

66. 马骎：“人民币私募股权基金法律制度研究”，复旦大学硕士学位论文。

67. 马小晶、陈华雄：“高科技企业研发空间需求与科技城空间组织——以青山湖科技城概念性规划为例”，2012 中国城市规划年会。

68. 梅永艳：“论有限合伙制度的发展及在我国的适用”，北方工业大学硕士学位论文。

69. 聂无逸、张元振：“关注中国私募股权投资基金”，《银行家》，2014 年第 1 期。

70. 潘佳露、望开诚、林熠：“连锁企业融资扩张”，《时代金融》，2014 年第 9 期。

71. 裴蓓：“无形资产评估的途径与方法”，《经济视角》，2012 年第 15 期。

72. 钱大治：“我国私募股权投资相关法律问题初探”，上海交通大学硕士学位论文。

73. 秦德连：“浅谈激励、约束机制在管理工作中的应用”，《魅力中国》，2011 年第 17 期。

74. 邱柯萍：“私募股权基金在我国的实践与发展研究”，南京理工大学硕士学位论文。

75. 全德智：“广西股权投资行业发展现状及对策”，《决策与信息（下旬刊）》，2013 年第 12 期。

76. 饶磊：“论有限责任公司股东回购请求权”，《现代商贸工业》，2009 年第 9 期。

77. 沈四宝、郭丹：“美国合伙制企业法比较评析及对中国法的借鉴”，《甘肃政法学院学报》，2006 年第 2 期。

78. 沈跃武：“中国私募股权基金发展问题研究”，天津工业大学硕士学位论文。

79. 盛春光："碳金融市场发展与中国碳金融市场体系设计"，《商业研究》，2013 年第 1 期。

80. 石洪新："河南神火集团并购战略"，郑州大学硕士学位论文。

81. 史静："基于现金流量折现法的企业价值评估研究"，北京交通大学硕士学位论文。

82. 宋慧勤："民营企业上市途径分析"，对外经济贸易大学硕士学位论文。

83. 宋小杰："我国创业投资引导基金管理机制研究"，中国海洋大学硕士学位论文。

84. 宋益群："内地企业上市融资模式比较分析"，复旦大学硕士学位论文。

85. 孙茹："私募股权投资对中小企业的影响研究"，沈阳理工大学硕士学位论文。

86. 孙妍娜、邓恩："高新技术企业评估方法探讨——期权估价法"，《湖南广播电视大学学报》，2004 年第 1 期。

87. 孙颖："科技创业孵化公共服务供给模式研究——以天津市东丽区为例"，天津商业大学硕士学位论文。

88. 孙颖："有限合伙中的劳务出资法律问题研究"，复旦大学硕士学位论文。

89. 谭祖卫 、郝江培、赵昌文："基于科技金融的技术资产金融分析"，《科技进步与对策》，2014 年第 9 期。

90. 汤建新："中国股票市场层次结构的研究"，华东师范大学硕士学位论文。

91. 汤巍："浅谈企业私募股权融资对赌协议"，《企业导报》，2012 年第 2 期。

92. 唐桂芳："基于组织生态学视角的微型企业成长机制研究"，西安电子科技大学硕士学位论文。

93. 田小菊："论有限合伙制度"，《长沙大学学报》，2010 年第 3 期。

94. 王晖："有限合伙研究"，山东大学硕士学位论文。

95. 王计昕："美日创业投资实质的探索与启示"，《东北亚论坛》，2006 年第 2 期。

96. 王迅：“浅析公司股权并购中的风险与防范”，《时代金融（下旬)》，2014 年第 3 期。

97. 王棣华：“企业价值评估方法有关问题研究”，《海南金融》，2007 年第 11 期。

98. 王靖：“从两家企业的并购案例看并购”，《管理学家》，2012 年第 18 期。

99. 王慎谦：“我国私募股权基金相关法律问题研究”，云南财经大学硕士学位论文。

100. 王诗雨：“股权投资基金退出机制与方式比较”，《中国商报》，2013 年第 32 期。

101. 王淑臣：“中小型高科技企业面临的风险及对策”，《财会月刊(综合版)》，2006 年第 8 期。

102. 王文挺、谢群：“我国私募股权投资市场的发展现状及问题分析”，《现代商业》，2013 年第 13 期。

103. 王小燕：“可持续发展与知识经济”，《经济师》，2002 年第 4 期。

104. 王雪岩、宋奇慧：“试论科技型中小企业财务的管理特征”，《现代商业》，2013 年第 23 期。

105. 王迅：“浅析公司股权并购中的风险与防范”，《知识经济》，2014 年第 6 期。

106. 王轶群：“我国风险投资融资阶段契约研究”，哈尔滨工业大学硕士学位论文。

107. 王玥、薛耀文：“风险投资机构资金来源与退出机制研究”，《山西高等学校社会科学学报》，2008 年第 6 期。

108. 卫晶：“基于空间场视角下的企业价值评估”，河海大学硕士学位论文。

109. 吴凡：“我国上市保荐人制度研究”，东北师范大学硕士学位论文。

110. 伍颖：“后金融危机时期江西私募股权基金发展研究”，南昌大学硕士学位论文。

111. 伍李明、蔡佳林：“借鉴国际经验规范发展我国 PE 基金的探讨”，《中国国情国力》，2011 年第 9 期。

112. 肖海林："企业生命周期理论辨析"，《学术论坛》，2003 年第 1 期。

113. 肖辉赞："资源枯竭地区经济增长点培育与风险规避机制研究"，辽宁工程技术大学硕士学位论文。

114. 熊跃生："PE 投资企业价值评估的几种实用方法"，《当代经济》，2009 年第 11 期。

115. 徐俊辉："高新科技园区的规划设计研究"，武汉理工大学硕士学位论文。

116. 薛敏："全流通下中国上市公司并购支付方式的绩效研究"，厦门大学硕士学位论文。

117. 三颗树译："西方为何害怕中国主权基金?"，《对外经贸实务》，2008 年第 1 期。

118. 闫世刚、邵福菊："企业并购重组的利弊分析"，《通化师范学院学报》，2009 年第 3 期。

119. 严清清："基于产业发展视角的我国私募股权基金问题研究"，复旦大学硕士学位论文。

120. 阎虹、高英："试论风险投资的风险管理"，《前沿》，2005 年第 10 期。

121. 杨锴："风险投资投后管理探究"，《中国物价》，2011 年第 2 期。

122. 杨娅婕、杨颖婕："基于生命周期的中小高新技术企业融资特征分析"，《时代金融（中旬)》，2011 年第 6 期。

123. 杨业中："我国多层次资本市场体系的构建与完善"，《时代金融(中旬)》，2014 年第 2 期。

124. 杨忠勇："非上市公司产权交易市场研究"，西北大学硕士学位论文。

125. 姚婷婷："我国私募股权投资基金的所得税问题研究"，对外经济贸易大学硕士学位论文。

126. 叶陈刚、王辉："知识型企业激励、代理成本与人力资源绩效"，《会计研究》，2006 年第 4 期。

127. 叶蔓青："浅论对赌协议的法律困境及其成因"，对外经济贸易大学硕士学位论文。

128. 于洁：“私募股权投资及其在我国的发展问题研究”，南开大学硕士学位论文。

129. 袁泉：“商业银行开展私募股权投资业务研究”，对外经济贸易大学硕士学位论文。

130. 袁天荣、王布衣：“企业价值评估方法探析”，《财会月刊（A 会计）》，2004 年第 6 期。

131. 岳蓉：“中国风险投资的运行机制研究”，《中央财经大学学报》，2012 年第 6 期。

132. 张春勋：“关系契约与农产品交易稳定性研究”，重庆大学博士学位论文。

133. 张国兴：“本土 LP‘机构化’初显”，《卓越理财》，2013 年第 3 期。

134. 张浩：“基于自由现金流量的 A 百货公司企业价值评估”，广西大学硕士学位论文。

135. 张浩楠：“人民币实际有效汇率对 FDI 流入的影响”，《金融理论与实践》，2008 年第 5 期。

136. 张兴军：“破产潮流中的十大行业”，《中国经济信息》，2013 年第 20 期。

137. 张志坡：“优先股的立法、实践与启示”，《金陵法律评论》，2012 年第 1 期。

138. 赵磊：“国有企业改制上市常见问题及发行审核重点”，《党政干部学刊》，2011 年第 11 期。

139. 赵越：“私募股权基金税收法律问题比较研究”，对外经济贸易大学硕士学位论文。

140. 赵江敏：“专业技术企业孵化器入孵和毕业筛选机制研究”，天津大学博士学位论文。

141. 赵霞：“高科技企业研发人员激励方案设计”，东北大学硕士学位论文。

142. 赵长明：“试论中国的有限合伙理念”，《科技资讯》，2006 年第 32 期。

143. 郑仁杰：“私募股权投资基金所得税法律问题研究”，厦门大学硕士学位论文。

144. 郑书剑："私募股权基金投资条款清单的法律问题研究"，山西财经大学硕士学位论文。

145. 郑小勇："企业并购中目标企业价值评估的确定——以 A 企业收购 B 企业为例"，对外经济贸易大学硕士学位论文。

146. 郑玥祥："跨国私募股权基金与滨海新区金融创新"，天津财经大学硕士学位论文。

147. 钟孝生："中国私募股权基金发展问题研究"，厦门大学硕士学位论文。

148. 周行："私募股权基金准入资格的比较及对我国的启示"，对外经济贸易大学硕士学位论文。

149. 周远："我国资本市场层次结构问题研究"，天津财经大学硕士学位论文。

150. 周蓓："天津产权交易市场管理研究"，南开大学硕士学位论文。

151. 周连升："中国私募股权基金产业政策与监管问题研究"，北京交通大学硕士学位论文。

152. 朱蕾："我国私募股权投资基金法律问题研究"，大连海事大学硕士学位论文。

153. 朱红恒："熊彼特的创新理论及启示"，《社会科学家》，2005 年第 1 期。

154. 朱敏："基于企业生命周期理论的奥玛公司成长对策研究"，湘潭大学硕士学位论文。

155. 朱奇峰："中国私募股权基金发展论"，厦门大学博士学位论文。

156. 朱文莉、刘思雅："政府创业投资引导基金发展现状、问题及对策"，《会计之友》，2014 年第 2 期。

157. "IPO 发行审核的基本要求"，http：//www. lawtime. cn。

158. "PE 的其他退出方式及法律操作"，http：//www. doc88. com。

159. "PE 投资协议条款_百度文库"，http：//www. docin. com/。

160. "对赌条款分析与设计_邹沂臻_新浪博客"，http：//blog. sina. com. cn。

161. "对赌协议的法律解析_免费下载_百度文库"，http：//

wenku. baidu. com/。

162. “股权回购条款_百度文库”，http：//wenku. baidu. com。

163. “股权转让程序瑕疵的法律风险_法律快车公司法”，http：//www. lawtime. cn。

164. “简述私募股权投资协议的四大条款_上海财经大学 EDP 中心”，http：//www. shufe－cec. com/。

165. “可转换债券具有债权和期权的双重特性_百度文库”，http：//wenku. baidu. com。

166. “离岸公司运作国际投融资的实证分析与法律回应_谈李荣”，http：//www. docin. com。

167. “私募基金核心条款清单及投资框架协议”，http：//www. lawtime. cn/。

168. “PE 投资协议的框架结构_投资界学堂_投资界”，http：//pe. pedaily. cn。

169. “外资 PE 投资协议条款（Term Sheet）的法律解析”，http：//blog. sina. com. cn。